高等教育"十三五"应用型精品规划教材·工商管理专业系列

管理信息系统

主　编　吴庆州
副主编　蒋光宇　车元媛　宫　静

北京理工大学出版社
BEIJING INSTITUTE OF TECHNOLOGY PRESS

内容简介

本教材在系统讲述管理信息系统基本概念、功能、原理的基础上，结合企业管理和创新管理，重点描述了管理信息系统的应用，简单说明了系统开发的全过程。

全教材共分 8 章。第 1 章介绍管理信息系统的基本概念，并说明管理信息系统在构建企业竞争优势过程中发挥的作用；第 2 章介绍管理信息系统的技术基础；第 3 章介绍管理信息系统的基础应用；第 4 章介绍管理信息系统的扩展应用；第 5 章介绍管理信息系统的高级应用；第 6 章介绍管理信息系统开发的基本内容；第 7 章介绍信息技术及管理信息系统的未来发展；第 8 章主要内容是实验指导，以 ERP 为例，帮助读者了解管理信息系统在组织中由浅入深的应用过程。

本教材可作为应用型高等院校管理类专业管理信息系统课程的教材，也可作为职业经理人信息管理培训教材，还可供从事信息系统研究和应用的人员学习参考。

版权专有　侵权必究

图书在版编目（CIP）数据

管理信息系统/吴庆州主编. —北京：北京理工大学出版社，2017.1（2020.7 重印）
ISBN 978-7-5682-3529-7

Ⅰ. ①管… Ⅱ. ①吴… Ⅲ. ①管理信息系统-高等学校-教材 Ⅳ. ①C931.6

中国版本图书馆 CIP 数据核字（2016）第 326935 号

出版发行／北京理工大学出版社有限责任公司
社　　址／北京市海淀区中关村南大街 5 号
邮　　编／100081
电　　话／(010) 68914775（总编室）
　　　　　(010) 82562903（教材售后服务热线）
　　　　　(010) 68948351（其他图书服务热线）
网　　址／http://www.bitpress.com.cn
经　　销／全国各地新华书店
印　　刷／北京国马印刷厂
开　　本／787 毫米×1092 毫米　1/16
印　　张／16.25　　　　　　　　　　　　　　责任编辑／王玲玲
字　　数／376 千字　　　　　　　　　　　　　文案编辑／王玲玲
版　　次／2017 年 1 月第 1 版　2020 年 7 月第 4 次印刷　责任校对／周瑞红
定　　价／38.00 元　　　　　　　　　　　　　责任印制／李志强

图书出现印装质量问题，请拨打售后服务热线，本社负责调换

前　言

信息已经成为 21 世纪人类社会的主要资源，信息技术正在改变着我们的工作、学习和生活方式，而管理信息系统的应用是信息技术应用的重要领域。

在管理信息系统的应用中，人才培养是首要的任务之一。在应用型本科院校的经管类专业中，管理信息系统课程已成为教学计划中的核心课程。本教材是结合编者在应用型本科院校多年教学经验的基础上，借鉴国内外的相关教材编写而成的。本教材在编写过程中主要注重以下两点：

1. 注重系统的应用而非系统的开发。基于经管类的专业特点，在本教材编写过程中强调信息系统的应用，对系统开发只做了很少篇幅的介绍。

2. 注重与经管类专业知识对接，而非其他专业。以独特的视角，融合管理信息系统在企业中的实际应用，以帮助读者形成一个管理信息系统应用的全局观念，清楚认识现代信息技术在企业中的应用形式，以期达到解决实际问题，顺利完成日常管理工作的目的。

在教材结构安排上，每章采用学习目标、教学要求、引导案例、课后案例、本章小结、本章习题及本章实践的形式，便于学生掌握内容，把理论与实际相结合，从而提高学生分析问题与解决问题的能力，符合应用型人才培养的要求。

本教材参考学时为 40~48 学时，建议采用理论与实践一体化教学模式。

本教材各章执笔分工为：第 1 章车元媛，第 2 章和第 8 章蒋光宇，第 3、5、6、7 章吴庆州，第 4 章宫静。全书由吴庆州统稿。

感谢评审本教材的老师，她们提出的宝贵意见对本教材的编写很有帮助。由于编者水平和经验有限，教材中难免有欠妥之处，恳请读者批评指正。

编　者

目 录

第1章 管理信息系统概述 … (1)
1.1 信息 … (2)
- 1.1.1 信息化提要 … (2)
- 1.1.2 信息的概念 … (3)
- 1.1.3 信息的维度 … (5)
- 1.1.4 信息的特征 … (6)

1.2 系统 … (8)
- 1.2.1 系统的概念 … (8)
- 1.2.2 系统的特性 … (10)
- 1.2.3 系统的分类 … (11)

1.3 信息系统 … (12)
- 1.3.1 信息系统的概念 … (12)
- 1.3.2 信息系统的构成 … (12)
- 1.3.3 信息系统的类型 … (13)

1.4 管理信息系统与组织的关系 … (17)
- 1.4.1 管理信息系统对组织的影响 … (17)
- 1.4.2 组织对管理信息系统的影响 … (20)

1.5 信息技术与竞争优势 … (20)
- 1.5.1 信息技术产生的竞争优势 … (20)
- 1.5.2 利用信息技术获取竞争优势 … (22)

第2章 管理信息系统的技术基础 … (28)
2.1 信息技术基础设施 … (29)
- 2.1.1 计算机硬件 … (29)
- 2.1.2 操作系统 … (30)
- 2.1.3 数据管理技术 … (31)

2.2 基于网络的信息系统模式 … (33)

2.2.1　单机结构 ……………………………………………………………（33）
　　2.2.2　主从结构 ……………………………………………………………（33）
　　2.2.3　客户机/服务器架构 …………………………………………………（34）
　　2.2.4　浏览器/服务器架构 …………………………………………………（36）
　　2.2.5　C/S 和 B/S 结构的比较和选择 ……………………………………（36）
 2.3　数据库 …………………………………………………………………………（39）
　　2.3.1　数据库概述 …………………………………………………………（40）
　　2.3.2　数据库管理系统 ……………………………………………………（42）
 2.4　计算机网络 ……………………………………………………………………（43）
　　2.4.1　计算机网络基础 ……………………………………………………（43）
　　2.4.2　计算机网络体系结构 ………………………………………………（44）
　　2.4.3　Internet 概述 ………………………………………………………（46）

第3章　管理信息系统的基础应用 ……………………………………………（54）
 3.1　事务处理系统 …………………………………………………………………（55）
　　3.1.1　事务处理系统的定义及特征 ………………………………………（56）
　　3.1.2　事务处理系统的功能与结构 ………………………………………（56）
　　3.1.3　企业中的事务处理系统 ……………………………………………（57）
 3.2　管理信息系统 …………………………………………………………………（58）
　　3.2.1　管理信息系统的起源及研发目的 …………………………………（58）
　　3.2.2　管理信息系统的一般结构 …………………………………………（58）
　　3.2.3　管理信息系统的功能 ………………………………………………（60）
 3.3　信息系统集成 …………………………………………………………………（61）
　　3.3.1　信息系统集成基础 …………………………………………………（62）
　　3.3.2　信息系统集成的目标 ………………………………………………（63）
　　3.3.3　系统集成模型和集成方法 …………………………………………（66）
 3.4　企业资源规划 …………………………………………………………………（68）
　　3.4.1　ERP 的概念 …………………………………………………………（68）
　　3.4.2　ERP 的发展历程 ……………………………………………………（69）
　　3.4.3　ERP 系统的功能结构 ………………………………………………（73）
　　3.4.4　ERP 与其他系统的关系 ……………………………………………（77）
　　3.4.5　ERP 未来发展趋势 …………………………………………………（78）
　　3.4.6　ERP 厂商 ……………………………………………………………（79）

第4章　管理信息系统的扩展应用 ……………………………………………（85）
 4.1　企业门户 ………………………………………………………………………（86）
　　4.1.1　企业门户的概念和特点 ……………………………………………（86）
　　4.1.2　企业门户的发展历程 ………………………………………………（87）
　　4.1.3　企业采用信息门户的原因 …………………………………………（88）
　　4.1.4　企业门户建设的主要问题 …………………………………………（89）
 4.2　供应链管理 ……………………………………………………………………（90）

4.2.1　供应链管理的内涵 …………………………………………………（90）
　　4.2.2　供应链网络结构模型 ………………………………………………（91）
　　4.2.3　供应链管理面临的主要问题 ………………………………………（91）
　　4.2.4　供应链管理的复杂性 ………………………………………………（92）
　　4.2.5　供应链管理发展趋势 ………………………………………………（93）
　4.3　客户关系管理系统 …………………………………………………………（94）
　　4.3.1　客户关系管理的定义与内涵 ………………………………………（94）
　　4.3.2　客户关系管理的内容 ………………………………………………（96）
　　4.3.3　客户关系管理与企业资源规划的整合 ……………………………（99）
　　4.3.4　客户关系管理与供应链的整合 ……………………………………（100）
　4.4　电子商务 ……………………………………………………………………（102）
　　4.4.1　电子商务概述 ………………………………………………………（102）
　　4.4.2　电子商务系统组成 …………………………………………………（103）
　　4.4.3　网络营销 ……………………………………………………………（106）
　　4.4.4　电子商务的网上交易过程 …………………………………………（108）
　　4.4.5　电子商务对企业与社会变革带来的影响 …………………………（109）
　4.5　电子政务 ……………………………………………………………………（110）
　　4.5.1　电子政务的概念 ……………………………………………………（110）
　　4.5.2　电子政务的模式 ……………………………………………………（111）
　　4.5.3　电子政务系统的规划与建设 ………………………………………（112）

第5章　管理信息系统的高级应用 …………………………………………（119）

　5.1　数据仓库与数据挖掘 ………………………………………………………（120）
　　5.1.1　数据仓库与数据挖掘的概念 ………………………………………（120）
　　5.1.2　数据挖掘技术及其应用 ……………………………………………（122）
　5.2　决策支持系统 ………………………………………………………………（126）
　　5.2.1　决策支持系统的概念 ………………………………………………（126）
　　5.2.2　决策支持系统的组成 ………………………………………………（127）
　　5.2.3　决策支持系统的分类 ………………………………………………（131）
　　5.2.4　智能决策支持系统 …………………………………………………（132）
　　5.2.5　群体决策支持系统 …………………………………………………（134）
　5.3　商务智能 ……………………………………………………………………（136）
　　5.3.1　商务智能的概念 ……………………………………………………（136）
　　5.3.2　商务智能的应用及发展趋势 ………………………………………（137）
　5.4　知识管理 ……………………………………………………………………（139）
　　5.4.1　信息化管理的高级阶段 ……………………………………………（139）
　　5.4.2　知识管理内涵 ………………………………………………………（141）
　　5.4.3　知识管理体系 ………………………………………………………（143）

第6章　管理信息系统开发概述 ……………………………………………（151）

　6.1　系统开发的一般过程 ………………………………………………………（152）

6.1.1 信息系统的生命周期 ……………………………………………… (152)
6.1.2 系统规划 …………………………………………………………… (154)
6.1.3 系统分析 …………………………………………………………… (155)
6.1.4 系统设计 …………………………………………………………… (156)
6.1.5 系统实施 …………………………………………………………… (156)
6.1.6 系统维护与评价 …………………………………………………… (157)
6.2 系统开发与组织变革 ………………………………………………………… (160)
6.2.1 系统开发是有计划的组织变动 …………………………………… (160)
6.2.2 组织变化的类型 …………………………………………………… (160)
6.2.3 业务流程再造 ……………………………………………………… (162)
6.3 信息系统开发的方法及方式 ………………………………………………… (165)
6.3.1 信息系统开发的方法 ……………………………………………… (165)
6.3.2 系统开发的方式 …………………………………………………… (174)

第7章 信息技术展望 ……………………………………………………………… (185)

7.1 信息技术的新成就 …………………………………………………………… (186)
7.1.1 大数据 ……………………………………………………………… (186)
7.1.2 云计算 ……………………………………………………………… (190)
7.1.3 互联网+ …………………………………………………………… (193)
7.1.4 物联网 ……………………………………………………………… (197)
7.1.5 工业4.0 …………………………………………………………… (199)
7.2 信息安全与风险问题 ………………………………………………………… (201)
7.2.1 信息安全的内涵 …………………………………………………… (201)
7.2.2 信息安全标准 ……………………………………………………… (201)
7.2.3 信息安全技术 ……………………………………………………… (203)
7.3 道德与法律 …………………………………………………………………… (207)
7.3.1 信息技术与隐私权 ………………………………………………… (207)
7.3.2 信息技术与知识产权 ……………………………………………… (208)
7.3.3 信息安全立法 ……………………………………………………… (209)

第8章 实验指导 …………………………………………………………………… (215)

8.1 实验环境搭建 ………………………………………………………………… (215)
8.1.1 2BizBox ERP 系统简介 …………………………………………… (215)
8.1.2 安装 2BizBox ERP ………………………………………………… (217)
8.1.3 2BizBox ERP 的配置和停止 ……………………………………… (219)
8.2 实验项目一 ERP 人事管理 ………………………………………………… (220)
8.2.1 实验目的 …………………………………………………………… (220)
8.2.2 实验准备 …………………………………………………………… (220)
8.2.3 实验内容 …………………………………………………………… (221)
8.2.4 实验步骤 …………………………………………………………… (221)
8.3 实验项目二 ERP 物料清单管理 …………………………………………… (228)

  8.3.1 实验目的 …………………………………………………………（228）
  8.3.2 实验准备 …………………………………………………………（228）
  8.3.3 实验内容 …………………………………………………………（230）
  8.3.4 实验步骤 …………………………………………………………（230）
 8.4 实验项目三 ERP采购管理 ……………………………………………（234）
  8.4.1 实验目的 …………………………………………………………（234）
  8.4.2 实验准备 …………………………………………………………（234）
  8.4.3 实验内容 …………………………………………………………（235）
  8.4.4 实验步骤 …………………………………………………………（236）
 8.5 实验项目四 ERP销售管理 ……………………………………………（241）
  8.5.1 实验目的 …………………………………………………………（241）
  8.5.2 实验准备 …………………………………………………………（241）
  8.5.3 实验内容 …………………………………………………………（241）
  8.5.4 实验步骤 …………………………………………………………（242）
 8.6 实验项目五 ERP工单管理 ……………………………………………（244）
  8.6.1 实验目的 …………………………………………………………（244）
  8.6.2 实验准备 …………………………………………………………（244）
  8.6.3 实验内容 …………………………………………………………（244）
  8.6.4 实验步骤 …………………………………………………………（245）

参考文献 ……………………………………………………………………（248）

第1章

管理信息系统概述

学习目标

通过本章的学习，
1. 了解信息系统的发展历史，掌握信息、系统、信息系统和管理信息系统等基本概念；
2. 明确数据、信息、知识之间的关系和区别；
3. 理解信息系统与组织之间的关系，了解信息技术与竞争优势以及对其的影响。

教学要求

1. 重点是对概念的理解，并强化相近概念的区别；
2. 明确管理信息系统对企业组织及竞争的影响；
3. 注意结合企业信息化管理的成功的案例，了解企业实施信息化管理的重要性。

导入案例

沃尔玛的信息化之路

沃尔玛连续多年蝉联全球财富500强的首位，这与先进信息系统的采用是分不开的。沃尔玛的神话无疑印证了信息化对现代零售企业的重要性。尤其是在信息技术大行其道的环境下，商战企业一旦落后，就会步步出错，直至被淘汰。

经营之初，相对于其他大的连锁零售企业，沃尔玛只是一个不起眼的竞争者，但这种态势在20世纪末却发生了大的扭转。就在其他连锁零售企业仍旧以传统方式经营时，沃尔玛开始将重金投入各种信息系统的建设。沃尔玛在信息系统方面投入的热情在全球的企业当中都可以说是首屈一指的。该公司早在1983年就同休斯公司合作，将一颗耗资2 400万美元的人造卫星发射升空，成为全球第一个发射物流通信卫星的企业。沃尔玛还制定了"企业核心竞争力，降低总体成本"的新经营策略和理念，把电子商务和企业信息资源管理（ERP）提升到提高企业核心竞争力的战略高度。通过新型的信息应用，沃尔玛的经营效率得到了革命性的提升。在沃尔玛全球的4 000多家门店，通过该公司的网络在1小时之内就可对每种商品的库存、上架、销售量全部盘点一遍。

先进的电子通信系统让沃尔玛占尽了先机。曾有一种说法是，沃尔玛的电子信息系统是全美最大的民用系统，甚至超过了电信业巨头AT&T公司。在沃尔玛本顿威尔总部的信息中心，1.2万平方米的空间装满了电脑，仅服务器就有200多个。在公司的卫星通信室里看上一两分钟，就可以了解一天的销售情况，可以查到当天信用卡入账的总金额，可以查到任何区域或任何商店、任何商品的销售数量，并为每一商品保存长达65周的库存记录。

信息化正是沃尔玛迈向成功的重要原因之一。一方面，沃尔玛通过供应链信息化系统实现了全球统一采购及供货商自己管理上架商品，使得产品进价比竞争对手降低10%之多；另一方面，沃尔玛还通过卫星监控全国各地的销售网络，对商品进行及时的进货管理和库存分配。

沃尔玛的信息化之路充分印证了：谁掌握了及时、准确的信息，谁就会在竞争中胜出。

（摘自http://www.boraid.cn/）

1.1 信　　息

1.1.1 信息化提要

人类社会经过数百万年的发展，从社会生产的基本形态来划分，经历了原始社会、农业社会、工业社会3种形态。原始社会的生产方式以狩猎为主，农业社会以土地为基本生产资料，而工业社会则以机械、能源为基本生产资料。在20世纪40年代出现的电子计算机使人们习惯的这种生产形态又发生了变化。尽管现在物质、能源等依然是社会的基本生产资料，但是另一种无形的资源——信息，却成为现代社会必不可少的基本资源。随着现代信息技术的不断进步，人类社会正从工业社会迈向信息化社会。人们越来越清楚地认识到知识就是力量，信息就是财富。信息化的浪潮席卷全球，信息化浪潮的广度和深度，无论在技术领域、经济领域、社会领域，还是在政治领域，都是以前无法比拟的。世界上众多发达国家、新兴工业化国家乃至发展中国家都相继制定了各自的信息化计划。信息化成为普遍的社会现象，成为当今社会经济发展的大趋势。

随着信息时代的到来，企业将不可抗拒地加速进入信息网络时代。企业将建设具有本企业特点的、生产过程自动化和管理现代化的信息网络。在现代化企业中，信息管理工作将发挥越来越重要的作用。企业信息工作，主要是指进行生产经营和决策所需要的数据的收集、加工、传递、存储等管理工作。其把企业物流的管理提高到对企业信息流的管理来控制企业的运作，及时提供给领导决策所需的多方面的信息和生产现场实际情况。信息是管理上一项极为重要的资源。决策贯穿于管理的全过程。管理工作的成败，首先取决于决策的正确与否，而决策的正确程度则在很大程度上取决于信息的质量。

再来看一下我们的生活，信息化给我们带来了翻天覆地的变化。从邮政通信到电子邮件、视频聊天，从图书馆查资料到网络搜索，从实体商店买东西到网络购物，这一切都说明，信息化的社会影响了我们生活的诸多方面，是我们不可回避的。信息化已成为一个国家经济和社会发展的关键环节，信息化水平的高低已经成为衡量一个国家、一个地区现代化水平和综合国力的重要标志。企业竞争的焦点从自然资源、金融资源、人力资源转向信息资源。信息被列为与物质、能源相并列的人类社会发展的三大资源之一。

1.1.2 信息的概念

现在"信息"这一术语随时可见，配有复杂的计算机运营设备、组织数据集中管理、计算机专家们大量进出的部门被称为"信息中心"；企业中负责计算机系统管理和数据分析的高级管理者被称为"信息主管"；影视、报刊、书籍、光盘、统计数据等被称为"信息产品"；通过电话线上网的个人计算机被称为"信息终端"；由光纤、卫星和高速通信设备连接的远距离电子信号传输网络被称为"信息高速公路"。现代社会的发展使得人们对信息有了非常丰富、具体的认识和感受。要理解信息的概念，就必须弄清楚数据、信息、知识等概念。

1. 数据

数据一般是指那些未经加工的事实或对客观事物的描述，它是信息的载体、信息的具体表现形式。数据的表现形式多种多样，不仅有数字、文本形式，还有图形、图像、声音等形式。其记载的方式也是多种多样的，如书面上的文字、磁介质上的状态等。数据只是一种描述，没有特定的背景和意义。例如，20160101 单独看就只是一个数字，不具有任何特定的含义，既可以将它视为日期，也可以视为电话号码。数据是可识别的、抽象的符号。例如，表述 5 可以用 5、五、101、five 或条形码等符号来表示。

2. 信息

在理论上，人们对"信息"一词的定义并未真正统一过。信息论的创始人香农（Shannon）认为，"信息是人们对事物了解的不确定性的减少或消除"，该定义强调了信息的客观机制与效果，特别是对于如何衡量信息量的大小指明了方向。不确定性程度减少得越多，信息量就越大。控制论之父维纳（Wiener）则指出，"信息既不是物质也不是能量，信息是人与外界相互作用的过程、互相交换的内容的名称"，该定义强调了信息与物质和能量的区别。国际标准化组织（ISO）则将信息定义为"对人有用、能够影响人们行为的数据"，该定义注重信息的功能特征。中华人民共和国国家标准（GB 5271）则从来源和载体定义信息，认为"信息是人们根据表示数据所用协定而赋予数据的意义"。在管理信息系统领域中，我们把数据和信息联系起来，从两者的对比当中把握信息的概念，认为"信息是经过加工的数据，它对接收者有用，对决策或行为有现实或潜在的价值"，这一定义突出了信息在决策和行为中的价值，反映了信息作为一种战略性资源的内在含义，在本书中，我们把这个作为信息的定义。人们掌握了一定的信息就可以消除不确定性，更好地认识事物、区别事物并改造世界，把信息形成知识。

3. 知识

知识是以某种方式把一个或多个信息关联在一起的信息结构，是客观世界规律的总结。知识是结构化的经验、价值观念、关联信息及专家见识的动态组合，是有一定环境的信息，加上对于怎样运用它的理解，它为评估和吸纳新的经验和信息提供了一种架构。知识产生并运用于知识工作者的大脑。

4. 数据、信息与知识

数据只有经过加工，并赋予语义解释，才能作为信息。例如，"0"是一个数据，除了数字上的意义之外，没有得到任何信息，但如果说"当前的温度为 0 ℃"，意义就截然不同了,这条当前温度的信息,支持你做出穿什么衣服的决定。因此,"当前的温度为 0 ℃"不仅仅是数据,更重要的是给数据以解释,得到了信息。综上所述,信息和数据是密不可分的,人们形象地将它们之间的关系比喻成原料和成品之间的关系,将数据看作是原材料,将信息看作是产成品。可以用图 1-1 来表示这种关系。数据与信息之间的这种"原料"和"成品"的关系,说明信息存在相对性,数据和信息可以相互转化。

图 1-1 从数据到信息的转换

在现实生活中,信息和数据常常不加区分,但对于某个确定的目的来说,应该区分,且信息和数据在一定条件下可以互相转化。例如,为了某个目的,采集了有关数据,这些数据经过方法 1 的加工处理,得到相应的信息。得到的信息对于另外一个目的来说,又是数据的一个组成部分,它们和其他的数据一起,再经过方法 2 的加工处理,又得到新的信息。而这些信息对于另外一个目的来说,又可能成为一部分基本数据,如图 1-2 所示。

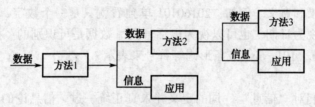

图 1-2 数据与信息的区别

数据和信息的辨别取决于语义环境。相同的一组数据对一部分人来讲可能是信息,对另一部分人来讲可能就是数据。例如,发货单是发货工作人员的信息,他要根据发货单给客户发货,但对于负责库存管理的经理,它仅仅是一种原始数据。再比如,一个员工的工资对其个人来说是信息,但对企业的高层管理者来说就是数据,整个企业的劳动力成本对于企业的管理者来说就是很有意义的信息。由此可见,从数据到信息的转变是由信息处理"者"来完成的。信息处理者是一个信息系统的关键要素,可以是计算机要素,也可以是非计算机要素,或者是二者的结合。

为了更好地理解数据和信息,下面再举例说明。当会计人员做账时,必须有各种发票和单据,这些发票和单据对会计来说是原始数据,会计人员将它们按照一定的规定和处理顺序进行加工,做成了为各种不同需要服务的账目和报表,用以提供各种信息。例如,现在要了解某人是否欠款,查找有关账户,得到的某人是否欠款的数据就是信息。所以,数据处理工作也就是将数据加工转换为信息的过程。

数据和信息的区别在于,数据是客观的,来源于客观的现实世界,是对某一事物属性的描述;信息是人们对数据加工后的结果,取决于人们的主观需求,要对人们的决策行动产生影响。总之,信息是经过加工以后对客观世界产生影响的数据。数据与信息在人们认识现实世界、改造现实世界的过程中不断地实现转换。

信息不同于知识。信息是客观存在的,不管是否被发现或是被认识到其重要性;而知识是由信息抽象出来的产物,是一种具有普遍和概括性的信息,是人类认识世界、改造世界、进行实践的结果。知识存在于人们的大脑中,是信息的一个特殊的子集。也就是说,知识就是信息，但并非所有的信息都是知识。知识是有价值及效用的信息。

1.1.3 信息的维度

虽然信息的定义众多，但关键是看信息是否有价值，怎样确定信息的价值呢？为什么某类信息具有很高的价值，而有些信息则毫无价值呢？信息可以具有多方面满足人们生存和发展的客观属性，人们也因人因时因地不同，对同一条信息的详尽程度和呈现方式反映出多种不同的需求。当信息多方面客观属性与人的不同需求发生联系时，就会产生出不同的价值含义和内容。信息的价值通常可以从3个维度来评估，即时间、内容和形式。

1. 信息的时间维度

不论组织是在向客户提供有关产品和服务的信息，还是在运用信息进行决策，信息的时间维度都是至关重要的。信息的时间维度是指信息是"何时产生"的，也就是"when"。信息的时间维度包括及时性和新颖性两方面。

（1）及时性

即在人们需要时能及时获得信息。及时的信息对于人们做出正确的决策有着非常重要的作用。信息都具有一定的时效，过了时效就不再具有价值或者价值会大幅度下降。例如，明天的天气预报是有价值的，人们可以据此做出相应的判断——该带雨伞还是太阳伞，但是昨天的天气预报只具有参考价值。

（2）新颖性

获得最近和最新的信息。一般来说，具有新颖性的信息比仅具有及时性的信息更有价值。如果说及时性能帮助企业把握住机会，那么新颖性则可以给企业带来机会。有这样一个小故事，有一个鞋厂派了两个销售员到一个小岛上考察商机，一个人回来说，小岛上所有人都不穿鞋，所以没有卖鞋的机会；另一个人则说，小岛上所有人都不穿鞋，如果能让他们穿鞋，那么这个市场会很大的。其实，小岛上所有人都不穿鞋是一个事实，关键是对这个事实进行分析，找到对自己有价值的信息，才能真正做到新颖性。

总之，越新颖、越及时的信息，其价值越高。因此，应尽量缩短信息的采集、存储、加工、传输、使用等环节的时间，提高信息的价值。需要指出的是，从某种使用目的来看，信息价值会随着时间的推移而降低，但是对于其他的目的来说，信息又可能显示出新的价值。例如，超市的销售信息，在每年的账务结算后，作为核算凭据的价值已经失去；但是如果将多年的销售数据收集起来，就有可能通过数据挖掘等方法总结出消费者的行为规律，从而指导超市的销售行为。再如，在网上购物的时候，首先要注册用户，每次购物时，都需要用用户名登录，这样做的目的一方面是识别用户，另一方面还可以积累用户的消费数据，通过数据挖掘，找到消费者的消费行为习惯，从而指导销售。

2. 信息的内容维度

信息内容是信息中最重要的方面，它涉及信息"是什么"，即"what"。信息的内容维度包括准确性、完整性和相关性。

（1）准确性

即无差错的信息。准确性是信息第一位的、最基本的、最核心的性质，不符合事实的信息不仅没有价值，甚至可能带来负的价值。比如，在安排今年的生产计划时，若所掌握的去年的生产量和销售量是错误，将导致错误的决策，甚至会导致企业破产。股市中有些人投机取巧，听信小道消息，却不能肯定其准确性，最终输得倾家荡产，这样的例子不在少数。因此，信息应该是基于正确数据的处理结果，必须具备准确性。

（2）完整性

指接收的信息是完成一项任务或做成一项决策所需的全部信息。但要注意，没有绝对的完整，原始数据的不完整和人类认识的不完全是造成信息不完整的两个主要原因。信息的完整性与接收信息者的目的密切相关。举例来说，如果你收到一份报告，上面详细列有上个月公用开支的明细，这一信息是否算完整呢？这关键取决于你要做什么，如果做一项预算，那么可能还需要了解这些开支与以往同期相比的情况。

（3）相关性

即信息与信息使用者要做的事情的相关程度。相关性越高的信息，价值越高。比如，北京地区的天气预报对北京人民来说价值较高，而对南京人民来说几乎没有什么价值。

信息的相关性和完整性相辅相成，也就是说，信息使用者既应该接收与工作相关的信息（相关性），也应该接收全部需要的信息（完整性）。过去人们都在为解决信息的完整性而努力，而现在，基于信息技术的环境往往带来信息量的剧增，它很容易使人们忽略信息的相关性，可能提供的是人们根本不需要的信息。在这种情况下，如何甄选出相关性高的信息就成了人们关注的重点。

3. 信息的形式维度

信息的形式是指信息是以"什么样"的形式带给接收者，即"how"。信息的形式维度包括详尽性和呈现性。

（1）详尽性

指接收的信息的概括或详尽的程度。例如，百货商店的销售经理，想了解每一位销售人员的销售量（详尽）；公司办公室的销售分析人员想要的是商店一级的分析统计数字（概括）。由此可以看出，目标的不同，对信息概括程度的要求也不同。

（2）呈现性

指接收信息的形式为叙述、图形、声音、报表，甚至可能是镜像形式。呈现性还包括用于提供信息的技术，比如，你可能接收的是打印方式的信息，也可能把带有影像、动画或声音等形式的信息显现在屏幕上，甚至可能是直接体验的方式（如虚拟现实系统）。随着信息量不断增加，以何种载体提供信息成为非常重要的问题。根据接收对象、接受内容等的不同，信息的呈现性也不同，比如，同样是新闻，老年人可能在晨练的时候通过收音机来接收，上班族可能在地铁里通过报纸来接收，学生可能通过网络来获取；再比如，学生上课，不同的课程由于性质不用，采用的授课方式也不一样，数学可能通过板书，但是英语更多是通过课堂交流和联系。

以上3个维度如果运用得当，在人们需要信息的时候（时间维度），以人们希望得到的形式（形式维度）获得正确的信息（内容维度），将大大提高信息使用者成功的机会。

1.1.4 信息的特征

信息与日常生活、经济活动和社会活动息息相关，也与众多的学科紧密相关，所以信息呈现多种特征。

1. 信息的共享性

共享性是信息的主要特征之一。信息不同于其他物质类资源，不具备独占性，不会因为信息被某一方掌握而造成损失。信息可以复制，也可以共享。事实上，这也是信息的另一个不可避免却难以解决的问题。因为信息的共享性导致信息的扩散难以控制，盗版物的泛滥和知识产权的侵权成为信息经济时代迫切需要解决的问题。

需要注意的是，信息共享后，既可能引起信息价值的增加，也可能引起信息价值的降低。例如，沃尔玛把它的销售数据和供应商分享，将引起信息价值的增加；反之，独家报道被转载后，信息的价值会降低。

2. 信息与载体的不可分性

在人类社会的信息活动中，各种信息必须借助文字、图像、胶片、磁带、声波、光波等物质形态载体，才能够表现，才能够被人们的听、视、味、嗅、触觉所感知，人们才能够识别和利用信息。从某种意义上说，没有信息载体，就没有信息本身。

3. 信息的价值性

信息本身不是物质生产领域的物化资源，但它一经生成并被使用者感知，就是一种具有可采纳性，或称为有用性的资源，能够满足人们某些方面的需求，被人们用来为社会服务。也就是说，信息本身是有价值的，一方面体现在获得这种信息所付出的代价；另一方面体现在信息有使用价值，通过运用此信息在决策中的影响程度来转换得到。

4. 信息的可加工性

客观世界存在的信息是大量的、多种多样的，而人们对信息的需求往往具有一定的选择性，为了更好地开发和利用信息，需要通过一定的手段对大量的信息进行筛选、分类、排序、归纳、存储等操作，从而选取所需要的信息。加工的方法和目的反映信息的接收者获取和利用信息的特定需求。需要注意的是，信息的可加工性并不能改变信息的客观内容，而只是改变它的表现形式和存在方式。

5. 信息的变换性

信息是可变换的，可以用不同的方法和不同的载体来呈现这一特性，在多媒体时代尤为重要。

6. 信息的可传递性

人们之所以能够接收、理解和运用信息，是因为信息由信息源发出后可以借助载体进行传递。信息传递与物质产品的传递是不同的，它不是"实体"在位置上的变动，而是"实体"特征或属性在不同空间或不同时间上的显现或描述。信息的传输手段和方式多种多样，可以通过报纸、杂志等传统的手段进行传输，也可通过网络、视频等现代的技术进行传输。因此，应尽可能地用信息传递代替物质的传输，通过信息流来减少物流。信息的可传输性加快了资源的交流，加快了社会变化的步伐。

7. 信息的时效性

信息的时效是指信息从信息源发出，经过接收、加工、传递、利用等过程的时间间隔及效率。由于客观事物总处于不断变化中，所以信息必然会发生相应的变化。脱离母体的信息，由于不能及时反映母体的变化，其效用性将会随着时间的推移而逐渐降低；当母体发生质的变化的时候，信息的效用将会完全丧失。尽管信息在使用过程中不会被消耗或被磨损，但时间却可以使信息"过时"或"老化"，这在经济领域表现得特别明显。

8. 信息的层次性

不同的人要求的信息不同，这造成了信息的等级性。与信息的使用要求相联系，管理信息分为高、中、低等不同层次（如图1-3所示），支持不同的企业管理者，分别称为战略信息、战术信息和基层业务信息。处于不同层的管理者有不同的职责，需要的信息也不同。战略信息是关系到全局和重大问题决策的信息，它涉及上层管理部门对本部门要达到的目标，关系到为达到这一目标所必需的资源水平和种类，以及确定获得资源、使用资源和处理资源的指导方针等方面，如产品投产、停产、开拓市场等。战术信息大多属于控制信息，是使管理人员能掌握资源的利用情况，并将实际结果与计划比较，从而了解是否达到预定目的，并指导其采取必要措施更有效地利用资源的信息。例如，月计划与完成情况比较的信息库存信息等。这些信息一般来自所属部门，并跨越于各部门之间。业务信息用来解决经常性的事物问题，它与组织日常活动有关，用以保证切实地完成具体任务，如每天统计的产量、质量数据、材料数据等。

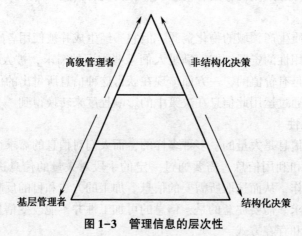

图1-3　管理信息的层次性

不同层次信息的性质不同，在信息来源、使用寿命、精确程度等方面都有差别，战略信息的使用者为企业高层管理者，信息的来源广、使用寿命长、加工方法较为灵活、要求的精确程度不很高；业务信息的使用者为基层管理人员，信息来源较为单一、使用寿命较短、加工方法固定、要求的精确程度较高；战术信息主要被中层管理者使用，信息的使用寿命和精确性等性质介于前两者之间。

1.2　系　　统

1.2.1　系统的概念

系统（System）是一个被广泛应用的概念。从宏观世界的天体、宇宙到微观世界的分子、原子，从现实的工程系统到抽象的概念系统，系统可以说是无处不在。系统有各种具体的表现，可以理解为体系、体制、制度、方式等的同义词。

系统最常见的定义如下：系统是为了实现某种目的，由一些相互作用、相互依存的元素（Element），在一定的环境下，按照一定的法则或结构组织起来的一个集合体。系统的一般模型如图1-4所示。系统是在一定的环境下存在的，区分系统内、外部的是系统的边界。系统的环境分为特定环境和一般环境。如果将企业看作一个系统，那么直接影响企业活动的外部因素构成了企业所在的特定环境，如顾客、竞争对手、供应厂商等；影响的环境因素称为一般环境，如政府部门、行业、不直接影响企业活动，但仍对企业活动有间接关联技术等。

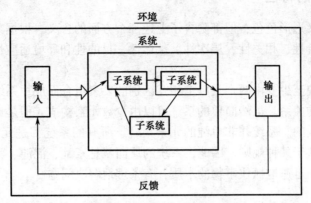

图 1-4 系统的一般模型

系统是一个相对的概念，在一个系统的内、外部仍然有系统存在，我们把系统内部的系统称为子系统（Subsystem）。例如，计算机系统可以看成是由硬件、软件两个子系统构成的系统，计算机的硬件系统可以看成是由输入子系统、输出子系统、存储子系统和处理子系统构成的系统。子系统与系统一样有它的目的、元素和边界。子系统之间存在相互连接和相互作用，我们把系统与环境的作用点，以及子系统之间的连接点称为接口（Interface）。

系统是一个为达到特定功能或目标而相互作用的组成部分或实体的集合，由系统边界、输入和输出、输入到输出的转换方法、系统接口等组成，是由相互关联而又各自独立的子系统组成的。

关于系统的含义，可以从以下 3 个方面理解。

首先，系统是由若干部分（要素）组成的。这些要素可能是一些个体、元件、零件，也可能本身就是一个系统（称为子系统）。销售、生产、财务、人事、后勤等元素组成了企业管理系统，而这些元素本身又都是一个系统，如财务管理子系统中包含资金、出纳、成本等部分。另外，企业管理系统本身又是企业的一个子系统，这说明系统和子系统是相对的。

其次，系统具有一定的结构。所谓结构，是指系统的各要素之间相对稳定地保持某种秩序，是系统各组成要素间相互联系、相互作用的内在方式。例如，钟表系统是由齿轮、发条、指针等零部件按一定方式装配而成的，把它们随意堆放在一起是不能构成钟表的。企业系统中的人、财、物等各资源必须按照某种秩序协调动作，才能保证生产活动的正常进行。结构是系统之间相互区别的一个重要标志，即使系统的构成要素完全相同，但如果组合方式存在区别，那么它们也会呈现出不同的特征和属性。比如，拥有同样数量的工人、设备等资源条件的企业，会因人员结构、设备布置等分工协作方式的不同，呈现出不同的生产和竞争能力。

最后，系统有一定的功能。要实现某一目的，就需要一定的功能。功能是指系统在存在和运动中所表现的功效、作用和能力。从某种意义上讲，功能是系统存在的社会理由。在自然界和社会中，某一系统之所以能存在，或更准确地说，能够被允许存在，是因为它表现出某种功能，对自然界或社会的其他系统发挥着某种作用。可以认为，没有功能的系统是不存在的。例如，呼吸系统的功能是进行体内外的气体交换；管理信息系统的功能是进行信息收集、传递、储存、加工、维护和使用，辅助管理和决策，帮助企业实现目标。

1.2.2 系统的特性

虽然系统的定义形形色色，但都隐含了上述三个方面的含义。根据系统的含义，可归纳得出系统应具有集合性、相关性、层次性、整体性、目的性和环境适应性等特征。

1. 集合性

指任何一个系统至少要由两个及以上相互区别的要素组合而成。系统意味着一个以上的元素及其相互之间的关系。虽然简单的系统可以由少数元素构成，但是通常我们讨论的系统都是由大量元素构成的。系统并非单纯的元素集合，所有的系统都是元素之间的有机结合，也就是这些元素服从于某种规则。因此，系统的反面就是紊乱、混沌、无秩序。系统工程的思想，是让我们能够迅速地抓住事物的本质，有条理地解决问题。

2. 相关性

系统的各要素之间是相互作用而又相互联系的。任何系统的元素和子系统都是相互关联的，脱离关联性就无从谈起系统。系统的相关性是系统中所有关系的集合。因为复杂的关系可以看作是二元关系的拓展，所以系统中元素间的关系可用二元关系来描述。在信息系统分析过程中，确定用户和部门之间究竟在信息需求上有哪些关联，就是系统关联性分析的例子。

3. 层次性

系统可以分解成具有一定层次结构的子系统，这是系统空间结构的特定形式。系统是可分层的，即系统是可分解的。对于复杂的系统对象，由于我们认识水平有限，往往很难迅速、全面地掌握系统全貌。利用系统的层次性，可将系统由高到低、由表及里、由粗至细地进行分析。如企业管理系统是一个多元、多级的复杂系统，在这个系统中，管理可分为若干层次，不同管理层次有着不同的职责和任务。

4. 整体性

任何一个系统若要实现目标，不能仅仅考虑各个子系统，更应该同时注意各子系统间的相互联系，注意整个系统与其所处的环境之间的相互关系，注意整个系统的整体目标。系统的整体性意味着在保证系统目标实现的前提下，系统要对系统的元素集合、关系集合和阶层结构进行调整，以取得最佳的效果。系统的整体效果并不等于各个子系统的效果之和，如果子系统配合得好，整体效果应大于部分效果之和；反之，子系统最优却未必能使整体效果最优。信息系统中计算机硬件结构的决定、设备的选取、数据库的选择等，处处体现出系统的整体性。

5. 目的性

系统具有某种目的，为达到既定的目的，必须具有一定的功能，这是系统之间区别的标志之一。系统的目的一般由具体的目标来体现，较复杂的系统都是多目标的系统。人工系统通常具有目的性，但有时并不是仅有单一的目的。通过对目的分解，可以更详细地表达系统的总目的。有时系统的子目的可能是互相冲突的，例如，数据处理的性能优异和成本低廉是两个相互冲突的目的，这时需要系统设计者进行某种折中，即在两个相互矛盾的目的实现中寻求平衡，使最终目的得以最优。

6. 环境适应性

系统是处于一定环境中的，需要不断地与环境交互，因此系统应具有对环境的适应性。

不能适应外部环境变化的系统是没有生命力的。封闭系统是不与环境进行物质或信息交换的系统，开放系统则受环境影响，在和环境进行物质或信息交换中不断进行自我调节。

综上所述，整体性观点是系统的出发点，它是把系统对象作为一个合乎规律的、由各个部分组成的有机整体来研究。系统的基本特征表明，单独研究系统某一部分不能揭示出系统的规律性，各组成部分的孤立特征和局部活动的总和，也不能反映系统的整体特征和活动方式。因此，整体的观点要求我们把系统对象当作整体看待，从整体出发，从整体与部分的关系出发，研究和揭示系统的特征和活动规律，而不是把系统对象分割成许多简单的部分，分别考虑后再把它们机械地叠加起来。

系统是动态的、发展的。随着时间的变化，外界环境不断地向系统输入物质、能量和信息，同时，系统也不断地向外界环境输出物质、能量和信息，而系统自身的状态也按一定的规律发展变化，从一种状态变为另一种状态。为了生存和发展的需要，依据客观现实与自身条件，系统需要不断地调整自己。

在信息系统建设中，系统的观点是进行信息系统开发的基础，它揭示出在一定目标下，系统的开发首先必须从整个系统出发，追求整体最优而不是局部最优，然后将整个系统由上到下、由表及里地分解，分析系统每个部分所应完成的功能，搞清楚系统各个组成部门间以及与环境间的关系，同时还应考虑系统的发展变化，为系统将来的发展留有接口。

1.2.3 系统的分类

系统可以从各种角度分类，根据元素的状况可分为动态系统和静态系统，根据系统运动的稳定性可分为概率性系统和确定性系统。从需要出发，可以将系统分为以下几类。

1. 封闭系统和开放系统

与环境保持紧密关系的系统称为开放系统。在开放系统中，系统与环境进行着大量的信息、能量交换。企业可以看成是一个开放系统，它对环境的变化必须表现出适应能力，才能在激烈的竞争中生存。企业这个系统是不能与环境隔绝的，它要从环境中取得物质或能量，例如新的雇员、原材料、机器设备、资金等，同时要向环境提供产品或服务。企业的产品或服务对其他组织或个人有益，企业才能进一步从环境中取得物质或能量，从而维持自身的生命。因此，企业是一个开放系统，它必须根据环境的变化时时调整自身，使自己适应环境。生物系统（细胞、植物、动物、人）也是开放系统。

封闭系统只关注自身内部的变化，不和环境交换信息和能量。完全的封闭系统几乎是不存在的，但在很多情况下，可以将某些信息系统看作是相对封闭的系统。相对封闭的系统是指系统是受控制的，它的输入对象和输出对象是明确的。例如，在使用定量数学模型作决策时，系统的候选方案是明确的，在一定的输入量下选出的最佳方案是确定的。在物理学家进行的热力学的实验中，化学物质被放在隔绝环境的真空试管中相互作用，进而发现了热力学的分子运动规律，这种实验系统是封闭的系统。

传统的信息系统大多是相对封闭系统。计算机是一个相对封闭的系统。计算机按照人们规定的程序进行数据处理，然后输出结果，难以根据外界的变化来调整自己的行为。基于因特网的信息系统可以说是一个开放的系统，它和外部环境的联系非常紧密，同时它又能不断根据外部环境的变化来进行自身的调整，从这个意义上来说，因特网与传统的网络有很大不同。

2. 物理系统和概念系统

物理系统指系统是由物理的成分构成的，如管理信息系统的物理构成中有计算机、数据库和管理人员等。概念系统指系统由概念元素以及建筑在这些概念之上的结构所构成,如符号系统是一个概念系统。通常一个系统可能既具有物理系统的特征,又具有概念系统的特征。多层次的系统特性便是指系统具有概念性的一面。例如,计算机系统是由处理器、存储器、输入/输出设备等构成的,但是计算机系统是基于图灵等人提出的"有穷自动机"等概念系统产生和发展的。

3. 自然系统和人工系统

自然的生态构成自然系统,所有的生物都遵从竞争和优胜劣汰的法则。与自然系统相对应的是人工系统。组织是一个人工系统,计算机也是一个人工系统。无论自然系统还是人工系统都有生命周期,总存在产生、发展、衰退、灭亡的循环。

4. 人机系统

单纯的某种类型的系统是从某一角度对现实系统进行简化的结果。现实生活中的系统往往是几种典型系统的混合。例如,人是一个开放系统而计算机是一个封闭系统,管理信息系统是一个人机系统,因此管理信息系统是一个开放系统和封闭系统相结合的系统。

人机系统是一个重要的概念。人机系统意味着我们对这个系统的分工要仔细地考虑。人是一个开放的系统,而机器是一个封闭的系统,人和机器可以做各种各样的组合。在一个自动化水平很高的环境中,机器工作的效率很高,而人必须去配合机器的速度,这样虽然效率提高了,但是人却不一定感到舒适。

1.3 信息系统

1.3.1 信息系统的概念

信息系统是对信息进行采集、处理、存储、管理、检索、必要时能向有关人员提供有用信息的系统。它是由人、硬件、软件和数据资源组成的人机系统,目的是及时、正确地收集、加工、存储、传递和提供信息,用来实现组织中各项活动的管理、调节和控制。

组织中各项活动表现为物流、资金流、事务流、信息流的运动。"物流"是实物的流动过程。物资的运输,产品从原材料采购、加工直至销售都是物流的表现形式。"资金流"指的是伴随物流而发生的资金的流动过程。"事务流"是各项管理活动的工作流程,例如原材料进厂进行的验收、登记、开票、付款等流程,厂长做出决策时进行的调查研究、协商、讨论等流程。"信息流"伴随以上各种流的流动而流动,它既是各种流的表现和描述,又是用于掌握、指挥和控制其他流运行的软资源。

1.3.2 信息系统的构成

信息系统由许多部分组成,这些部分相互作用以达到提供信息的目的,其构成如图1-5所示。

系统资源是信息系统的基础,其中硬件部分包括支持信息处理、通信处理的计算机装置以及有关其他计算机设备。操作系统、数据库管理系统、程序语言、网络软件、通用工具等属于系统软件。信息系统应用软件由支持特定管理功能的程序构成。系统管理是保证信息系统正常运行的重要条件之一,它由一系列有关的规章制度、组织机构、人员管理、系统规

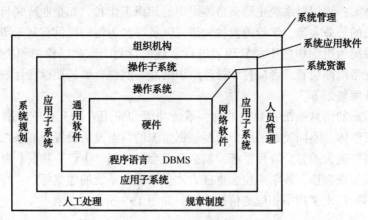

图 1-5 信息系统的构成

划、人工处理、相应设计文件等组成。

信息系统本身也是一个系统,具有系统的一般特征,是一个组织的内部的神经系统,具有整体效应;目的性在于提供各种管理所需的信息。信息系统是可以分解的,通常把一个组织的信息系统分解成若干子系统,各个子系统又可以分为若干个模块,为了需要,每个功能模块又可以分成若干子功能模块,表现出信息系统的层次性。整个信息系统内部各部分(子系统)之间存在着各种形式的联系。信息系统除了具有系统的一般特征外,还具有自身的一些特点,在信息系统的开发建设中,不仅涉及计算机的软硬件技术、通信技术、数学、运筹学、控制论、信息等方面的学科知识,还涉及社会科学领域中有关政治、经济、管理、法律、组织行为学、人际关系学等许多方面的知识。

1.3.3 信息系统的类型

目前组织中的信息系统可以根据服务对象的不同分为不同的类型。在安东尼模型,即图1-6 所示的金字塔形结构中,组织可以横向划分为战略层、管理层、知识层和操作层,纵向划分为不同的职能范围,而信息系统可以相应地按组织层次划分为战略层系统、管理层系统、知识层系统和操作层系统,也可以依业务范围划分为销售系统、生产系统、财务系统等。

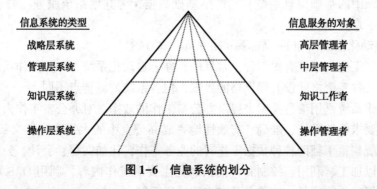

图 1-6 信息系统的划分

各个层次的系统主要针对本层次的信息需求特点提供信息服务支持。操作层系统主要负责基层日常业务处理、组织数据源、监测组织的基本活动,支持会计人员、销售人员、运货人员等的常规决策；知识层系统主要支持组织中的知识工作者，如企业研究与开发人员、工程师、政府机关的公务人员、学校的教师和研究人员等，为他们提供有利于知识创造的工作环境；管理层系统为组织中的中层管理者进行常规的计划、监测、控制和决策活动提供支持；战略层系统帮助高层管理者应付和处理组织的战略问题，如长期投资计划、市场开发方向、企业产品开发规划等。

各个职能范围的信息系统在数据处理、系统功能和应用方法上有所差别，可以分步建立，并结成有机整体。不同类型的组织需要根据组织的特点灵活设置职能系统，比如运输或物流管理企业需要庞大的客户管理系统，制造企业会以计划、生产、物资、财务、销售等子系统为基础实施集成制造，教学单位会重视人才资源管理系统的建立等。

下面针对不同层次来列举相应的信息系统，如图1-7所示。

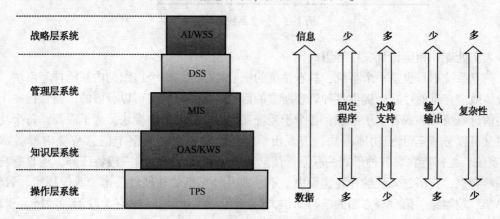

图1-7 信息系统的主要类型

1. 事务处理系统（Transaction Processing System，TPS）

事务处理是指收集组织某项日常工作的数据，对数据进行加工，或者对数据进行各种转换，增加数据的可应用性。例如，会计数据处理系统采集企业财务活动的数据，将数据加工、转换成信息，使企业其他信息子系统能使用这些信息。事务处理系统对任何组织来说都是不可缺少的信息系统。事务数据处理系统主要面向作业层，加工处理大量的数据，处理的大量数据是历史或实时数据，又称电子数据处理系统（Electronic Data Processing System，EDPS），是组织中的基础信息系统，它产生基础数据，为其他系统服务。关于TPS的更多内容，将在第3章介绍。

2. 办公自动化系统（Office Automation System，OAS）

支持知识层工作的系统有很多种，常见的有办公自动化系统、知识工作系统和工作组支持系统等。这三种系统之间没有很严格的界限，但各系统的侧重点不同。

办公自动化系统是用信息技术来提高办公室工作的效率，对办公室工作人员的工作进行支持的系统，要求能够系统、准确、有效性地完成办公室中的大量事务性文稿处理等工作。办公自动化系统侧重于辅助各种数据工作者的业务工作，比如文秘、会计、公文、档案管理类员工，他们以加工、利用、控制和传播信息为主要的工作内容，利用OAS可以极大地提高办公效率、保证工作质量、改善办公室之间的联系等。

建立和使用办公自动化系统的主要目的有：

①管理资料、文件：包括分类、保管、调用、整理等；

②日程安排（采用电子日历）和通信（采用电子信函、语音信函或可视会议技术）；

③文档资料的建立、编辑、格式设定以及打印，文字处理系统代表了办公室工作中最常见的信息技术应用；

④文件信息传递，包括上报、下达、分发，实现不同的组织和个人交流。

3. **知识工作系统**（Knowledge Work System，KWS）

知识工作系统是支持创造知识的知识工作者，尤其是企业中从事研究和开发的工程师们，在工作时需要带有图形、分析、资料管理和通信功能的，被称为工作站的高档桌面计算机系统。该系统从企业内部和外部不同的来源和角度收集信息，并利用这些工具进行千百次的问题计算和更改，直到设计人员对具体零件设计方案满意为止。设计人员和绘图专家也需要使用带有三维图形软件的工作站来全面地观察某产品的模型。例如，CAD系统的应用：产品设计（绘制机械工程图），造型设计（外观设计、仿真实验），工艺设计（编制加工工艺流程），加工中心的建模、仿真和分析，注塑模型设计和分析，注塑模型加工过程仿真，注塑过程仿真。同样，对于从事法律咨询的事务所，律师在为客户提出建议策略之前，也可以在桌面上浏览成千上万的法律案例。当经济从对商品制造的依赖转向对服务、知识和信息提供的依赖时，各个公司的生产率和整个经济的生产率就越来越依靠知识工作系统了。这是知识工作系统成为近十年来发展最快的应用系统的原因之一。建立和使用知识工作系统的主要目的如下：

①知识工作系统是面向组织和个人，提供共享和交流知识、信息、资源的网络环境下的信息系统；

②知识工作系统提供支持组织内部、外部通信与协同工作的环境和辅助工具；

③知识工作系统提供强大的科学计算能力和分析工具。

4. **工作组支持系统**（Workflow Support System，WSS）

工作组支持系统（WSS）是专门为改善团队工作而设计的系统，支持灵活多样的信息流动和信息共享，可以突破原有固定组织模式和职能部门的限制，通过电子信息沟通方式来重新组建团队。工作团队得以发展有两个原因：首先，许多企业正在建立解决特殊问题或利用特殊机遇的项目小组，例如，为了论证某产品开发的市场潜力，可能会建立一个由产品设计师、市场分析专家、销售专家、生产代表组成的小组来确定其可行性和开发策略，这些类型的小组往往为了解决某项具体问题而临时组建，其生存时间的长短依具体任务而定，当目标达到时，该小组就解散；其次，企业为使一系列工作实施起来更加有效，会建立固定小组，该小组由来自各部门的人员组成，这种类型的小组一般会持久，并需要经常且不间断的支持。为了让这两类团队能够有效地合作，他们需要一个工作组支持系统，支持团队信息的共享、传播和交流，支持与其他系统的自动化的信息处理。构成工作者支持系统的基础是被称为群件（Groupware）的计算机软件，比如Lotus公司的Lotus Notes就是目前应用范围很广的群件。群件的定义允许使用群件的用户（团队）根据需要来定义和选择工作群件。一般定义和选择群件要考虑以下主要目的。

(1) 团队动态交流

团队动态交流是群件提供的最基本和基础的支持。团队动态交流包括召开会议、在小组成员之间交流信息，以使解决问题、利用机遇和处理工作流程等任务更加便捷高效。在支持团队动态交流的重要群件中，可以选择电子消息群件、电子会议支持群件。

（2）文档管理

文档管理是群件产品中至关重要的软件，它通过一个群件文档数据库实现以下功能：

①负责组织和管理与特定小组有关的所有文档；

②支持多级安全权限，以便控制对数据库文档的访问，验证建立新文档或修改已存在文档的用户身份，并保护数据不被误用；

③提供小组对群件文档数据库中的许多有价值的信息进行存储、访问、检索和组织的工具；

④提供复杂的追踪机制，可以追踪到一个文档被谁更改过，以及更改过该文档的哪个版本。

（3）应用开发工具

在群件中应用的开发工具包含丰富的、用于快速创建应用程序的基本模块，支持团队成员一上来就投入工作。这些基本模块包括预写应用和编程工具，开发者可以用它来创建自己的应用程序，完成小组的特定任务。

5. **管理信息系统**（Management Information System，MIS）

管理信息系统是一种向组织的管理者提供定期的、预订的报告，帮助管理者了解日常业务的系统。建立和使用管理信息系统的主要目的在于系统可以产生并输出周期性的报告、专门报告，满足企业中各个不同层次管理者的需求。一般来说，基层的事务处理系统负责捕获信息，并将其保存到数据库中，供组织内部的人员访问。管理信息系统负责对这些信息进行分析、处理和汇总，将生成后的信息内容传递给需要它的人。TPS 是 MIS 的重要数据源，此外，来自市场、客户、供应商等的数据也是 MIS 必不可少的输入数据来源。MIS 的输出向管理者提供了信息和即时反馈，使他们能够了解组织业务的现状。管理者将现状与目标进行对比，可以准确地确定问题所在，寻求改善机会和措施，有助于管理者及时决策。MIS 的详细内容请见第 3 章。

6. **决策支持系统**（Decision Support System，DSS）

多数管理者能够从上述两类系统（TPS 和 MIS）中得到很大的帮助和支持，但对于某些特定的管理问题和决策，由于受到多种因素相互影响，所需要的数据、信息难以确定地、可核实化地、定量地计算出结果。例如，你正在考虑在何处建一个新的配送中心，受到员工素质、利率的预期波动、由地方提供的赋税激励政策、与仓库是否邻近，以及是否靠近主要交通干线等多种因素的影响。事务处理系统和管理信息系统这时显得力不从心，而决策支持系统恰好是针对这类问题而设立的信息系统。

决策支持系统是一种具有高度灵活性的信息系统，主要服务于组织管理层，用来支持非结构化问题的决策。DSS 的更多内容将在第 5 章介绍。

7. **人工智能系统**（Artificial Intelligence，AI）

人工智能是一种让机器模拟人的思维和行为方式的学科。人工智能系统由人员、规程、硬件、软件、数据、开发知识以及能够表现出智能行为的设备等组成。比如 IBM 公司制造的超级计算机"深蓝"曾与国际象棋大师卡斯帕罗夫对弈，该计算机拥有功能强大的计算机逻辑系统，能够从过去的棋局中不断学习。人们正设法使机器获得下述一些能力而成为有智能行为的设备。

- 具有学习能力，能够汲取经验并从经验中获得知识。

- 能够将所学到的知识应用在其他环境中，对新环境做出反应。
- 能够处理复杂的情况，辨别重要的事项，在不确定情况下进行正确的比较、计算和决策。
- 有知觉能力，能够理解形象化的图像，能够处理和操作符号。
- 善于启发，有创造能力。

上面介绍了组织中的几种典型的信息系统。从系统的功能和特点分析，事务处理系统是其他系统的主要数据来源，高级经理支持系统主要从底层系统接收数据，其他系统也可以相互交换数据。对于一个组织来说，各信息系统之间存在互补性，支持不同层次、不同业务和管理的活动。

1.4 管理信息系统与组织的关系

社会技术系统学派认为，信息系统和组织之间是相互影响的双向关系。首先任何信息技术的引进都需要组织的审批，现存的组织结构对信息系统的设计、引进的成功与否等产生直接的影响。从这个意义上来看，组织影响着信息系统；反之，信息系统的建立必然使组织采用新的工作方式，因此信息系统又影响着组织。这就是说，信息系统必须与组织紧密结合起来，必须向组织的各级决策者提供他们所需要的信息；而组织也应当懂得自己必须适应环境的变化，使用信息系统使自己受益，跟上时代的步伐。

1.4.1 管理信息系统对组织的影响

现在的发展趋势是计算机应用越来越普遍，各种组织对计算机系统的依赖越来越强。但这并不是说，无论何种行业、何种组织都要通过大量投资来建设复杂的信息系统。了解下述关于信息系统在企业组织中定位的知识，可以使我们更为深入地感受到这一点。

信息系统的引进对组织产生的影响可以从 9 个方面来总结，即阶层化、专业化、规范化、集中化、组织文化、组织权力、组织的生长周期、目标的转移和组织学习。对这些影响的结果见表 1-1。

表 1-1 信息系统对组织产生的某些影响

组织概念	信息系统对组织的影响
阶层化	减少层次，扩大控制幅度
专业化	减少专业人员，增加多面手
规范化	增加规范
集中化	减少权力集中
组织文化	组织文化影响信息系统的行为
组织权力	信息系统会影响组织权力
组织的生长周期	信息系统应配合组织的生长阶段
目标的转移	防止组织目标的转移
组织学习	信息系统可提供偏差报告，供组织学习用

除此之外，有几个是需要特别注意的。

1. 信息技术对组织战略和目标的支持

组织战略是组织为实现自己的目标所遵循的基本原则。组织目标是组织表现其经营目的的实现状态的具体指标，如利润、技术领先程度、规模发展规划、市场份额等。

在组织战略中，考虑信息技术已经是管理者不得不正视的现实了。信息技术不仅仅是一种技术，它往往是与组织的战略紧密关联的。在美国的航空行业中曾经发生过的重大事件是，美国航空公司和联合航空公司给许多旅行代理店免费安装了计算机系统，用户可以直接在上面查询他们所需要的航班等信息。由于提供了这种服务，他们的市场占有率迅速提高，从而将他们的一些竞争对手挤出了市场。

培养组织的核心竞争能力往往是组织的重要目标。所谓核心竞争能力，就是组织独特的知识、技能、产品或服务，例如，对市场的分析能力、生产某产品的关键技术等。核心竞争能力是组织特有的能力，是其他组织难以模仿的能力，它使企业在创造价值和降低成本方面比竞争对手更为有利，例如，微软公司的操作系统是其核心竞争能力，这一产品的特点在于功能强大，而且对用户十分友好，但是微软公司的最强大之处在于它不断升级产品，每一次产品的升级版本都加入了许多新的功能，因此，微软公司的操作系统成为市场上的标准，其优势是其他公司的产品难以抗衡的，微软公司的做法也是难以简单地模仿的。

2. 组织结构

组织的另一个关键因素是它的结构。组织的结构促使劳动力分工，职能部门的分割促使员工受到专业训练并完成特定的工作。组织的层次化使组织中的成员能协同工作：高层的人员从事管理、专业性的和技术性的工作，低层的人员从事操作性的工作。组织还需要各种不同的人员扮演不同角色和掌握技能。除了管理者以外，知识工作者和数据工作者从事公司的纸面工作，生产和服务工作者生产公司的产品和服务。

信息技术使组织结构发生了变化，固定的、金字塔形的传统组织结构往往不能适应现代组织的需要，正在经历痛苦的改变。当信息系统建立以后，高层领导可以方便地得到详尽的基层信息，同时许多信息收集工作不必请人代劳，因此对中层及基层的管理人员的需要会减少，而高层领导的管理幅度将扩大，从而使整个组织结构呈扁平状。另外，一些新的组织结构，如矩阵型组织（以职能和业务为轴构成的组织）、工作组型组织（以业务为中心构成工作组，适用于比较灵活多变的组织结构），以及平面型的、客户/服务器型的、动态型的组织结构正在理论上和实践上发展，今后可能逐渐取代传统的组织结构。

近年来，管理学界十分重视对学习型组织的研究。学习型组织强调通过吸取知识，同时使用知识来进行对自身的改造。这里的学习是指组织的学习，这种学习必须是根据组织的日常活动或组织的制度、文化等固定下来的群体活动。微软公司的竞争能力不断提升就是得益于其学习方法和学习制度。

3. 标准作业过程

组织机构常规的活动和步骤称为标准作业过程（Standard Operating Procedure，SOP）。SOP用来处理所有预想的业务。SOP需要经过一个很长的时期才能逐步建立起来，因而想改变一个组织的SOP也需要付出巨大的努力。例如，美国福特汽车公司的SOP采用的是福特作业方式，即大规模生产和将作业分割成单一的工作；而日本丰田汽车公司的SOP则是质量控制小组方式，各个小组中的每个成员都要学习多种工作，并进行定期轮换。由于日本丰田汽车公司的产品质量好、价格低廉，受到美国产业界的重视，因此有声音呼吁美国汽车公司向日本学习，但是在美国汽车行业中试行推广丰田工作方式时，美国公司才发现这是一件非常困难的事情，因为它们的 SOP 需要彻底改变。

信息技术的引进，有可能对标准作业过程的改变产生重大的影响。有许多公司成功地进行了这种改变，极大地提高了竞争力。

4. 信息技术在组织中的战略地位

组织对信息技术的态度无疑与信息技术在组织中的战略地位有关。正确认识信息技术在企业中的地位需要从两个方面进行判断：一是目前使用的信息系统对企业战略的支持达到何种程度；二是各种信息应用系统开发项目潜在的收益前景。人们往往容易只看到前一个方面，即信息系统目前的状况，而忽略信息技术应用的未来潜力，从而贻误了发展的时机。

（1）辅助支持型（辅助型）

信息系统在企业组织中处于辅助地位，只是辅助某些方面的管理和决策的工具，对组织业务的支持力度不大。企业的业务并不十分依赖于信息系统，系统偶尔出问题时，业务也可以继续维持运营；信息系统开发项目在企业中应用的前景不明朗，潜在价值不确定。那些信息技术应用不发达行业中的企业组织，或者计算机应用起步较早，但信息管理缺乏规划的单位和部门，其信息技术的应用很可能处于这种水平。

（2）关键运作支持型（工厂型）

信息系统对组织来说绝不是可有可无的，企业组织的日常业务必须有信息系统的稳定参与才能进行，系统的任何失误都会波及生产、客户、业务和市场等环节，给企业带来直接的经济损失，甚至造成更为严重的后果。信息系统的这种地位使企业必须花很大的气力来保证信息系统的可靠性和稳定性，并千方百计地设法改善信息系统的工作效率。

（3）高潜力型（转折型）

信息系统在组织中的应用是有效的，但现有系统的影响面不宽，信息系统的偶尔中断或失误不会给组织带来切肤之痛，更远离那些停业、瘫痪之类的恶性损失。但是有一些十分有潜力的系统应用开发项目，它们的成功可以极大地促进组织的发展，给企业组织带来可观的利益。一些快速发展行业中的组织，如药品生产企业和机电制造企业，它们的成功往往取决于能否尽快地淘汰过时的生产线，开发出适销对路的新产品；取决于它们对客户需求的满足水平，支持这些具体目标开发的应用信息系统可能会使企业竞争力获得飞跃式提升。

（4）战略支持型（战略型）

完善的管理信息系统和可靠的计算机网络是组织业务运作的基础，必须保证其连续稳定的运行；同时，存在着具有实施和获利潜力的信息系统应用开发项目，可以给组织带来各种竞争优势。目前国外的商业银行、保险和通信企业普遍处于这种状况。随着信息技术的进步和电子商务的发展，越来越多的企业会进入这一领域。此时的企业组织不仅需要有较多、较为稳定的信息技术投资，而且企业的信息管理需要达到较高的水平，高层管理者必须非常重视信息系统的发展规划，并深入地参与具体的信息管理工作。

管理者可以通过上述格栅图来了解信息技术在本组织中的定位，发现企业信息管理中的问题，确定组织中信息系统的发展方向。比如，如果发现企业中的信息系统处在可有可无的辅助支持位置，则需要关注竞争对手应用信息技术的动态，因为对手的举动可能会带动行业信息技术应用向着高潜力型方向发展；对于那些处于关键运作支持型信息技术应用的组织来说，控制信息技术的投资规模，对信息系统资源和应用效益的追求具有很重要的现实意义。

1.4.2 组织对管理信息系统的影响

从组织的经营领域、战略定位和目标，组织所在的环境，组织文化三个方面来分析组织对信息系统的影响。

1. 组织的经营领域、战略定位和目标

信息系统的功能体系和技术特点都应当适应组织的经营领域、战略定位和目标。例如，对于一个生产型企业而言，其信息系统一般应当具有较高的集成性，使物料、生产、库存、销售等各个环节能够紧密地联结成一个整体，从而实现更高效率的运作和更低的成本；而对于一个以资本运作为核心的投资控股型企业而言，由于组织的整体业务结构经常会因为并购、出售等投资行为而发生变化，因此通常不会在集成性方面有很高的要求，而是着重在投资分析方面得到信息系统的支持。此外，在组织发展的不同阶段，对信息系统也会产生不同的需求。例如，对于一个处于快速扩张、抢占市场阶段的企业而言，其信息系统应当具有良好的延展性，经营终端的系统应该能够实现快速的复制。

2. 组织所在的环境

组织所在的环境包括客户、供货商、社会需求、信息、能源等。组织要想实现自己的目标，就必须适应组织所在的环境。因此，组织自身是一个具有学习功能的生长体，需要在适应环境的过程中不断生长。

在信息时代，IT的发展使组织的环境更容易发生变化，组织环境的变化速度也更快，这就给组织带来了巨大的压力。组织如果不能适应变化，或者对这种变化跟得不紧，就很容易成为组织衰败的起因。例如，王安公司在20世纪80年代时曾是非常有竞争力的计算机公司，该公司最早开始使用磁芯存储器，一度是办公自动化领域的领先者，但是在半导体存储器出现和小型化的环境变化中，该公司没有及时地转变策略，仍然坚持自己以往的发展方向，结果经营业绩很快恶化，不久就破产了。

3. 组织文化

组织成员共有的价值观和行动规范称为组织文化。每个组织都有自己独自的文化。组织文化是被组织成员广泛认可的一些概念、价值观和工作方法的基础集合。例如，西方的组织文化提倡责权明确，强调个人的权利、义务和个人才能的发挥；东方的组织文化是集体主义，一些传统的儒家思想，如"和为贵"、"忠诚笃信"等，是东方企业文化中重要的内容。组织文化对信息系统的引进往往是一个限制因素。信息技术可以用来支持现有的组织文化，也可能与之相抵触。当与现行的组织文化相抵触时，信息技术往往难以发挥应有的作用。同时，不能指望在短时间内改变组织文化。经验表明，组织文化的变更比技术变更需要时间。因此，引进信息技术之前应对它们的关系进行深入研究。

1.5 信息技术与竞争优势

1.5.1 信息技术产生的竞争优势

现代信息技术对企业发展具有重要的战略意义，企业的竞争优势与企业信息化程度密切相关。信息技术影响到企业的组织结构、竞争范围，推动企业进行创新等。作为一个现代企业，必须清楚地理解信息技术对企业发展的意义，以及如何应用信息技术以获得显著而持久的竞争优势。

1. 促进组织结构优化

在信息技术环境下，传统的组织结构受到严峻的挑战，其由于组织层次繁多和过于强调层级等级体制，信息传递速度缓慢和传递过程中出现信息失真等弊端，已经不能适应市场环境的变化，不能促进企业的发展。

新的信息时代迫切需要新的组织结构：一方面，信息技术使企业实现了扁平化和网络化的组织结构，表现出组织结构的柔性特征，提高了组织的运行效率。另一方面，通过减少垂直层，扩大水平层，纵向沟通渠道缩短，信息技术使企业资源能够被分享，组织成员上下之间的联系和沟通更加密切，克服了传统金字塔形组织结构部门之间各自为政、缺乏协调性的弊端，提高了企业组织成员行为的透明度。

IT 的应用使市场信息在组织之间的反馈更加迅速，加快了企业对外界的反应速度，尤其对于参与国际市场的企业，信息技术的应用可以大大加快管理信息、生产信息的传递与交换，从而更好地适应日益激烈的市场竞争环境。

2. 有助于扩大企业竞争范围

信息技术使企业竞争由有形转向无形，竞争环境由区域化转向全球化，使市场交易的时间和空间得到无限的拓展，从而跨越了地理范围。信息技术的开发利用改变了企业的竞争方式，扩大了竞争范围，形成了覆盖全球市场的营销网络。

3. 有助于推动企业进行创新

创新是企业发展的动力，《摩尔定律》一书中有一个重要理念："你永远不能休息，否则你将永远休息。"在激烈的市场竞争环境下，企业必须成为创新的主体。信息技术是企业创新的有力武器和保持竞争优势的源泉，对提升企业竞争力具有深远的意义。

信息技术的应用能提高企业获取新技术和新思维的能力，进而不断提高其竞争优势。一方面，在产品创新领域，信息技术扮演了至关重要的角色。例如，汽车产业不定期地推出新的车型、技术升级和对传统产品的改造等，正是基于 IT 技术的支持。另一方面，信息技术环境下，企业要快速发展和获得竞争优势，还要不断创新企业管理理念和强化企业管理领域的意识，使企业在激烈的市场竞争中能够立于不败之地。面对酒店业激烈的竞争，美国丽思卡尔顿（Ritz-Carlton）集团建立了一个庞大的"客人习惯"数据库，酒店员工从客人在前台的留言以及客人的生活习惯、就餐偏好等很多方面收集每一位客人的习惯并输入数据库中，当客人再次下榻集团所属的任意一家酒店时，有关客人习惯的数据将立即通过网络传递到这家酒店的前台，从而使酒店能为客人提供定制的、符合个人习惯的高质量服务。此举使酒店的回头客大大增加，获得了明显的竞争优势。

信息技术不但可以改变企业的价值链，降低产品成本，提高企业的产品差异化程度，而且还可以改变企业与其竞争者之间的竞争力量对比，从而为企业创造竞争优势带来新的可能性。企业应抓住这一机遇，制订适合企业自身的信息技术发展战略，改造企业的业务流程，使其与信息技术的应用相匹配，从而为企业创造竞争优势。

信息技术的迅猛发展，在为企业带来发展契机的同时，又使企业面临严峻的挑战。谁在这场信息革命中领先一步，谁便能在未来的国际竞争中占据优势。因此，必须加快企业信息化建设的步伐，推动企业全面的管理变革，提高企业的整体素质和竞争力，如此才能赢得竞争优势。

需要注意的是，新技术、新科技带来的新系统的应用，对一个单一的企业而言其效果不是永恒的，或者说只是暂时优势。信息技术不是某一个人的专利，竞争对手也会迅速跟上，使企业原先的优势很快消失，从而迫使企业为了不被行业淘汰甚至成为行业领跑者，继续开创新的系统，寻找新策略。当然，这也从一个侧面体现了信息技术对行业发展的贡献。

1.5.2 利用信息技术获取竞争优势

信息系统和技术对组织的竞争优势起着重要的作用。建立和保持竞争优势是很复杂的，但一个公司的生存和繁荣却有赖于此。本节从信息技术对企业外部环境、产品定位和内部因素三个方面的影响与应用进行分析，以帮助企业有效地决定在哪里使用信息技术，以及如何使用信息技术来支持企业的商业活动。

1. 外部环境分析

无论是大公司还是小公司，其管理者都承担着制订战略计划与保证达到目标的任务。这样就必须充分认清自己所处的外部环境，以便适应环境的变化。波特的五力模型，即五种竞争力模型，被广泛用于帮助企业管理者考虑企业战略规划和IT影响。五种竞争的作用力分别为：买方的议价能力，卖方的议价能力，现存竞争对手之间的竞争，新的竞争对手入侵以及替代品或服务的威胁，如图1-8所示。

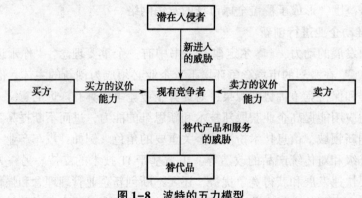

图1-8 波特的五力模型

（1）买方能力

当顾客选择的渠道很多时，买方能力较强，反之较弱。作为一个产品和服务的提供者，当然希望能减弱买方能力。而通过IT的应用可以很好地做到这一点。例如，在酒店行业，有些酒店为了提高客户忠诚度，减弱买方能力，追踪大量客户的活动，开发忠诚客户服务方案，给予客户一定的回馈（如免费机票、舱位升级等），这样客户会更乐意与这些酒店合作。

（2）卖方能力

当购买者的购买渠道较少，或购买者在获取信息、购买时需付出较高的成本时，则供应商的议价能力较强，反之较弱。削弱卖方力量的最好办法是寻找可替代的供应源。互联网的应用起到了一定的作用。B2B市场聚集了大量供应商和买家的网络服务，这为企业寻找合适的供应商提供了方便，再加上企业采用各种质量控制系统来检测供应商的货物，可以有效地削弱卖方的能力。

(3) 现有竞争者的威胁

当市场竞争激烈时，现有竞争者的威胁也增强。面对同行业的竞争者，企业可以充分利用现代信息科技，实现企业内部信息共享，降低产品成本，提高效率；客户也得到了较低价格的商品，实现了双方的共赢。

(4) 新进入者的威胁

任何一个有发展潜力的行业总是充斥着大量的新进入者，新进入者的增多显然对已有企业不利。成功的公司大多利用信息技术来构建行业的进入壁垒，提高进入成本。行业壁垒是阻止或限制进入某一行业的障碍，是保护市场、排除竞争的有效手段和重要方法。行业壁垒越坚固，市场障碍越多，企业越难以加入，市场垄断程度越高，竞争相对缓和；行业壁垒越薄弱，市场障碍越少，企业越易于加入，市场垄断程度越低，竞争相对激烈。行业壁垒总是经历从建立，到被摧毁，再到有新的行业壁垒建立这一循环过程。

(5) 替代产品或服务的威胁

替代产品往往以较低的价格或更好的服务给现有的企业带来威胁。企业可以采取接下来讲的三种基本竞争战略来降低自己产品的成本或提高使用价值来阻止顾客使用替代品，也可以将信息技术应用到产品的销售和服务中。如某些金融产品的在线服务、信用卡的消费积分等。当客户已经认可了这一销售服务模式后，若贸然使用替代品，会增加其转换成本（消费者放弃原有的产品或服务，转而使用另一种产品或服务所付出的成本），从而消除替代产品的威胁。

五种竞争力能够决定产业的获利能力，它们会影响产品的价格、成本与必要的投资，也决定了产业结构。企业如果想拥有长期的获利能力，就必须先了解所处的外部环境，并塑造对企业有利的产业结构。

2. 产品定位分析

企业欲有效地对产品进行定位，以获得生存和发展，通常采取的战略是：成为低成本的制造商；提供差异化的服务；改变竞争范围，或扩大为全球市场，或收窄市场聚焦于一个小范围内。这也正是波特提出的获得竞争优势的基本战略类型：总成本领先战略、差异化战略，以及通过扩大或收缩这两项战略而形成的第三个竞争优势战略——专一化战略。

(1) 总成本领先战略

总成本领先战略要求企业必须建立起高效、规模化的生产设施，在经验的基础上全力以赴地降低成本，严格控制生产成本、管理费用及研发、服务、推销、广告等方面的成本费用。为了达到这些目标，企业需要在管理方面对成本给予高度的重视，使总成本低于竞争对手。

赢得总成本最低的有利地位通常要求具备较高的相对市场份额或其他优势，诸如与原材料供应方的良好联系等，或许也可能要求产品的设计便于制造生产，易于保持一个较宽的相关产品线以分散固定成本，以及为建立起批量生产而对所有主要顾客群进行服务。海尔利用 SAP 公司的现代物流管理系统体现了现代企业对信息技术的把握。它构建的"一流三网"，即订单信息流、全球供应链资源网、全球用户资源网和计算机信息网，对降低企业运行成本、构建企业在信息化时代的竞争优势起到了很大作用。

(2) 差异化战略

差异化战略是使公司提供的产品或服务差异化，树立起一些全产业范围中具有独特性的东西。实行差异化战略可以有许多方式,如设计名牌形象,保持技术、产品性能、顾客服务、商业网络及其他方面的独特性等。最理想的状况是公司在几个方面都具有差异化的特点。但这一战略与提高市场份额的目标不可兼顾,在建立公司的差异化战略的活动中总是伴随着很高的成本代价,有时即便全产业范围的顾客都了解公司的独特优点,也并不是所有顾客都愿意或有能力支付公司要求的高价格。

例如,美国联邦快递公司为每一位客户提供查询软件,客户通过网络即可查询自己邮寄的包裹正在何处,这也使公司获得了明显的差别化优势。不断从信息技术的应用中获取竞争优势,使联邦快递公司由20世纪80年代的一家小企业发展成为全美国甚至全球最大的快递公司。

(3) 专一化战略

专一化战略主攻某个特殊的顾客群、某产品线的一个细分区段或某一地区市场。低成本与差异化战略都是要在全产业范围内实现其目标,专一化战略的前提思想是:公司业务的专一化,能够以较高的效率、更好的效果为某一狭窄的战略对象服务,从而超过在较广阔范围内竞争的对手。公司或者通过满足特殊对象的需要而实现了差异化,或者在为这一对象服务时实现了低成本,或者二者兼得。这样的公司可以使其盈利的潜力超过产业的平均水平。

无论采用哪种策略,信息系统都可提供强有力的支持。例如,利用信息系统在企业内部的有效作用,在供应、设计、生产和销售等方面提高生产率,降低产品成本;或者利用电子商务平台,降低销售渠道成本;或者利用客户关系管理系统提供差异化的客户服务,提高客户忠诚度;等等。实际上三种策略经常被企业同时采用。

3. 内部因素分析

在对企业内部因素进行分析时,最常用的技术就是价值链分析。价值链模型(Value Chain Model)凸显了企业中可应用竞争战略的特殊活动和信息系统具有战略影响的地方,它能识别应用信息系统中能最有效提高竞争位置的关键点。

价值链把整个组织活动看成一系列过程,每个过程都能为向顾客提供的产品或服务中增加一定的价值。图1-9描述了价值链的构成。它由基本活动和辅助活动组成,它们都对边际收益做出贡献。利润是公司客户所感知的企业产品或服务的价值减去成本后的值。不断增加利润空间就是价值链的目标。其中基本活动包括:内部后勤、生产经营、外部后勤、市场销售、服务。这些基本活动管理着整个通过公司的物理资源流。

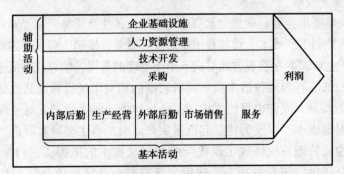

图1-9 价值链

辅助活动包括企业基础设施——总体上影响公司所有基本活动的组织环境。另外,人力资源管理、技术开发和采购可以单独或结合在一起影响基本活动。其实,不管是基本活动还是辅助活动,每种活动都包含三个要素:采购输入、人力资源和技术。同时,每种活动都要利用信息,从而产生决策信息。例如,信息服务部门的信息专家把所购买的商业数据库、所拥有的计算设备和所开发的客户项目结合起来,为公司管理层提供决策支持。

所有的活动都产生一个单独的价值。然而,所有过程结合起来产生的总价值大于其单独产生价值的总和,把增加的价值叫作价值增值;反之,叫作价值减值。增值越大,客户对组织价值的贡献就越多,这就意味着一种竞争优势和超额利润。

信息技术对企业的价值链的各个环节产生了重大影响。应用物料需求计划(MRP)、制造资源规划(MRP Ⅱ)和企业资源规划(ERP)借助于计算机来完成主生产计划、物料需求计划、能力平衡计划、采购库存和控制、生产成本核算、供应链计划控制等,使原来需要大量人力、大量时间也难以做到的计划优化和调整成为可能,从管理角度提高了企业对市场的应变能力。应用计算机辅助设计(CAD)、计算机辅助工艺规划(CAPP)、计算机辅助工程(CAE)和计算机辅助制造(CAM)等计算机辅助技术可以大大提高工程师的产品设计和开发能力。

信息系统的应用对企业的战略作用是全方位的,上面三种模型从不同的层面来分析企业在环境变化中所面临的挑战,同时也揭示出企业应对挑战时可以充分应用信息系统的机会。

本章案例

淮北矿业集团实施物资信息管理系统的成功经验

1. 企业概况

淮北矿业(集团)有限责任公司坐落在安徽省淮北市,踞苏鲁豫皖四省连接之要冲,卧黄淮海之腹地,北接齐鲁,南连江淮特大型企业集团。

淮北矿业集团现拥有资产330亿元,员工9万多人,包括濉肖、宿县、临涣、涡阳四大矿区。全矿区煤炭保有储量85亿吨,生产矿井17对,在建和筹建矿井5对,核定年生产能力3 149万吨;有精煤洗选厂6座,年入洗能力2 000万吨,年产冶炼精煤1 200万吨,是华东最大的冶炼精煤生产基地;动力煤选煤厂4座,年入选能力630万吨。控股年产440万吨焦炭、联产40万吨甲醇焦化公司和4×300 MW煤泥矸石电厂——中利发电公司。2009年,名列中国企业500强第246位,全国煤炭工业100强第19位。

2. 需求背景

淮北矿业集团作为国有大型煤炭企业之一,随着国家级新型能源基地建设步伐的加快,对物资供应服务的要求越来越高,物资需求量不断上升。淮北矿业集团物资采购额、采购品种、采购数量连续突破历史新高,采购的物资在质量、价格、安全性能以及服务等方面都有更高、更严的要求,物资供应面临前所未有的压力与挑战。

随着物资管理业务的发展,现有的物资管理状况已不能完全满足业务发展的需要,在局矿信息共享、成本管控、查询分析、报表统计等方面都表现出一定的局限性。为了更好地服务于集团公司的发展战略,切实保障各矿厂安全生产建设的物资供应,依据集团公司的指示精神,按照现代物流、供应链管理思想,构建局矿一体化的"物流管理信息系统"。

多年来,淮北矿业集团一直实行的是计划经济管理模式,各部门职能设置很难适应市场化运作的要求,部分管理责任仍然不够明确,一件事多人管的现象仍然存在,以至于出现了工作量分配不均、人力资源闲置的现象,不利于各部门管理潜能的发挥。对市场化推进而言,部门科室职能定位的缺陷,使得各矿市场综合结算价格的形成均由不同部门分别测算并进行二次合成,不仅工作效率低下,而且价格的系统性不强,点多面广的生产特点造成了物资供应的"瓶颈"越来越突出,尤其是在以下几个方面:

①计划管理方面,计划滞后性影响生产物资保障供应,以及造成库存的积压。

②仓储管理方面,缺乏先进的技术平台,单纯依靠人力登记手工账,无法及时按质按量提供生产所需的各种物资,无法以最小的物资储备来达到最佳的供货状态,无法避免物资积压和缺料。

③物资采购管理方面,物资采购计划不能及时传递到管理层,不能从长远观点出发,根据市场变化,建立起比较巩固、稳定的定点协作关系。

④统计分析方面,没有先进的管理平台,面对庞大的管理资料,不能根据统计数据反映出的情况和问题,及时得出专题报告和书面分析报告。给管理层宏观层面分析造成了障碍。

以上面临的"瓶颈"迫切需要借助信息化技术实现点、面的互联,实现资源的合理有效配置。

3. 解决方案

当前,煤炭市场发生了前所未有的深刻变化,形成了新的竞争格局。随着企业的快速发展,淮北矿业集团现有的管理模式已经无法适应企业发展的需要,难以追赶现代企业竞争的步伐,阻碍企业协调效益、专业效率和成本优势的对外辐射。面对这样的形势,淮北矿业集团实施基于现代信息手段的物资系统,通过流程再造、组织变革、制度创新和现代信息技术的应用等管理创新,逐步创建自己的管理模式,实现管理的科学化、规范化、精细化。同时,借助现代信息技术,全面推动精益管理,实施管理创新战略,对于提高淮北矿业集团综合管理水平、形成核心竞争力作用巨大。具体表现在以下几个方面:

①基于信息技术的物资管理系统的实施,是促进跨越式发展的必然要求。

②基于信息技术的物资管理系统的实施,是降低成本、抵御市场风险的有效途径。

③基于信息技术的物资管理系统的实施,是提升企业管理水平的内在动力。

④基于信息技术的物资管理系统的实施,是企业发展到现阶段的必然选择。

通过基于信息技术的物资管理信息系统的设计,使淮北矿业集团能够理顺管理职能、再造业务流程、整合劳动组织,将传统的行政管理模式转变为内部供应链式管理模式,使有限的资源得到合理配置,调动各单位及职工的积极性和创造性,最大限度地激活各生产要素,使企业内部各级经营管理者、执行者的责、权、利实现相对统一,从而降低企业的经营成本、经营风险,提高经济效益,使企业适应外部市场的变化,推进内部的管理与技术创新。

最终,淮北矿业集团建立起以网络为平台,以物资系统为主的管理模式,以不断提升企业管理水平,打造具有淮北矿业特色的物资经营管理模式。

4. 应用效果

通过物资管理信息系统的建设,有机地整合了计划管理、采购管理、合同管理、仓储管理、供应商管理等经营管理业务。灵活、快速的综合信息查询,以及多角度的物资信息统计与分析信息流管理,突出计划性与灵活性的结合,全面跟踪物资采供业务过程,实现信息系统对物资管理优化的充分支撑。

物资管理信息化工作为淮北矿业集团及各矿厂单位提供有力的管理与决策分析支撑平

台,全面提升业务效益,使全集团物资经营管理实时化、动态化、精确化、透明化,从而极大地降低了管理成本,提高了管理效率。

(案例改编自 http://www.xuexila.com/success/chenggonganli/507146.html)

本章小结

信息和数据是相关的两个概念。系统是为了实现某种目的,由一些相互作用、相互依存的元素,在一定的环境下,按照一定的法则或结构组织起来的一个集合体。信息系统是由人、硬件、软件和数据资源组成的人机系统,目的是及时、正确地收集、加工、存储、传递和提供信息,实现组织中各项活动的管理、调节和控制。信息系统有不同的类型。管理信息系统是一个以人为主导,利用计算机硬件、软件、网络通信设备以及其他办公设备,进行信息的收集、传输、加工、存储、更新和维护,以企业战略竞优、提高效益和效率为目的,支持企业高层决策、中层控制、基层运作的集成化的人机系统。管理信息系统也有不同的结构。管理信息系统与组织之间存在着相互影响的关系。企业的竞争优势与企业信息化程度密切相关。信息技术影响到企业的组织结构、竞争范围,推动企业进行创新等。作为一个现代企业,必须清楚地理解信息技术对企业发展的意义,以及如何应用信息技术以获得显著而持久的竞争优势。

本章习题

1. 什么是信息?什么是数据?简述信息与数据的区别。
2. 信息的维度有哪几个方面?具体包含什么内容?
3. 信息有哪些特征?信息的层次性如何划分?
4. 系统是什么?如何理解系统?系统有哪些特性?
5. 简述信息系统的概念及其组成部分。
6. 信息系统按照不同的层次可以分为哪几类?
7. 管理信息系统与组织之间的关系是怎样的?

本章实践

结合本章案例进行课堂讨论:企业实施信息管理的重要性。

管理信息系统的技术基础

学习目标

1. 了解基于网络的信息系统模式相关知识;
2. 了解数据库的概念;
3. 了解计算机网络相关知识。

教学要求

本章教学重点应放在相关概念的理解和应用上,让学生重视对管理信息系统技术基础知识的了解。

导入案例

青岛啤酒集团信息化建设

青岛啤酒集团的信息化建设基本上是从 20 世纪 90 年代初开始的。

在计算机硬件设备上,采用 PC 服务器结构。现拥有计算机 300 多台、PC 服务器 20 台左右,主要应用在文件服务、打印服务、Internet 和 Intranet、邮件服务等方面。青啤集团是一个酒类生产厂,不像机械、电子类企业有大量的设计工作,因此,工作站应用不太多,只有一台 Sun 工作站管理内部交换机、集线器,划分虚拟网等。

青岛啤酒集团网络建设的构架是:几个骨干厂已基本建成了局域网,并以 DDN 方式接入 Internet。1997 年,公司本部选用 3COM 的网络产品,建成了青岛地区最早的 ATM 网络,并选用 3COM 的网管软件,实现了网络的智能化管理;一厂于 1998 年建成了 100M 以太网;二厂网络由于建成较早(10BASE2 网络),网络速度较慢,已不能满足企业现代化管理的需要,现在正在进行网络改造。

操作系统采用 Novell 和 NT 混合结构。Novell 主要用于文件及打印服务,最近,通过 Novell 公司的 Z. E. N WORKS 管理软件,实现了对客户端的资源管理、远程监控、自动分发应用软件等功能,大大降低了计算机总体维护成本。Windows NT 主要作为应用服务器,如生产、人力资源、文书、档案管理的后台数据库服务，另外，NT 系统还应用在 Internet 接入及 mail 服务等方面。公司的应用软件以合作开发为主，主要应用在生产管理、财务管理、人力资源管理、档案管理等方面，减轻了员工的劳动强度，规范了公司的业务流程，为今后的发展提供了大量可靠的数据。

（摘自 http://wenku.baidu.com）

讨论：现代化信息设备对于企业发展的重要性。

一个完整的管理信息系统需要多种技术的协同配合，包括信息技术、计算机网络技术、数据库技术、相关的开发语言等。信息技术是信息管理的重要手段，只有将这些技术与管理结合在一起，才能真正发挥管理信息系统的作用。本章就这些技术进行基本介绍，使读者对信息技术有全面的初步了解。

2.1 信息技术基础设施

信息技术是指完成信息的获取、传递、加工、再生和使用等功能的技术，是提高和扩展人类信息能力的方法和手段。信息技术是由若干单元技术相互联系而构成的体系，其中的核心层次是信息的存储技术、处理技术、传输技术和控制技术，为最终的信息管理提供技术支持。要实现所有的技术功能，必须有计算机的硬件、软件及技术支持。

2.1.1 计算机硬件

计算机硬件是计算机系统中所有实体部件和设备的统称。从基本结构上来讲，计算机可以分为五大部分：运算器、存储器、控制器、输入设备和输出设备。而从外观看，计算机是由主机（主要部分）、输出设备（如显示器）和输入设备（如键盘和鼠标）三大件组成的，其中主机是计算机的主体，在主机箱中有主板、CPU、内存、电源、显卡、声卡、网卡、硬盘、光驱等硬件。

1. 中央处理器

中央处理器（Central Processing Unit，CPU）是计算机最重要的部件之一，是一台计算机的核心，相当于人的大脑。它的内部结构分为逻辑单元、控制单元和存储单元三大部分，用于执行程序指令、处理数据运算并完成各种控制。

逻辑单元是计算机进行算术计算和逻辑运算的场所；控制单元主要完成取指令、解释指令、执行指令的工作；存储单元用于临时存放 CPU 运行过程中的各种数据，包括对输入/输出数据、相应的指令等的存储。

其中的存储单元也称为内存，泛指计算机系统中存放数据与指令的半导体存储单元。按其用途可分为主存储器和辅助存储器。按工作原理分为 ROM（只读存储器）和 RAM（随机存取存储器）。ROM 可分为只读 ROM、可编程可擦除 ROM 和可编程 ROM。RAM 可分为静态 RAM 和动态 RAM。内存（RAM）是 CPU 处理信息的地方，目前它的计算单位已经上升到了吉字节（GB）。

2. 输入/输出设备

输入/输出（I/O）设备是计算机与外界进行通信（包括人机会话、数据交换等）的门户。输入设备是将数据、程序、文字符号、图像、声音等信息输送到计算机中,目前常用的输入设备有键盘、鼠标、触摸屏、数字转换器等,还有游戏杆、光笔、数码相机、数码摄像机、图像扫描仪、传真机、条形码阅读器、语音输入等新兴输入设备。输出设备是将计算机的运算结果或者中间结果打印或显示出来。常用的输出设备有显示器、打印机、绘图仪等。目前有许多设备可以通过蓝牙进行数据的无线传输。

3. 存贮器

存储器分为内部存储器和外部存储器两种,计算机要执行的程序、要处理的信息和数据,都必须先暂时存入内存,才能由 CPU 取出进行处理。关机以后内存中所存储的数据就会消失,因此计算机还必须有外部存储器(简称外存)来存储数据。外存的特点是存储容量大、价格较低,所存储的数据在计算机关机后也不会丢失。目前,常用的外存设备有硬盘、光盘、U盘、存储卡等,外存设备的容量也增大到了几百吉字节的级别,足以满足用户的存储需要。

计算机的这些设备要通过各种总线或控制器相互连接起来才能构成一个完整的计算机硬件系统。

4. 计算机硬件设备的简单工作过程

首先通过输入设备输入数据,然后控制器向输入设备发出指令,将数据存入存储器,控制器再向存储器发出取指令命令。程序指令逐条输入控制器,控制器对取入的指令进行译码,然后再向存储器发出取数指令,将数据送入运算器,同时向运算器发出运算指令,运算器执行运算,计算出结果,再把运算结果存入存储器。控制器向存储器发出取数命令,将数据输向输出设备,最后控制器向输出设备发出输出数据指令,输出计算结果。

2.1.2 操作系统

近四十年来,计算机软件的一个重大进展是操作系统的出现、使用和发展。

计算机系统由两部分组成:硬件和软件。硬件是所有软件运行的物质基础,软件能充分发挥和扩充硬件功能,完成各种系统及应用任务,两者互相依存、相辅相成、缺一不可。在软件中,有一种与硬件直接相关,它对硬件做首次扩充和改造,其他软件均要通过它才能发挥作用,在计算机系统中占有特别重要地位的软件,它就是操作系统。计算机发展到今天,从个人机到大型机,无一例外都配置一种或多种操作系统。

操作系统(Operating System)是管理硬件资源、控制程序执行,改善人机界面,合理组织计算机工作流程和为用户使用计算机提供良好运行环境的一种系统软件。它可被看作用户和计算机硬件之间的一种接口,是现代计算机系统不可分割的重要组成部分。

20 世纪 70 年代中期到 80 年代初为第一阶段,特点是单用户、单任务微机操作系统。继 CP/M 之后,还有 CDOS(Cromemco 磁盘操作系统)、MDOS(Motorola 磁盘操作系统)和早期 MSDOS(Microsoft 磁盘操作系统)。80 年代以后为第二阶段,特点是单用户、多任务和支持分时操作。以 MP/M、XENIX 和后期 MS-DOS 为代表。

近年来,微机操作系统得到了进一步发展,常称其为新一代微机操作系统,它们具有以下功能:GUI、多用户和多任务、虚拟存储管理、网络通信支持、数据库支持、多媒体支持、应用编程支持 API。此外,还具有以下特点:

①开放性。支持不同系统互连、分布式处理和多 CPU 系统。

②通用性。支持应用程序的独立性和在不同平台上的可移植性。

③高性能。微机操作系统中引进了许多以前在中、大型机上才能实现的技术，使计算机系统性能大大提高。

④采用微内核结构。提供基本支撑功能的内核极小；大部分操作系统功能由内核之外运行的服务器来实现。

由于微型计算机使用量大，微型机操作系统拥有最广泛的用户，下面简介微型机上最具代表性的操作系统：

DOS：微型计算机上使用最为广泛的操作系统，是一种单用户、普及型的磁盘操作系统。主要用于以 Intel 公司的微处理器为 CPU 的微机及其兼容机，曾经风靡了整个 80 年代。

Windows：Microsoft 公司开发的图形化用户界面操作环境。1990 年宣布的 Windows 3.0 首获成功，1992 年发布的 Windows 3.1 在全世界流行，此后又推出了 Windows NT、Windows 95、Windows 98、Windows 2000、Windows 7 等能独立在硬件上运行的操作系统，是真正的新型操作系统。微软还推出嵌入式 Windows CE 操作系统。目前个人计算机上采用 Windows 操作系统的占 90%，微软公司垄断了 PC 行业。

OS/2：Microsoft 公司和 IBM 公司合作于 1987 年开发的配置在 PS/2 微机上的图形化用户界面的操作系统。目前，IBM 公司继续在研究和开发 OS/ 2.0，并于 1994 年推出了高性能、图形界面、高速度、低配置的 32 位抢先多任务操作系统 OS/2 Warp，它的功能和性能与 Windows 95 的相当。

微机 UNIX：UNIX 操作系统是一个通用、交互型分时操作系统。它最早由美国电报电话公司的贝尔实验室于 1969 年开发成功，是目前唯一可以安装和运行在从微型机、工作站直到大型机和巨型机上的操作系统。目前在微机上运行的 UNIX 类操作系统中比较有名的有 XENIX 和 UNIX SVR4。

Macintosh：美国 Apple 公司推出的 Macintosh 机操作系统。MAC 是全图形化界面和操作方式的鼻祖。由于它拥有全新的窗口系统、强有力的多媒体开发工具和操作简便的网络结构而风光一时。Apple 公司也就成了当时唯一能与 IBM 公司抗衡的 PC 机生产公司。

Minix：荷兰 Vrije 大学计算机系教授 Andrew S. Tanenbavm 开发的一个与 UNIX 兼容，然而内核全新的学习型操作系统。学生可以通过它来剖析一个操作系统，研究其内部如何运作，其名称源于"小 UNIX"，因为它非常简洁，短小，故称为 Minix。

Linux：芬兰的一个学生 Linvs Torvalds 编写的一个类似 Minix 的系统。但是它功能繁多，面向实用而非教学。Linux 是一个充满生机，有着巨大用户群和广泛应用领域的操作系统，已在软件业中有着重要地位，是唯一能与 UNIX 和 Windows 较量及抗衡的操作系统。

由于拥有丰富的操作系统平台，因而 Linux 代码可对不同硬件系统进行支持，大大地提高了跨平台移植性。同时，基于 Linux 开放源代码的特性，越来越多的大中型企业及政府投入更多的资源来开发 Linux。现今世界上很多国家逐渐地把政府机构内部门的计算机转移到 Linux 上，这个情况还会一直持续。Linux 的广泛使用为政府机构节省了不少经费，也降低了对封闭源代码软件潜在的安全性的忧虑。

2.1.3 数据管理技术

数据管理是利用计算机硬件和软件技术对数据进行有效的收集、存储、处理和应用的过程。其目的在于充分有效地发挥数据的作用。实现数据有效管理的关键是数据组织。随着计算机技术的发展，数据管理经历了人工管理、文件系统、数据库系统三个发展阶段。

1. 人工管理阶段

20世纪50年代中期以前，计算机主要用于科学计算。这一阶段数据管理的主要特征是：

①不能长期保存数据。在20世纪50年代中期之前，计算机一般在关于信息的研究机构里才能拥有，当时由于存储设备（纸带、磁带）的容量空间有限，都是在做实验的时候暂存实验数据，做完实验就把数据结果打在纸带上或者磁带上带走，所以一般不需要将数据长期保存。

②数据并不是由专门的应用软件来管理，而是由使用数据的应用程序自己来管理。作为程序员，在编写软件时既要设计程序逻辑结构，又要设计物理结构以及数据的存取方式。

③数据不能共享。在人工管理阶段，可以说数据是面向应用程序的，由于每一个应用程序都是独立的，一组数据只能对应一个程序，即使要使用的数据已经在其他程序中存在。但是程序间的数据是不能共享的，因此程序与程序之间有大量的数据冗余。

④数据不具有独立性。应用程序中只要发生改变，数据的逻辑结构或物理结构就相应地发生变化，因而程序员要修改程序，就必须将相应内容都做相应的修改，给程序员的工作带来了很多负担。

2. 文件系统阶段

20世纪50年代后期到60年代中期，计算机开始应用于数据管理方面。此时，计算机的存储设备也不再是磁带和卡片了，硬件方面已经有了磁盘、磁鼓等可以直接存取的存储设备了。软件方面，操作系统中已经有了专门的数据管理软件，一般称为文件系统。文件系统一般由三部分组成：与文件管理有关的软件、被管理的文件以及实施文件管理所需的数据结构。文件系统阶段存储数据就是以文件的形式来存储，由操作系统统一管理。文件系统阶段也是数据库发展的初级阶段，使用文件系统存储、管理数据，具有以下几个特点：

①数据可以长期保存。有了大容量的磁盘作为存储设备，计算机开始被用来处理大量的数据并存储数据。

②有简单的数据管理功能。文件的逻辑结构和物理结构脱钩，程序和数据分离，数据和程序有了一定的独立性，减少了程序员的工作量。

③数据共享能力差。由于每一个文件都是独立的，当需要用到相同的数据时，必须建立各自的文件，数据还是无法共享，也会造成大量的数据冗余。

④数据不具有独立性。在此阶段数据仍然不具有独立性，当数据的结构发生变化时，也必须修改应用程序，修改文件的结构定义；而应用程序的改变也将改变数据的结构。

3. 数据库系统阶段

20世纪60年代后期以来，计算机管理的对象规模越来越大，应用范围也越来越广泛，数据量急剧增长，同时多种应用、多种语言互相覆盖地共享数据集合的要求越来越强烈，数据库技术便应运而生，出现了统一管理数据的专门软件系统——数据库管理系统。用数据库系统来管理数据比文件系统具有明显的优点，从文件系统到数据库系统，标志着数据库管理技术的飞跃。

2.2 基于网络的信息系统模式

2.2.1 单机结构

单机结构模式通常是指基于微型计算机系统的信息系统模式。早期开发的事务处理系统一般均是此种模式。具体地说，就是：如果在一个系统内的多台计算机是各自独立使用的，这样的系统就是单机结构的系统。单机系统中的计算机处于各自为政的孤立状态，各自运行自己的信息系统和数据，计算机在这里仅起到了信息处理机的作用，计算机之间不能进行通信和资源共享，系统靠磁盘备份完成不同机器之间的数据传输。

单机结构不能直接交流信息，不能共享资源，效率低、废时性差、手段落后。但单机系统具有天然的安全性和易操作性。

这种分散式结构往往存在于仅使用单机的组织中，组织的各个部门拥有各自的单机信息处理系统，而没有联合构成一个统一的信息系统，这就形成了一个个"信息孤岛"。组织各部门不能利用计算机来进行协调和合作。目前，这种结构仍存在于一些企业中，需要通过计算机联网实现资源共享。

2.2.2 主从结构

主从结构又称为主机模式，它有一台大型主机，可以同时在本地或远程连接多个终端（如图2-1所示），主机对各终端用户传来的数据进行分时处理，使每个终端用户感觉像拥有一台自己的大型计算机一样。用户通过终端访问主机，终端只是一种数据输入/输出设备，只负责将用户键盘输入的信息传到主机，然后显示由主机返回的处理结果。终端没有处理能力，不进行数据的运算和存储，称为哑终端。

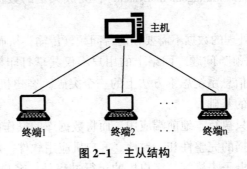

图 2-1 主从结构

主从结构采用集中式处理方式，许多用户共享一台大型计算机。由于主机要同时处理来自各个终端的数据，所以主机的性能十分关键，一般采用大型机或高档的计算机做主机。系统的性能主要取决于主机的性能和通信设备的速度。

主从结构相对于过去分散的处理方式有很大的进步，便于数据集中起来进行处理，提高了信息处理的效率，能高效地完成数据归集工作，系统费用低，易于管理控制，也能够保证数据的安全性和一致性。但程序运行和文件存取都在主机上，用户完全依赖于主机，一旦主机出现故障，就会使所有用户受到影响。

现在主从系统仍有其特定的应用价值及多种应用领域。如订售票系统、银行储蓄系统、出纳系统、登记查询系统等。这些系统业务处理比较单一,需多点实时处理数据,输入/输出操作简单,且无须在本地保存数据,每个点的数据处理量较小。一个组织中具有以上特点的某些部门,如柜台、查询台、仓库等,可考虑部分地采用主从结构。

2.2.3 客户机/服务器架构

随着计算机微型化的进一步发展,企业开始在整个组织中分布小型机和微型机。分布式处理逐渐取代分时处理,从而成为主流方式。20世纪80年代末以来,客户机/服务器(Client/Server,C/S)模式成为最流行的网络系统模式。在客户机/服务器结构中(如图2-2所示),客户机是利用微型计算机访问网络的用户,服务器可以是提供网络控制功能的任何规模的计算机。

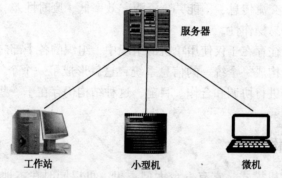

图2-2 客户机/服务器模式

这种结构不同于多用户联机系统和传统文件服务器/工作站结构,主要区别在于对数据的处理分前台和后台,客户机运行应用程序,完成屏幕交互和输入/输出等前台任务,而服务器则运行DBMS(Database Management System),完成大量的数据处理及存储管理等后台任务。

这种处理方式使后台处理的数据不需要在前台间频繁传输,从而有效解决了文件服务器/工作站模式下的"传输瓶颈"问题。网络上的用户不仅共享打印机、硬盘和数据文件,而且共享数据处理,这是在信息系统思维方法上的一个突破。客户机/服务器的网络结构是采用分布式数据库管理系统的基础。

通常情况下,客户机只执行本地前端应用,而将数据库的操作由服务器负责,以合理均衡的事务处理充分保证数据的完整性和一致性。客户机应用软件一般包括用户界面软件、本地数据库、字处理软件和电子表格等。客户机的运行过程是:客户机将请求传送给服务器,服务器回送处理结果,客户机据此进行分析,然后送给用户。服务器分为数据库服务器、工作组应用服务器、电子邮件服务器、打印服务器等。数据库服务器是配有大容量磁盘的计算机,它保存着整个网络系统的公共的数据资源及其应用程序,让用户共享,客户机访问数据库服务器时,用户的具体数据操作要求转化为SQL语言去执行,再将结果返回客户机。连接到局域网的微型计算机,既能作为独立的本地计算机为用户服务,又能共享网络系统的资源。

大型机集中式结构的所有程序都在主机内执行,而文件服务器局域网结构的所有程序都在客户端执行,这两种结构都不能提供真正的可伸缩应用系统框架。而客户机/服务器结构则可以将应用逻辑分布在客户工作站和服务器之间，以提供更快、更有效的应用程序性能。通过客户端和服务器端的最佳分工合作，使整个系统达到最高的效率。

常用的 C/S 模式有两层结构、三层结构两种（见图 2-3）。在图 2-3（a）两层 C/S 结构中，数据库服务器对客户机的请求直接做出应答。对于某些需要进行较为复杂处理的服务请求，往往另设具有专门应用软件的应用服务器进行这种信息处理。应用服务器根据客户机的服务请求，访问数据库服务器以获取必要的数据，进行相应的信息处理并给客户机做出应答。这就形成了图 2-3（b）所示的三层结构。

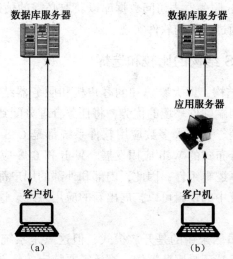

图 2-3 客户机/服务器（C/S）模式的两种结构
(a) 两层结构；(b) 三层结构

根据服务器与客户机在系统中所承担的数据处理任务的分工情况（包括数据处理、应用处理和人机界面三个方面），C/S 结构可分为五种类型。

1. 分布式显示型

客户机与服务器共同承担人机界面的构成与显示，数据管理和应用处理的任务由服务器承担。

2. 远程显示型

客户机承担全部人机界面的构成与显示，数据管理和应用处理的任务由服务器承担。

3. 分布式应用处理型

客户机承担人机界面的构成与显示，并与服务器共同承担处理任务，数据管理任务由服务器承担。

4. 远程数据管理型

客户机承担人机界面和应用处理任务，数据管理任务由服务器承担。

5. 分布式数据管理型

客户机与服务器共同承担数据管理任务，人机界面和应用处理任务由客户机承担。

由此可见，从分布式显示型到分布式数据管理型，客户机的任务由轻到重，而服务器的任务由重到轻。在一个实际系统中，可能对不同的任务采用不同的 C/S 模式。恰当地安排各类 C/S 模式，是管理信息系统建设中实现信息资源的合理配置与有效利用、优化系统结构的重要环节。

2.2.4 浏览器/服务器架构

互联网（Internet）的迅猛发展与广泛应用，为管理信息系统的建设与应用提供了新的机遇。越来越多的组织，特别是企业，利用互联网的技术建设自己的管理信息系统。基于互联网技术的管理信息系统的网络环境称为 Intranet（内联网）。Intranet 上一个典型的分布式计算模式就是浏览器/服务器模式（Browser/Server，B/S）。这里的浏览器又称为 Web 浏览器，是客户端用来访问 Web 服务器的通用软件。这是一种三层结构的客户机/服务器结构。客户端利用浏览器通过 Web 服务器去访问数据库以获取必需的信息，而 Web 服务器与特定的数据库系统的连接可以通过专用的软件实现。

2.2.5 C/S 和 B/S 结构的比较和选择

C/S（Client/Server）结构，即大家熟知的客户机和服务器结构。它是软件系统体系结构，通过它可以充分利用两端硬件环境的优势，将任务合理分配到客户机端和服务器端来实现，降低了系统的通信开销。目前大多数应用软件系统都是 C/S 形式的两层结构，由于现在的软件应用系统正在向分布式的 Web 应用发展，Web 和 C/S 应用都可以进行同样的业务处理，应用不同的模块共享逻辑组件；因此，内部和外部的用户都可以访问新的和现有的应用系统，通过现有应用系统中的逻辑可以扩展出新的应用系统。这也就是目前应用系统的发展方向。

传统的 C/S 体系结构虽然采用的是开放模式，但这只是系统开发一级的开放性，在特定的应用中，无论是客户机端还是服务器端，都还需要特定的软件支持。由于没能提供用户真正期望的开放环境，C/S 结构的软件需要针对不同的操作系统开发不同版本的软件，加之产品的更新换代十分快，已经很难适应百台电脑以上局域网用户同时使用；而且代价高，效率低。

C/S 结构由两部分构成：前端是客户机，通常是 PC；后端是服务器，运行数据库管理系统，提供数据库的查询和管理，结构如图 2-4 所示。

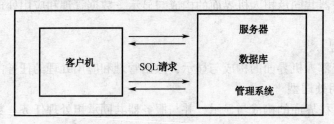

图 2-4　两层结构 C/S 图

1. C/S 架构软件的优势与劣势

（1）应用服务器运行数据负荷较小

最简单的 C/S 体系结构的数据库应用由两部分组成，即客户应用程序和数据库服务器程序。二者可分别称为前台程序与后台程序。运行数据库服务器程序的机器，也称为应用服务器。一旦服务器程序被启动，就随时等待响应客户程序发来的请求；客户应用程序运行在用户自己的电脑上，对应于数据库服务器，可称为客户电脑，当需要对数据库中的数据进行任何操作时，客户程序就自动地寻找服务器程序，并向其发出请求，服务器程序根据预定的规则做出应答，送回结果，应用服务器运行数据负荷较小。

(2) 数据的储存管理功能较为透明

在数据库应用中，数据的储存管理功能是由服务器程序和客户应用程序分别独立进行的，前台应用可以违反的规则，例如访问者的权限，编号可以重复、必须有客户才能建立订单这样的规则。所有这些，对于工作在前台程序上的最终用户是"透明"的，他们无须过问（通常也无法干涉）背后的过程，就可以完成自己的一切工作。在客户服务器架构的应用中，前台程序不是非常"瘦小"，麻烦的事情都交给了服务器和网络。在 C/S 体系下，数据库不能真正成为公共、专业化的仓库，它受到独立的专门管理。

(3) C/S 架构的劣势是高昂的维护成本且投资大

首先，采用 C/S 架构，要选择适当的数据库平台来实现数据库数据的真正"统一"，使分布于两地的数据同步完全交由数据库系统去管理，但逻辑上两地的操作者要直接访问同一个数据库才能有效实现。有这样一些问题，如果需要建立"实时"的数据同步，就必须在两地间建立实时的通信连接，保持两地的数据库服务器在线运行。网络管理工作人员既要对服务器维护管理，又要对客户端维护和管理，这需要高昂的投资和复杂的技术支持，维护成本很高，维护任务量大。

其次，传统的 C/S 结构的软件需要针对不同的操作系统开发不同版本的软件，由于产品的更新换代十分快，高代价和低效率已经不适应工作需要。在 JAVA 这样的跨平台语言出现之后，B/S 架构更是猛烈冲击 C/S，并对其形成威胁和挑战。

正是基于以上特点，导致了 C/S 结构难维护，出现性能"瓶颈"，并发用户数少，难以适应集中管理的要求。随着 Internet 技术的迅速发展，基于 B/S（Browser/Server）模式的计算环境为越来越多的应用系统所采用，它有效地克服了 C/S 模式的缺点。

B/S 结构即浏览器和服务器结构。它是随着 Internet 技术的兴起，对 C/S 结构的一种变化或者改进的结构。在这种结构下，用户工作界面通过 WWW 浏览器来实现，极少部分事务逻辑在前端（Browser）实现，但是主要事务逻辑在服务器端（Server）实现，形成所谓三层 3-tier 结构。这样就大大简化了客户端电脑载荷，减少了系统维护与升级的成本和工作量，以及用户的总体成本（TCO）。

以目前的技术看，局域网建立 B/S 结构的网络应用，并通过 Internet/Intranet 模式下数据库应用，相对易于把握、成本也是较低的。它是一次性到位的开发，能实现不同的人员，从不同的地点，以不同的接入方式（比如 LAN，WAN，Internet/Intranet 等）访问和操作共同的数据库；它能有效地保护数据平台和管理访问权限，服务器数据库也很安全。特别是在 JAVA 这样的跨平台语言出现之后，B/S 架构管理软件更是方便、快捷、高效。

B/S 结构主要是利用了不断成熟的 WWW 浏览器技术，结合浏览器的多种 Script 语言（VBScript、JavaScript 等）和 ActiveX 技术，用通用浏览器实现了原来需要复杂专用软件才能实现的强大功能，并节约了开发成本，是一种全新的软件系统构造技术。随着 Windows 98/Windows 2000 将浏览器技术植入操作系统内部，这种结构更成为当今应用软件的首选体系结构。B/S 模式的主要特点在于应用系统开发人员无须开发自己的客户端软件，而统一采用浏览器来实现客户端与服务器的交互。此外，当需要对应用系统进行升级时，只需对服务器端的应用程序进行升级即可。B/S 结构的核心概念是利用中间件将应用分为表示层、业务逻辑层和数据存储层三个不同的处理层次，如图 2-5 所示。三个层次是从逻辑上来分的，具体的物理分法可以有多种组合。中间件作为构造三层结构应用系统的基础平台，提供了以下主要功能：负责客户机与服务器间、服务器间与服务器间的连接和通信；实现应用与数据库的高效连接；提供一个三层结构应用的开发、运行、部署和管理的平台。

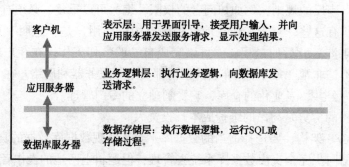

图 2-5 三层结构 B/S 图

2. B/S 架构软件的优势与劣势

（1）维护和升级方式简单

目前，软件系统的改进和升级越来越频繁，B/S 架构的产品明显体现着更为方便的特性。对一个稍微大一点单位来说，系统管理人员如果需要在几百甚至上千部电脑之间来回奔跑，效率和工作量是可想而知的，但 B/S 架构的软件只需要管理服务器就行了，所有的客户端只是浏览器，根本不需要做任何的维护。无论用户的规模有多大，有多少分支机构，都不会增加任何维护升级的工作量，所有的操作只需要针对服务器进行；如果是异地，只需要把服务器连接专网即可，实现远程维护、升级和共享。所以，客户机越来越"瘦"而服务器越来越"胖"是将来信息化发展的主流方向。今后，软件升级和维护会越来越容易，而使用起来会越来越简单，这对用户人力、物力、时间、费用的节省是显而易见的，惊人的。因此，维护和升级革命的方式是"瘦"客户机，"胖"服务器。

（2）成本降低，选择更多

大家都知道，Windows 在桌面电脑上几乎一统天下，浏览器成为标准配置，但在服务器操作系统上，Windows 并不是处于绝对的统治地位。现在的趋势是，凡使用 B/S 架构的应用管理软件，只需安装在 Linux 服务器上即可，而且安全性高。所以，服务器操作系统的选择是很多的，不管选用哪种操作系统，都可以让大部分人使用 Windows 作为桌面操作系统，电脑不受影响，这就使最流行的免费的 Linux 操作系统快速发展起来。Linux 除了操作系统是免费的以外，连数据库也是免费的，这种选择非常盛行。

比如，很多人每天上"网易"网，只要安装浏览器就可以了，并不需要了解"网易"的服务器用的是什么操作系统，而事实上大部分网站都没有使用 Windows 操作系统，但用户的电脑本身安装的基本都是 Windows 操作系统。

（3）应用服务器运行数据负荷较重

由于 B/S 架构管理软件只安装在服务器端（Server）上，网络管理人员只需要管理服务器就行了，用户界面主要事务逻辑在服务器端完全通过 WWW 浏览器实现，极少部分事务逻辑在前端（Browser）实现，所有的客户端只有浏览器，网络管理人员只需要做硬件维护。但是，应用服务器运行数据负荷较重，一旦发生服务器"崩溃"等问题，后果不堪设想。因此，许多单位都备有数据库存储服务器，以防万一。

3. C/S 与 B/S 的区别与比较

C/S 是建立在局域网的基础上的，B/S 是建立在广域网的基础上的。

(1) 硬件环境不同

C/S 一般建立在专用的网络上。小范围里的网络环境，局域网之间再通过专门服务器提供连接和数据交换服务。

B/S 建立在广域网之上，不必是专门的网络硬件环境，例如，可以通过租用设备和互联网实现，有比 C/S 更强的适应范围，一般只要有操作系统和浏览器就行。

(2) 对安全要求不同

C/S 一般面向相对固定的用户群，对信息安全的控制能力很强。一般高度机密的信息系统采用 C/S 结构适宜，可以通过 B/S 发布部分可公开信息。由于 B/S 是建立在广域网之上的，对安全的控制能力相对较弱，面向的是不可知的用户群。

(3) 对程序架构不同

C/S 程序更加注重流程，可以对权限多层次校验，对系统运行速度可以较少考虑。B/S 对安全及访问速度的多重考虑，建立在需要更加优化的基础之上，比 C/S 有更高的要求。由于计算机网络的普及和发展，B/S 结构的程序架构是技术发展的必然趋势。SUN 和 IBM 公司推出的 JavaBean 构件技术等，使 B/S 更加成熟。

(4) 软件重用不同

C/S 程序须从整体性考虑，软件的重用性不如在 B/S 要求下的软件的重用性好。B/S 的多重结构，要求软件有相对独立的功能，能够相对较好地重用。

(5) 系统维护不同

在软件生存周期中，系统维护开销的大小相当重要。C/S 程序由于具有整体性，必须整体考察，因此处理出现的问题难，系统升级难，可能时需做一个全新的系统。B/S 构件组成方面，构件可个别更换，可实现系统的无缝升级，系统的维护只需在服务端进行就可以。

(6) 处理对象不同

C/S 程序可以处理的用户群固定，并且是在相同区域；与操作系统相关，应该都是相同的系统。B/S 建立在广域网上，面向不同的用户群，地域分散，这是 C/S 无法做到的；与操作系统平台关系最小。

(7) 用户接口不同

C/S 多建立在 Window 平台上，表现方法有限，对程序员技术水平普遍要求较高。B/S 建立在浏览器上，有更加丰富和生动的表现方式来与用户交流，并且大部分难度降低，降低了开发成本。

(8) 信息流向不同

C/S 程序一般是典型的中央集权的机械式处理，交互性相对低。B/S 信息流向可变化，B-B、B-C、B-G 等信息流向的变化更像交易中心。

2.3 数据库

数据库技术可以实现数据的存储和管理数据，同时也是用户所需要的各种数据管理的方式。数据库是管理信息系统、办公自动化系统等系统必不可少的核心部分。因为现在技术的一切数据需要管理。

数据仓库创建目的是为分析性报告和决策支持提供基础数据。

2.3.1 数据库概述

数据库（Database）是按照数据结构来组织、存储和管理数据的仓库，它产生于距今六十多年前。随着信息技术和市场的发展，特别是20世纪90年代以后，数据管理不再仅仅是存储和管理数据，而转变成用户所需要的各种数据管理的方式。数据库有很多种类型，从最简单的存储有各种数据的表格，到能够进行海量数据存储的大型数据库系统，都在各个方面得到了广泛的应用。

1. 数据库的性质

（1）整体性

数据库是一个单位或是一个应用领域的通用数据处理系统，它存储的是属于企业和事业部门、团体和个人的有关数据的集合。数据库中的数据是从全局观点出发建立的，它按一定的数据模型进行组织、描述和存储。其结构基于数据间的自然联系，从而可提供一切必要的存取路径，且数据不再针对某一应用，而是面向全组织，具有整体的结构化特征。

（2）共享性

数据库中的数据是为众多用户所共享其信息而建立的，已经摆脱了具体程序的限制和制约。不同的用户可以按各自的用法使用数据库中的数据；多个用户可以同时共享数据库中的数据资源，即不同的用户可以同时存取数据库中的同一个数据。数据共享性不仅满足了各用户对信息内容的要求，同时也满足了各用户之间信息通信的要求。

2. 数据库发展阶段

按照数据库发展阶段可以分为：

第一代：网状、层次数据库系统。

第一代的代表是1969年IBM公司研制的层次模型的数据库管理系统IMS和70年代美国数据库系统语言协商CODASYL下属数据库任务组DBTG提议的网状模型。

第二代：关系数据库系统。

第二代数据库的主要特征是支持关系数据模型（数据结构、关系操作、数据完整性）。关系模型具有以下特点：

①关系模型的概念单一，实体和实体之间的联系用关系来表示。

②以关系数学为基础。

③数据的物理存储和存取路径对用户不透明。

④关系数据库语言是非过程化的。

第三代：以面向对象模型为主要特征的数据库系统。

第三代数据库产生于20世纪80年代，随着科学技术的不断进步，各个行业领域对数据库技术提出了更多的需求，关系型数据库已经不能完全满足需求，于是产生了第三代数据库。主要有以下特征：

①支持数据管理、对象管理和知识管理。

②保持和继承了第二代数据库系统的技术。

③对其他系统开放，支持数据库语言标准，支持标准网络协议，有良好的可移植性、可

连接性、可扩展性和互操作性等。第三代数据库支持多种数据模型（比如关系模型和面向对象的模型），并和诸多新技术相结合（比如分布处理技术、并行计算技术、人工智能技术、多媒体技术、模糊技术），广泛应用于多个领域（商业管理、GIS、计划统计等），由此也衍生出多种新的数据库技术。

分布式数据库允许用户开发的应用程序把多个物理分开的、通过网络互联的数据库当作一个完整的数据库看待。并行数据库通过 cluster 技术把一个大的事务分散到 cluster 中的多个节点去执行，提高了数据库的吞吐和容错性。多媒体数据库提供了一系列用来存储图像、音频和视频对象类型，更好地对多媒体数据进行存储、管理、查询。模糊数据库是存储、组织、管理和操纵模糊数据库的数据库，可以用于模糊知识处理。

3. 目前市场上的主流数据库管理系统

（1）Oracle 数据库

Oracle Database，又名 Oracle RDBMS，或简称 Oracle。是甲骨文公司的一款关系数据库管理系统。它是在数据库领域一直处于领先地位的产品。可以说，Oracle 数据库系统是目前世界上流行的关系数据库管理系统，系统可移植性好、使用方便、功能强，适用于各类大、中、小、微机环境。它是一种高效率、可靠性好的适应高吞吐量的数据库解决方案。

（2）SQL Server 数据库

SQL Server 数据库是微软公司的产品。SQL 是 Structured Query Language（结构化查询语言）的缩写。SQL 是专为数据库而建立的操作命令集，是一种功能齐全的数据库语言。在使用它时，只需要发出"做什么"的命令，"怎么做"是不用使用者考虑的。SQL 功能强大、简单易学、使用方便，已经成为数据库操作的基础，并且现在几乎所有的数据库都支持 SQL。

（3）DB2 数据库

IBM DB2 是美国 IBM 公司开发的一套关系型数据库管理系统，它主要的运行环境为 UNIX（包括 IBM 自家的 AIX）、Linux、IBM i（旧称 OS/400）、z/OS，以及 Windows 服务器版本。

DB2 主要应用于大型应用系统，具有较好的可伸缩性，可支持从大型机到单用户环境，应用于所有常见的服务器操作系统平台下。DB2 提供了高层次的数据利用性、完整性、安全性、可恢复性，以及小规模到大规模应用程序的执行能力，具有与平台无关的基本功能和 SQL 命令。DB2 采用了数据分级技术，能够使大型机数据很方便地下载到 LAN 数据库服务器，使得客户机/服务器用户和基于 LAN 的应用程序可以访问大型机数据，并使数据库本地化及远程连接透明化。DB2 以拥有一个非常完备的查询优化器而著称，其外部连接改善了查询性能，并支持多任务并行查询。DB2 具有很好的网络支持能力，每个子系统可以连接十几万个分布式用户，可同时激活上千个活动线程，对大型分布式应用系统尤为适用。

（4）Sybase 数据库

1984 年，Mark B. Hiffman 和 Robert Epstein 创建了 Sybase 公司，并在 1987 年推出了 Sybase 数据库产品。Sybase 主要有三种版本：一是 UNIX 操作系统下运行的版本，二是 Novell Netware 环境下运行的版本，三是 Windows NT 环境下运行的版本。对 UNIX 操作系统目前广泛应用的为 SYBASE 10 及 SYBASE 11 for SCO UNIX。

2.3.2 数据库管理系统

数据库管理系统（Database Management System，DBMS）是一种操纵和管理数据库的大型软件，用于建立、使用和维护数据库，简称DBMS。它对数据库进行统一的管理和控制，以保证数据库的安全性和完整性。用户通过DBMS访问数据库中的数据，数据库管理员也通过DBMS进行数据库的维护工作。它可使多个应用程序和用户用不同的方法在同时或不同时刻去建立、修改和询问数据库。大部分DBMS提供数据定义语言（Data Definition Language，DDL）和数据操作语言（Data Manipulation Language，DML），供用户定义数据库的模式结构与权限约束，实现对数据的追加、删除等操作。

数据库管理系统是数据库系统的核心，是管理数据库的软件。数据库管理系统就是实现把用户意义下抽象的逻辑数据处理，转换成计算机中具体的物理数据处理的软件。有了数据库管理系统，用户就可以在抽象意义下处理数据，而不必顾及这些数据在计算机中的布局和物理位置。

数据库管理系统从功能上主要分为以下7点。

1. 数据定义

DBMS提供数据定义语言DDL，供用户定义数据库的三级模式结构、两级映像以及完整性约束和保密限制等约束。DDL主要用于建立、修改数据库的库结构。DDL所描述的库结构仅仅给出了数据库的框架，数据库的框架信息被存放在数据字典（Data Dictionary）中。

2. 数据操作

DBMS提供数据操作语言DML，供用户实现对数据的追加、删除、更新、查询等操作。

3. 数据库的运行管理

数据库的运行管理功能是DBMS的运行控制、管理功能，包括多用户环境下的并发控制、安全性检查和存取限制控制、完整性检查和执行、运行日志的组织管理、事务的管理和自动恢复，即保证事务的原子性。这些功能保证了数据库系统的正常运行。

4. 数据组织、存储与管理

DBMS要分类组织、存储和管理各种数据，包括数据字典、用户数据、存取路径等，需确定以何种文件结构和存取方式在存储级上组织这些数据，如何实现数据之间的联系。数据组织和存储的基本目标是提高存储空间利用率，选择合适的存取方法以提高存取效率。

5. 数据库的保护

数据库中的数据是信息社会的战略资源，所以数据的保护至关重要。DBMS对数据库的保护通过4个方面来实现：数据库的恢复、数据库的并发控制、数据库的完整性控制、数据库安全性控制。DBMS的其他保护功能还有系统缓冲区的管理以及数据存储的某些自适应调节机制等。

6. 数据库的维护

这一部分包括数据库的数据载入、转换、转储，数据库的重组和重构，以及性能监控等功能，这些功能分别由各个使用程序来完成。

7. 通信

DBMS具有与操作系统的联机处理、分时系统及远程作业输入的相关接口，负责处理数据的传送。对网络环境下的数据库系统，还应该包括 DBMS 与网络中其他软件系统的通信功能，以及数据库之间的互操作功能。

2.4 计算机网络

目前，企业的计算机网络已成为企业进行技术改造及提高企业管理水平的重要手段。随着我国与世界信息高速公路的接轨，企业通过计算机网络获得信息必将为企业带来巨大的经济效益和社会效益，企业的办公及管理都将朝着高效、快速、无纸化的方向发展。

2.4.1 计算机网络基础

1. 计算机网络的定义

计算机网络的精确定义并未统一。

关于计算机网络的最简单的定义是：一些互相连接的、自治的计算机的集合。这里"自治"的概念即独立的计算机，它有自己的硬件和软件，可以单独运行使用，而"互相连接"是指计算机之间能够进行数据通信或交换信息。

最简单的计算机网络就只是两台计算机和连接它们的一条链路，即两个节点和一条链路。因为没有第三台计算机，只有一条链路，因此不存在交换的问题。

现如今的手机、平板电脑等智能设备的硬件功能已经完全能够实现计算机的通信功能，这些设备也在使用计算机网络，也充当了传统计算机网络中"结点"的角色。

2. 计算机网络的类别

（1）按网络的作用范围分类

①广域网（Wide Area Network，WAN）。广域网的作用范围通常为几十到几千千米，因而有时也称为远程网（long haul network）。广域网是因特网的核心部分，其任务是通过长距离（例如，跨越不同的国家）运送主机所发送的数据。连接广域网各结点交换机的链路一般都是高速链路，具有较大的通信容量。

②城域网（Metropolitan Area Network，MAN）。城域网的作用范围一般是一个城市，可跨越几个街区甚至整个城市，其作用距离为 5~50 km。城域网可以为一个或几个单位所有。但也可以是一种公用设施，用来将多个局域网进行互连。目前，很多城域网采用的是以太网的技术，因此城域网有时也常纳入局域网的范围进行讨论。

③局域网（Local Area Network，LAN）。局域网一般用微型计算机或工作站通过高速通信线路相连（速率通常在 100 Mb/s 以上），但地理上则局限在较小的范围（如 1 km 左右）。在局域网发展的初期，一个学校或工厂往往拥有一个局域网，但现在局域网已非常广泛地使用，一个学校或企业大都拥有许多个互连的局域网（这样的网络常称为校园网或企业网）。

④个人区域网（Personal Area Network，PAN）。个人区域网就是在个人工作的地方把属于个人使用的电子设备（如便携式电脑等）用无线技术连接起来的网络，因此也常称为无线个人区域网 WPAN（Wireless PAN），其范围大约为 100 m。

（2）按网络的使用者进行分类

①公用网（Public Network）。这是指电信公司（国有或私有）出资建造的大型网络。

"公用"的意思就是所有愿意按电信公司的规定交纳费用的人都可以使用这种网络。因此公用网也可称为公众网,如 CHINANET。

②专用网(Private Network)。这是某个部门、某个企业为各自的特殊业务工作需要而建造的网络。这种网络不对外人提供服务。例如,政府、军队、银行、铁路、电力、公安等系统均有本系统的专用网。

公用网和专用网都可以传送多种业务。如传送的是计算机数据,则分别公用计算机网络和专用计算机网络。

2.4.2 计算机网络体系结构

在计算机网络的基本概念中,分层次的体系结构是最基本的。

1. 计算机网络体系结构的形成

计算机网络是个非常复杂的系统。为了说明这一点,可以设想一个最简单的情况:连接在网络上的两台计算机要互相传送文件。

显然,在这两台计算机之间必须有一条传送数据的通路。但这还远远不够,至少还有以下几项工作需要去完成:

①发起通信的计算机必须将数据通信的通路激活(activate)。所谓激活,就是要发出一些信令,保证要传送的计算机数据能在通路上正确发送和接收。

②要告诉网络如何识别接收数据的计算机。

③发起通信的计算机必须查明对方计算机是否已开机,并且与网络连接正常。

④发起通信的计算机中的应用程序必须弄清楚,对方计算机中的文件管理程序是否已做好接收文件和存储文件的准备工作。

⑤若计算机的文件格式不兼容,则至少其中的一台计算机应完成格式转换功能。

⑥对出现的各种差错和意外事故,如数据传送错误、重复或丢失,网络中某个结点交换机出故障等,应当有可靠的措施保证对方计算机最终能够收到正确的文件。还可以举出一些要做的其他工作。由此可见,相互通信的两个计算机系统必须高度协调工作才行,而这种"协调"是相当复杂的。为了设计这样复杂的计算机网络,早在最初的 ARPANET 设计时即提出了分层的方法。"分层"可将庞大而复杂的问题转化为若干较小的局部问题,而这些较小的局部问题就比较易于研究和处理。

为了使不同体系结构的计算机网络都能互连,国际标准化组织于 1977 年成立了专门机构,即著名的开放系统互连基本参考模型 OSI/RM(Open System Interconnection Reference Model),简称为 OSI。OSI 试图达到一种理想的境界,即全世界的计算机网络都遵循这个统一的标准,因而全世界的计算机都能够按照统一的标准方便地进行互连和传送数据。在 20 世纪 80 年代,许多大公司纷纷表示支持 OSI。然而到了 20 世纪 90 年代初,虽然整套的 OSI 国际标准都已经制定出来了,但由于因特网已抢先在全世界覆盖了相当大的范围,而与此同时却几乎找不到有什么厂家生产出符合 OSI 标准的商用产品。

2. 具有五层协议的体系结构

OSI 的七层协议体系结构(图2-6(a))的概念清楚,理论也较完整,但它既复杂又不实用。TCP/IP 体系结构则不同,它现在已经得到了非常广泛的应用。TCP/IP 是一个四层的体系结构(图2-6(b)),它包含应用层、运输层、网际层和网络接口层。不过从实质上讲，TCP/IP 只有最上面的三层，因为最下面的网络接口层基本上和一般的通信链路在功能上没有多大差别，对于计算机网络来说，这一层并没有什么特别新的具体内容。因此，在学习计算机体系结构时，往往采用折中的办法，即综合 OSI 和 TCP/IP 的优点，采用一种只有五层协议的体系结构（图 2-6（c））。

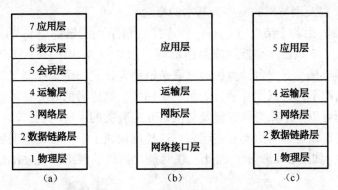

图 2-6　计算机网络体系结构
(a) OSI 的七层协议；(b) TCP/IP 的四层协议；(c) 五层协议

现在结合因特网的情况，自上而下地、非常简要地介绍一下各层的主要功能。

(1) 应用层（application layer）

应用层是体系结构的最高层。应用层的任务是通过应用进程的交互来完成特定网络应用。应用层协议定义的是应用进程间通信和交互的规则。应用层的协议很多，如 HTTP、FTP、DNS 等。

(2) 运输层（transport layer）

运输层的任务就是负责向两个主机中进程之间的通信提供通用的数据传输服务。应用进程利用该服务传送应用层报文。

运输层两种主要协议是：

①传输控制协议（Transmission Control Protocol，TCP）——提供面向连接的、可靠的数据传输服务，其数据传输的单位是报文段。

②用户数据报协议（User Datagram Protocol，UDP）——提供无连接的、尽最大努力交付的数据传输服务，其传输的数据单位是用户数据报。

(3) 网络层（network layer）

网络层负责为分组交换网上的不同主机提供通信服务。在发送数据时，网络层把运输层产生的报文段或用户数据报封装成分组或包（packet）进行传送。

网络层的另一个任务就是要选择合适的路由，使源主机运输层所传下来的分组能够通过网络中的路由器找到目的主机。

(4) 数据链路层（data link layer）

数据链路层常简称为链路层。数据链路层将网络层交下来的 IP 数据报组装成帧（framing），在两个相邻结点间的链路上传送帧（frame）。

(5) 物理层

在物理层上所传送的单位是比特。物理层还要确定连接电缆的插头应当有多少根引脚以及各条引脚应如何连接。

2.4.3 Internet 概述

1. 网络的网络

起源于美国的因特网现已发展为世界上最大的国际性计算机互联网。先给出关于网络、互联网（互连网）以及因特网的一些最基本的概念。

网络（network）由若干结点（node）和连接这些结点的链路（link）组成。网络中的结点可以是计算机、集线器、交换机或路由器等。图 2-7 给出了一个具有四个结点和三条链路的网络。由图可见，有三台计算机通过三条链路连接到一个集线器上，构成了一个简单的网络。在很多情况下，可以用一朵云表示一个网络。这样做的好处是可以不去关心网络中的细节问题，因而可以集中精力研究涉及与网络互连有关的一些问题。

网络和网络还可以通过路由器互连起来，这样就构成了一个覆盖范围更大的网络——互联网（或互连网），如图 2-8 所示。因此互联网是"网络的网络"（network of networks）。

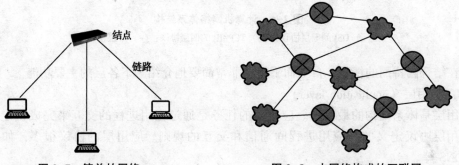

图 2-7 简单的网络　　　　　图 2-8 由网络构成的互联网

因特网（Internet）是世界上最大的互连网络（用户数以亿计，互连的网络数以百万计）。习惯上，把连接在因特网上的计算机都称为主机（host）。因特网也常常用一朵云来表示，图 2-9 表示许多主机连接在因特网上。这种表示方法是把主机画在网络的外边，而网络内部的细节（即路由器怎样把许多网络连接起来）往往就省略了。

图 2-9 因特网与主机的连接

因此，可以先初步建立这样的基本概念：
网络把许多计算机连接在一起，而因特网则把许多网络连接在一起。

还有一点也必须注意，就是网络互连并不是把计算机仅仅简单地在物理上连接起来，因为这样做并不能达到计算机之间相互交换信息的目的。还必须在计算机上安装许多使计算机能够交换信息的软件才可以。因此，当谈到网络互连时，就隐含地表示在这些计算机上已经安装了适当的软件，因而在计算机之间可以通过网络交换信息。

2. 因特网发展的三个阶段

因特网的基础结构大体上经历了三个阶段的演进。但这三个阶段在时间划分上并非截然分开，而是有部分重叠的，这是因为网络的演进是逐渐的，而不是在某个日期突然发生了变化。

第一阶段是从单个网络 ARPANET 向互联网发展的过程。1969 年美国国防部创建的第一个分组交换网 ARPANET 最初只是一个单个的分组交换网（并不是一个互连的网络），所有要连接在 ARPANET 上的主机都直接与就近的结点交换机相连。但到了 20 世纪 70 年代中期，人们已认识到不可能仅使用一个单独的网络来满足所有的通信问题。于是 ARPA 开始研究多种网络（如分组无线电网络）互连的技术，这就导致后来互连网的出现。这样的互连网就成为现在因特网（Internet）的雏形。1983 年，TCP/IP 协议成为 ARPANET 上的标准协议，使得所有使用 TCP/IP 协议的计算机都能利用互连网相互通信，因而人们就把 1983 年作为因特网的诞生时间。1990 年，ARPANET 正式宣布关闭，因为它的实验任务已经完成。

第二阶段的特点是建成了三级结构的因特网。从 1985 年起，美国国家科学基金会（National Science Foundation，NSF）就围绕六个大型计算机中心建设计算机网络，即国家科学基金网 NSFNET。它是一个三级计算机网络，分为主干网、地区网和校园网（或企业网）。这种三级计算机网络覆盖了全美国主要的大学和研究所，并且成为因特网中的主要组成部分。1991 年，NSF 和美国的其他政府机构开始认识到，因特网必将扩大其使用范围，不应仅限于大学和研究机构。世界上的许多公司纷纷接入因特网，网络上的通信量急剧增大，使因特网的容量已满足不了需要。于是美国政府决定将因特网的主干网转交给私人公司来经营，并开始对接入因特网的单位收费。1992 年，因特网上的主机超过 100 万台。1993 年，因特网主干网的速率提高到 45 Mb/s（T3 速率）。

第三阶段的特点是逐渐形成了多层次 ISP 结构的因特网。从 1993 年开始，由美国政府资助的 NSFNET 逐渐被若干个商用的因特网主干网替代，而政府机构不再负责因特网的运营。这样就出现了一个新的名词：因特网服务提供者（Internet Service Provider，ISP）。在许多情况下，因特网服务提供者 ISP 就是一个进行商业活动的公司，因此 ISP 又常译为因特网服务提供商。例如，中国电信、中国联通和中国移动就是我国最有名的 ISP。

ISP 可以从因特网管理机构申请许多的 IP 地址（因特网上的主机都必须有 IP 地址才能上网），同时拥有通信线路（大的 ISP 自己建造通信线路，小的 ISP 则向电信公司租用通信线路）以及路由器等连网设备，因此，任何机构和个人只要向某个 ISP 交纳规定的费用，就可从该 ISP 获取所需的 IP 地址的使用权，并可通过该 ISP 接入因特网。所谓上网，就是指"（通过某个 ISP 获得的 IP 地址）接入因特网"。IP 地址的管理机构不会把一个单个的 IP 地址分配给单个用户（不"零售" IP 地址），而是把一批 IP 地址有偿租赁给经审查合格的 ISP（只"批发" IP 地址）。由此可见，现在的因特网已不是某个单个组织所拥有，而是全世界无数大大小小的 ISP 所共同拥有的，这就是因特网也称为"网络的网络"的原因。

根据提供服务的覆盖面积大小以及所拥有的 IP 地址数目的不同，ISP 也分为不同的层次：主干 ISP、地区 ISP 和本地 ISP。

主干 ISP 由几个专门的公司创建和维持，服务面积最大（一般都能够覆盖国家范围），并且还拥有高速主干网（例如 10 Gb/s 或更高）。有一些地区 ISP 网络也可直接与主干 ISP 相连。

地区 ISP 是一些较小的 ISP。这些地区 ISP 通过一个或多个主干 ISP 连接起来。它们位于等级中的第二层，数据率也低一些。

本地 ISP 给端用户提供直接的服务。本地 ISP 可以连接到地区 ISP，也可直接连接到主干 ISP。绝大多数的端用户都是连接到本地 ISP 的。本地 ISP 可以是一个仅仅提供因特网服务的公司，也可以是一个拥有网络并向自己的雇员提供服务的企业，或者是一个运行自己的网络的非营利机构（如学院或大学）。本地 ISP 可以与地区 ISP 或主干 ISP 连接。

从原理上讲，只要每一个本地 ISP 都安装了路由器连接到某个地区 ISP，而每一个地区 ISP 也有路由器连接到主干 ISP，那么在这些相互连接的 ISP 的共同合作下，就可以完成因特网中所有的分组转发任务。但随着因特网上数据流量的急剧增长，人们开始研究如何更快地转发分组，以及如何更加有效地利用网络资源。于是，因特网交换点（Internet eXchange Point，IXP）就应运而生了。

因特网交换点 IXP 的主要作用就是允许两个网络直接相连并交换分组，而不需要再通过第三个网络来转发分组。这样，两个交换分组时，就不必再经过最上层的主干 ISP，而是直接在两个地区 ISP 之间用高速链路对等地交换分组。这样就使因特网上的数据流量分布更加合理，同时也减少了分组转发的迟延时间，减少了分组转发的费用。现在许多 IXP 在进行对等交换分组时，都互相不收费。但本地 ISP 或地区 ISP 通过 IXP 向高层的 IXP 转发分组时，则需要交纳一定的费用。IXP 的结构非常复杂。典型的 IXP 由一个或多个网络交换机组成，许多 ISP 再连接到这些网络交换机的相关端口上。IXP 常采用工作在数据链路层的网络交换机，这些网络交换机都用局域网互连起来。

因特网已经成为世界上规模最大和增长速率最快的计算机网络，没有人能够准确说出因特网究竟有多大。

3. 因特网的标准化工作

因特网的标准化工作对因特网的发展起到了非常重要的作用。我们知道，标准化工作的好坏对一种技术的发展有着很大的影响。缺乏国际标准将会使技术的发展处于比较混乱的状态，而盲目自由竞争的结果很可能形成多种技术体制并存且互不兼容的状态（如过去形成的彩电三大制式），给用户带来较大的不方便。但国际标准的制定又是一个非常复杂的问题，这里既有很多技术问题，也有很多非技术问题，如不同厂商之间经济利益的争夺问题等。标准制定的时机也很重要。标准制定得过早，由于技术还没有发展到成熟水平，会使技术比较陈旧的标准限制产品的技术水平，其结果是以后不得不再次修订标准，造成浪费；反之，若标准制定得太迟，也会使技术的发展无章可循，造成产品互不兼容，因而也会影响技术的发展。因特网在制定其标准上很有特色。其中的一个很大的特点是面向公众。因特网所有的请求注解（Request For Comments，RFC）文档都可从因特网上免费下载，而且任何人都可以用电子邮件随时发表对某个文档的意见或建议。这种方式对因特网的迅速发展影响很大。

1992 年，由于因特网不再归美国政府管辖，因此成立了一个国际性组织，叫作因特网协会（Internet Society，ISOC），以便对因特网进行全面管理以及在世界范围内促进其发展和使用。ISOC 下面有一个技术组织，叫作因特网体系结构委员会（Internet Architecture Board，IAB），负责管理因特网有关协议的开发。IAB 下面又设有两个工程部：

（1）因特网工程部（Internet Engineering Task Force，IETF）

IETF 是由许多工作组（Working Group，WG）组成的论坛（forum），具体工作由因特网工程指导小组（Internet Engineering Steering Group，IESG）管理。这些工作组划分为若干个领域（area），每个领域集中研究某一特定的短期和中期的工程问题，主要是针对协议的开发和标准化。

（2）因特网研究部（Internet Research Task Force，IRTF）

IRTF 是由一些研究组（Research Group，RG）组成的论坛，具体工作由因特网研究指导小组（Internet Research Steering Group，IRSG）管理。IRTF 的任务是进行理论方面的研究和探索一些长期需要考虑的问题。

所有的因特网标准都是以 RFC 的形式在因特网上发表的。RFC 的意思就是"请求评论"。所有的 RFC 文档都可从因特网上免费下载。但应注意，并非所有的 RFC 文档都是因特网标准，只有一小部分 RFC 文档最后才能变成因特网标准。

本章案例

中南控股集团有限公司信息化建设案例分析

中南控股集团有限公司创建于1988年，目前已经成为一个集房地产、建筑施工、安装、装潢、设计、监理、机械制造、生物医药和服装加工等行业为一体，业务遍及北京、上海、天津、南京、海南、青岛、济南、烟台、大连、淄博、临沂、南通、苏州等地的跨行业、跨地区、多元化、综合性的大型企业集团。目前中南集团已形成房地产业、建筑产业、机械制造业、多元化产业四大战略产业序列，下辖包括中南房地产业有限公司、南通建筑工程总承包有限公司（特级资质）、南通市中南建工设备安装有限公司、金丰环球装饰工程（天津）有限公司、南通市神宇建筑机械设备制造有限公司、南通中南体育会展建设发展有限公司、上海联图生物科技有限公司、南通常乐建筑劳务有限公司、海门市建筑设计院有限公司、海门市大正建筑工程监理有限公司等十多家子公司。集团现有员工 15 000 余人，管理人员 1 700 余人，其中博士 1 人，硕士 22 人，大专以上学历人才 800 余人，各类技术专业人员 1 000 余人，为集团的可持续性发展提供了强大的人才队伍。

1. 实施背景

经过十几年的快速发展，中南集团现已发展成包括建筑工程总承包、房地产开发、装饰工程、建筑安装、建筑装潢、建筑设计、工程监理等的多元化集团公司。随着组织越来越庞大，中南集团的领导逐步意识到信息化要为多元化发展服务，信息化采用由集团总部统筹安排，步步为营的策略，分步实施，逐步推广。

通过以下几个方面实现信息化管理的导入：

①建立 EIP 企业信息门户。为集团的所有用户提供统一的访问入口，建成企业对内宣传的窗口、建成企业员工信息发布和协同沟通的平台。

②建立 HR 人力资源管理系统。实现人才资本流程的整合，提升领导力，加强绩效管理，加强团队的建设，在合适的时候，将合适的人分配到合适的工作中去，从而获得最大的商业价值，为集团持之以恒的发展提供所需人才的保证。

③建立 OA 办公自动化系统。提高总部和下属分公司、子公司的各部门日常办公的工作效率，加强日常的信息沟通协调、信息资源的共享，逐步实现无纸化办公。

④建立ERP供销存物流系统，包括物资供应、销售、库存及运输管理。通过系统编制物资用料及采购计划，对日常的出、入库进行流程管理。实现按需采购，降低库存成本。

⑤建立B2B/B2C网上销售采购平台。通过B2B/B2C网上销售采购平台的建立，分别与供应商、目标消费群、业主等群体相互进行信息交流。

⑥建立BI数据报表统计系统。建立集团DW中心数据存储库。借助商业智能应用，挖掘数据价值，建立集团及下属部门的财务、业务数据的分析、预警平台。对环境进行了统一的规划。各子系统软件架构设计统一建立在易建的一体化的集成平台上。中南集团信息管理系统的整个解决方案遵循以下原则。

先进性：各应用子系统都基于J2EE工业标准的B/S应用模式，使之在选用平台、采用技术上具有先进性、前瞻性和扩充性，确保了中南集团信息管理系统具备良好的稳定性、可扩展性和安全性。

实用性：考虑到要尽量满足业务功能需求，又要适应各业务角色的工作特点，该系统不仅简单、实用，而且人性化。

各子系统说明如图2-10所示。

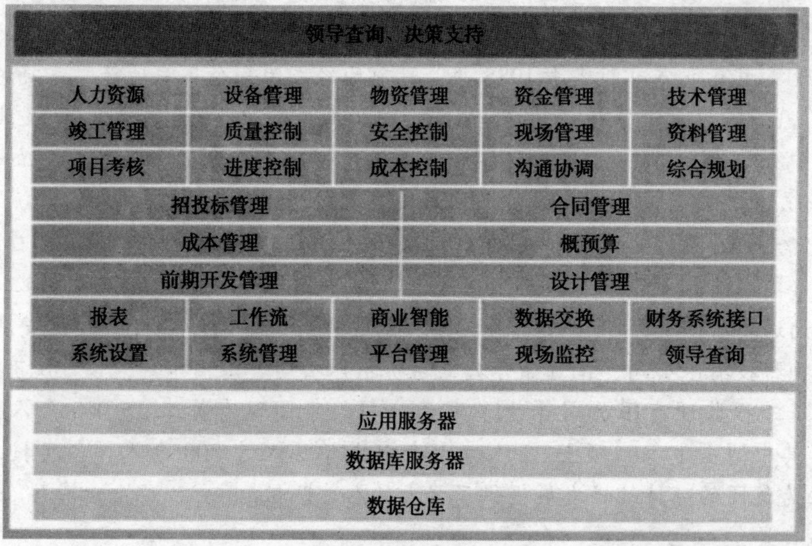

图2-10 各子系统说明

(1) HR人力资源管理系统

借鉴国外先进的企业人力资源管理理念，结合中国国情，实现中南集团人力资源规划与发展的管理。从企业的战略发展需要以及项目管理的实际问题出发，动态适应企业与项目组织的多变性、地域的广泛性，达成项目与集团型企业的人力资源管理，创造企业整体人力资源优势。充分考虑企业机构与项目组织人员的协调与统一，优化人力资源业务流程，并针对工程项目管理特点而设置KPI（关键绩效指标）。

(2) OA办公系统

集成电子邮件、联系人、信息发布、信息交流等功能实现了个人的事务管理；公文流转、工作流管理等实现了日常行政审批的复杂流程应用；行政事务、工作报告等功能规范了中南集团日常的行政管理。

(3) B2B/B2C 网上销售采购平台

为中南集团搭建的 B2B 平台是一个面对供应商的采购平台，以降低采购成本、优化分供方；该平台将来可成为一个为所有采购商和供应商服务的公用平台，成为物料的采购和分销中心。通过该平台可与供应商建立协同合作的关系，在 B2B 平台上实现网上招标、投标，供应商自我维护，订单状态跟踪等业务过程，把中南集团与供应商紧密联系在一起。这样可以降低采购成本和缩短采购周期，提高采购业务的效率和效果，减少不必要的人工联络及传递误差。

(4) BI 数据报表统计系统

为中南集团建立数据仓库，实现了对整个集团业务数据进行深度挖掘与分析；提供曲线图、柱状图、饼状图等多种展现形式，为中南集团的各级领导的决策提供强有力的支持。

2. 平台及开发技术解决方案

在软件开发技术上，采用目前企业广泛使用的 J2EE 工业标准的企业级分布式技术架构；运用 JAVA 与 XML 等开发技术，为中南集团各子系统提供了统一的平台；分布式组件技术、负载均衡等技术的应用，有效地利用了网络带宽、计算资源，确保了系统稳定性、可靠性。在系统平台上，易建科技向中南集团推荐了 Oracle+BEA+SUN 的平台方案，为中南集团提供了跨平台、专业型工程项目管理系统，提供了一个高可用性、稳定的支持平台。

3. 具体实施

中南集团信息管理系统涉及面广。在项目的实施上，由易建和中南集团总部精诚团结，对整个项目进行统筹安排，步步为营，分步实施，逐步推广。整个项目总共分为两期（两年进行）。在一期项目实施的内容包括：EIP 企业信息门户、PM 项目管理系统、BW 数据仓库、BI 商业智能、OA 企业办公平台、HR 人力资源系统；在第二期项目实施的内容包括：ERP 供销存物流系统、B2B/B2C 网上商务平台。

第一阶段：启动与调研。在项目启动初期，易建科技和中南集团成立了由双方专家组成的项目实施小组，根据项目的范围和规模设置适当的项目组，并且与客户共同确定项目实施的组织结构，确定项目小组及各个单元和岗位的具体职责。在项目总体方案的基础上，进行项目启动访谈，对企业高层以及各个管理层级进行访谈，收集中南集团决策层、各职能部门领导、各子公司领导等各方面的意见，分析确定各子系统实施与管理改进的关键域，并针对各个关键域，分析确定系统总体目标。合作双方充分分析识别各类实施的风险，并结合中南集团的实际工作情况、中南集团企业管理信息平台各子系统实施的内容，共同确定了详细的项目实施计划。

第二阶段：设计与开发。在项目设计与开发阶段，易建科技在双方项目实施小组前期的调研需求基础上，立即着手进行系统设计，对中南集团企业管理信息平台的系统蓝图与技术详细进行规划、设计、开发。围绕所确定的关键业务管理范畴中的业务流程与数据的调研分析，按照在应用实施领域的划分，分析企业的业务流程及其管理流程需求，分析企业各个部门的职能和管理权限，分析企业数据流需求，编写各种职能和流程的系统应用方法，提交整体系统应用方案。在需求分析与系统设计的成果基础上，针对企业的个性化需求对标准软件系统进行定制修改。在中南集团信息管理平台第一期，结合易建科技的产品对中南集团的各子系统 EIP 企业信息门户、PM 项目管理系统、BW 数据仓库、BI 商业智能、OA 办公自动化、HR 人力资源系统做了相应的二次开发；在第二期，对 ERP 供销存物流系统、B2B/B2C

网上销售采购平台、BI数据报表统计系统进行了定制开发。

  第三阶段：实施与交付。在项目实施与上线阶段，对中南集团企业管理信息平台的各子系统、第三方工具软件以及各种网络系统、数据备份、防火墙、入侵检测等运行环境进行部署、集成、调试。根据第一期、第二期实施的子系统分阶段进行安装部署。根据两期实施的子系统对系统的使用人员进行培训，并和各部门人员协作对各项业务数据进行采集与录入。同时，对系统管理人员分阶段进行了系统管理和系统设置方面的培训。项目测试运行一段时间后，系统正式上线。

  4. 应用效果

  通过中南集团和易建科技双方的共同努力，中南集团公司在企业信息管理系统各子系统的导入和应用，取得了理想效果。

  主要集中体现在以下几个方面：

  (1) 规范企业管理

  通过中南控股集团有限公司信息管理系统各子系统从上至下的推广使用，从企业的基础编码、各种凭证表单的样式到业务流程等方面，都进行了规范，并通过信息系统的推广使用，保证了新规范的执行。

  (2) 提高工作效率

  复杂的计算工作、报表统计工作、各种文档的查询检阅工作，在手工处理的时候，费时耗力，而且易出错。如今，这类工作都交给计算机进行处理，用户从烦琐的重复性的工作中解脱出来，大大提高了用户的工作效率。通过网络和应用，将地域分布广泛的集团总部、分公司、子公司、项目部都集中到同一个办公信息平台，加强了总部与下属单位之间的横向纵向的协同。信息数据传递更准确、更便捷。系统提供灵活定制工作流实现业务审批控制自动化流程。与传统的手工审批处理相比较，信息化的审批处理能记录流程过程中的全部活动，并使得企业的业务流程规范化、程序化，使流程业务协同并进，提高运作效率。同时，使决策有效地融合到项目管理过程中，方便领导决策。

  (3) 实现项目的成本、进度、安全、质量等方面的控制

  通过PM系统的成功实施，建立以工程项目的成本控制为中心，以进度计划为主线，对工程项目管理进行了全生命周期的管理，优化整合企业资源，支持多项目管理、支持多公司集团式管理，实现了对项目成本、进度、安全、质量等元素的有效控制。

  (4) 科学决策

  通过集团DW中心数据存储库、BI数据报表统计系统的建立，为决策者提供了强大的报表设计与浏览功能。中南集团各级管理者通过系统能随时获得集团经营状况的数据，为领导的科学决策提供了有力的支持。

（案例来自http://wenku.baidu.com百度文库）

讨论题：

1. 中南控股集团有限公司为什么要开展企业信息化建设？企业信息化建设对企业有什么意义？

2. 中南控股集团是从哪些方面开展企业信息化建设？具体体现在哪里？

本章小结

本章重点介绍了以下内容。

1. 信息技术基础设施。内容包括计算机硬件、操作系统和数据管理技术。
2. 信息系统网络安全控制技术。介绍了计算机的单机结构、主从结构、C/S 架构和 B/S 架构，并对主流的 C/S 架构和 B/S 的优劣势进行了分析和比较。
3. 数据库和数据仓库。介绍了数据库和数据仓库的概念，并对主流数据库管理系统进行了比较和阐述。
4. 计算机网络。介绍了计算机网络的基础知识，并对计算机网络体系结构进行了简要的介绍。
5. 信息安全知识。介绍了信息安全的基本概念、信息安全策略和信息安全网络控制技术。

本章习题

1. 计算机主机由哪些设备组成？
2. SQL Server 数据库的优势有哪些？
3. OSI 参考模型市场化失败的原因是什么？
4. B/S 架构的优势下劣势？

本章实践

参考第 8 章，完成课程实验环境搭建。

第3章

管理信息系统的基础应用

学习目标

本章主要从信息系统发展的历史出发,了解企业中常见的管理信息系统相关的基础应用:
1. 了解事务处理系统、掌握管理信息系统组成及功能;
2. 了解部门级的信息系统、企业内部集成的信息系统和外部集成的信息系统;
3. 了解ERP的发展历程、主要功能和发展趋势,了解目前的主要产品。

教学要求

要求教师与学生通过本章的学习互动,掌握以下重点问题:
1. 企业组织中位于不同层次的人员的信息需求;
2. 事务处理系统、管理信息系统、企业资源规划系统历史沿革及相互关系;
3. 企业中常见的事务处理系统、管理信息系统类型,以及企业资源规划系统的常见功能;
4. 企业内外部系统集成的必要性和集成方式;
5. 重点放在ERP部分。

导入案例

联想集团的信息化历程

联想集团成立于1984年,是一家以研究、开发、生产和销售自有品牌的计算机系统及其相关产品为主,是信息产业领域内多元化发展的大型企业。从1996年起,联想计算机销售量一直位居中国国内市场首位;2013年,联想计算机销售量升居世界第一,成为全球最大的PC生产厂商。

联想集团自1998年开始实施企业资源计划(ERP),其信息化历程可以分为四个阶段:
1. 自主开发MIS阶段

从1992年开始,联想就开发了自己的MIS系统,当时的MIS主要是以财务为核心,根据企业的运营需求而定制的一个管理信息系统。随着公司的发展，老的业务系统必须根据需求不断添加新的模块，联想便开始在此基础上自行开发了库存管理系统，1993年和利玛合作开发了MRP Ⅱ。

2. 实施SAP/ERP系统

1997年，联想集团的营业规模已经达到100多亿元，业务模式也在不断变化。企业大了之后，一个最基本的需求是各级管理者要实时了解企业的运营情况，因此，对MIS系统的要求越来越高。同年，联想集团将香港的三家公司和北京的三家公司进行整合，发现在不同管理模式下成长起来的这几家公司的MIS系统很难整合到一起，几个系统相互隔离，系统管理效果差。

经过调研论证，联想公司认为，SAP公司的产品功能成熟，特别是在财务管理和库存管理方面是国内产品无法比拟的，为了给公司的进一步发展开辟更加广阔的管理空间，联想公司决定采用SAP公司的管理软件——R/3系统作为企业管理的基本平台。1998年11月24日，联想集团与德国SAP公司、德勤公司联合召开新闻发布会，正式宣布：联想与SAP及其咨询合作伙伴德勤公司签订联想集团ERP项目实施协议。

3. 联想ERP项目重组

联想集团的领导对实施ERP过程中的难点并不是从一开始就非常清楚的，在实施过程中经常需要领导亲自去做决定，真正体现出ERP是"一把手"工程。很多重大决策涉及企业运作程序的调整，需要"一把手"想清楚。这对很多企业来说是一个难点，并且牵涉到业务流程时，实际业务流程与ERP业务流程还是有一些矛盾的，创造性地解决这些矛盾非常重要。有时只能先按照ERP流程去做，再逐步优化，也就是所谓的先僵化后优化。

2000年1月5日，联想ERP正式上线，与原系统并行运行。2000年2月14日，新系统独立运行。

4. 联想ERP走向外部集成

如今国际厂商已经开始更加注重客户导向，他们强调要满足客户个性化的需求，这就要求企业的业务模式能够适应小批量、多批次的订货需求，这对于联想传统的流水线生产模式、按库存生产的模式、以产品为中心的营销模式都是非常大的挑战。如果没有与外部集成的一整套信息系统，包括客户关系管理系统、电子商务系统、企业资源计划系统、车间管理系统、供应商协同系统，企业就无法获得客户的满意，也将失去商业机会。面对在中国市场崛起的DELL等国际公司的竞争，联想深刻感受到外部竞争的压力，意识到供应链协同管理是联想与跨国公司的差距，也是联想要进入世界500强的一道门槛。2001年8月，联想实施SCM i2系统，2002年8月，联想时任副总裁宣布SCM实施成功。2003年，鉴于并购IBM项目，实施知识管理系统，以期更好地实现不断重组与变革的业务融合。

（摘自http://wenku.baidu.com/）

3.1 事务处理系统

在信息与知识经济时代，越来越多的公司认识到掌握信息资源是获取企业竞争优势的有效手段，有效的管理信息系统是公司运营成功的关键因素，本章将介绍组织中不同类型的信息系统。

管理信息系统在企业中的应用实践表明，它们经历了一个从简单到复杂、从底层管理到高层管理的不断进化过程。从企业事务处理系统（TPS）、管理信息系统（MIS）到企业资源计划（ERP），信息系统在企业中发生作用的层面，由业务运行层向运行控制层、战术决策层，最终向战略管理层逐步提升。

3.1.1 事务处理系统的定义及特征

1. 什么是事务处理系统

事务处理系统是供组织基层业务人员使用的系统，是 MIS 最底层和最基本的系统，其主要任务是充分运用现代信息技术手段收集、处理业务活动过程中产生的原始数据，提高业务活动的效率、准确率，并减轻操作者劳动强度。

我们在日常生活中经常会接触到这类系统，如食堂的饭卡管理系统、图书馆的图书借阅系统、超市的 POS 机系统、宾馆的客人入住登记系统等。

2. 事务处理系统的特征

事务处理系统通常用于支持具有大量的、规律性的、重复性的信息收集。从功能角度来看，处理的对象是原始数据，主要任务是收集信息，同时也执行一些简单的信息处理。

使用事务处理系统帮助处理事务的优势在于：

①降低成本，减少人员和工作量。现代企业如果离开 TPS，几乎无法工作，由于需要处理大量数据，手工操作无法快速完成。例如，一个银行营业厅在白天使用 TPS 花费几分钟处理的业务，如果用手工处理，就需要更多的时间才能完成。

②提高事务处理速度，加速资金流动，提高经济效益。

③改善客户服务水平，减少操作错误。

④为企业中其他的信息系统提供原始数据，对于没有建立良好的 TPS 的企业来说，要建立具有辅助决策功能的战术或战略信息系统几乎是不可能的。

目前 TPS 呈现出跨组织与部门的趋势，不同组织的 TPS 连接起来，如企业间的供应链系统、企业与银行间的清算系统，可帮助这些组织结成动态联盟，因此 TPS 在企业中是非常重要的基础信息系统。

3.1.2 事务处理系统的功能与结构

1. 事务处理系统的功能

企业中常见的事务处理系统包括：市场销售系统、生产制造系统、财务系统、人事系统等。事务处理系统的主要功能可以归结为 5 个方面：

①及时收集、保存、传递、处理业务数据。
②为标准的业务流程提供数据处理手段。
③建立维持庞大的业务数据库。
④信息检索，包括例行的报告与查询服务。
⑤监控功能，用于维持系统正常运作。

2. 事务处理系统的结构

多数 TPS 由五部分构成，如图 3-1 所示。

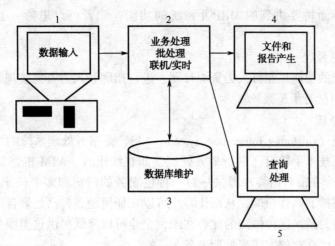

图 3-1　事务处理系统的结构

业务处理的方式分为批处理和实时处理，前者是定期/周期性地收集源文件，然后成批处理，例如企业的工资处理，由有关部门每月收集相关数据，在固定的某天集中处理；后者是针对某些要求系统时时刻刻都能反映组织活动/状态的业务，收到请求就立刻执行，如火车、民航售票系统。

批处理的优点是处理大量数据时，可以提高硬软件资源利用率；实时处理的优点是可以快速响应客户要求。具体采用哪种方式应考虑以下因素后决定：一要在成本、安全问题上进行平衡；二要考虑业务实际需求和特点。

3.1.3　企业中的事务处理系统

1. 不同职能的 TPS 功能

目前在企业的各个职能领域中都会用到 TPS，它们的常见功能如下。

（1）市场信息系统

市场信息事务处理系统主要功能：订单输入（顾客订单，销售处理），发票（开票，回执），电话报告（电话频率，竞争活动）。

市场信息系统和组织中的其他系统一样，作为最基础的 TPS 为企业其他高层系统提供信息支撑。销售管理系统是最基层的信息收集和处理系统，其主要数据来自客户的销售点系统（Point of Sales，POS）。支持整个销售过程的电子传输系统被称为电子数据交换系统（Electronic Data Interchange，EDI）。EDI 不仅支持销售各环节的信息传输，还将各个流通环节捆绑在一起，通过整合来提高竞争优势。目前，条码、集装箱、EDI、电子商务已成为国际贸易的关键技术。

（2）财务信息系统

在财务信息系统中，TPS 以数据输入为核心业务，通过记账，最终生成财务报告，从而实现预测、资金管理和企业财务控制。

（3）生产信息系统

生产信息系统在制造业中较为广泛，生产中的典型问题包括生产所需原材料不能准时供应或者供应不足、零部件生产不配套、资金积压严重等。

这其实就是后面将要讲到的 MRP Ⅱ 系统的功能，读者可以思考一下，哪些功能属于 TPS 的范畴？

(4) 人事信息系统

人事信息系统的功能是制订人力资源计划、进行招聘和人力资源管理等，独立的人力资源管理 TPS 一般包括若干子系统。

2. 客户集成系统

客户集成系统（Customer Integration System，CIS）是事务处理系统的一个扩展，指的是让组织的客户使用技术手段自己进行事务处理，如在线银行、ATM 机都是这类系统的典型代表。CIS 包括一个在前台向客户提供一对一特色服务的门户和多个位于后台的业务系统，将信息技术的应用扩展到客户端，从而让客户可以在任何地点自己处理自己的事务，改变了组织与客户之间的关系。这种做法的优势在于，企业可以降低提供这类服务的成本，同时也可以让用户按照自己喜欢的方式来处理事务。

3.2 管理信息系统

3.2.1 管理信息系统的起源及研发目的

1. 管理信息系统的起源

20 世纪 60 年代初，企业开始开发利用管理信息系统，主要用于生成各种管理报告和图表。在大多数情况下，这些早期的报告是定期生成的，它们可以极大地帮助管理人员完成其职责。随着其他管理人员逐渐认识到这些报告的价值，管理信息系统开始在管理层中广泛应用，如最初只是给财务管理人员使用的工资汇总报告，也可以供生产经理用来控制和监督人工成本。所以，管理信息系统的主要目标就是要帮助管理者了解日常的业务，以便进行有效且高效的组织、计划和控制，最终实现组织目标。

2. 管理信息系统的研发目的

管理信息系统主要为组织中的中层管理人员服务，对组织的基本运作状况进行汇报。事务处理系统是它的主要数据来源，报告内容以企业内部事件信息为主，而不是外部事件信息。

管理信息系统通过定期为管理人员提供固定格式的报表来完成某项工作，这些报表对某个部门的管理人员来说是十分有用的。

管理信息系统可以帮助管理人员解决一些常见问题，也就是在预期范围之内的一些比较固定的问题。但这类系统不是非常灵活，分析功能也比较弱，多数情况下只是进行简单的汇总或对比，而不会用到复杂的数学模型或统计工具。

3.2.2 管理信息系统的一般结构

1. 管理信息系统的结构

管理信息系统的一般结构如图 3-2 所示。从结构图中可以看到的一个明显特征是，管理信息系统能为企业中三个层次的人员提供管理和决策支持。

2. 管理信息系统的输入

管理信息系统用到的输入数据来自内、外两方面：内部的主要数据来源是 TPS，外部数

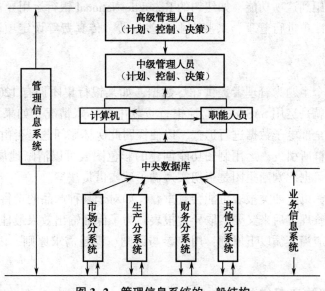

图 3-2 管理信息系统的一般结构

据源则包括客户、供应商、竞争对手、股东等。TPS 的主要任务就是在不断运行的业务活动中收集和存储相关数据。随着业务活动的开展，各个 TPS 应用不断对组织的数据库进行更新，这些实时更新的数据正是管理信息系统的主要内部数据源。

管理信息系统处理这些数据，按照预先设定的格式产生报表，提供给管理者使用。例如，销售部门的经理可以要求管理信息系统每周为他提供一份报表，显示过去一周内不同地区、不同销售代表、不同产品系列的销售状况，并且和上周数据、上年同期的数据进行对比。这份报表的价值对他来说比一个简单的上周销售总额数据要大得多。

3. 管理信息系统的输出

管理信息系统主要的输出就是提供给管理者的各式报表，可以分为进度报表、需求（定制）报表、异常报表、常规报表四类。

（1）进度报表

进度报表是周期性生成的，如生产部门经理可以利用每周的工资汇总表，对生产成本加以控制，用于控制产品制造的每日生产计划表也属于这一类。

在进度报表中有一种报表，对前一天的关键活动进行汇总，供当天工作日开始时使用，称为关键指标报表。这类报表可用于描述库存、生产、销售等方面的数据，与关键成功因素密切相关，因而受到管理者的关注。

（2）需求报表

需求报表的作用是按照管理者的要求提供相应的信息，也就是说，根据用户的要求而产生。例如，一个管理者想知道某特定产品的库存状况，就可以要求提供这样一份需求报表。

（3）异常报表

当组织中出现异常情况，需要管理者注意时，由系统自动生成的就是异常报表。管理者可以设定参数以便明确怎样的状态属于异常情况，如库存低于 50 就让系统输出报表。和关键指标报表类似，这类报表监管的也是组织中的重要对象。设定参数或触发点时，应当周密考虑，设定过低会导致异常报表数量太多，设定过高会导致真正的异常情况没有引起注意。

组织中时常会用到这项功能，如纽约的 Republic National 银行运用异常报表对超过 1 500 万美元的法律事务账单进行管理，某些企业对差旅费、传真费等设定项目超过总额 10% 的一些账单进行控制。

（4）常规报表

常规报表就某个主题为管理者提供详尽数据，如某银行集团拥有 120 亿美元资产，200 名员工的首要目标就是运用 SAS 软件监控银行贷款中的坏账情况，如果发现短期内坏账剧增，工作人员就对全部电子数据进行追查，以便探明此次坏账问题是否由某个特定类型的贷款、部门或者客户群所引发。运用制图功能创建的彩色图表可以清晰地展现借贷业务状况，而高层管理人员则可据此判断集团是否切实遵循了诚实借贷法案。

需要注意的是，以上四类报表可能会有重叠，如对于某种产品的销售状况，已经设定在关键指标报表中，管理者后来又要索取异常报表。为了保证输出效果最佳，设计与开发管理信息系统的报表时应当遵循以下原则：用户参与原则、满足需求原则、内容格式清晰原则、讲究实效原则。

3.2.3 管理信息系统的功能

管理信息系统和事务处理系统的功能具有明显的区别，与之后出现的决策支持系统、专家系统的目标也有很大差异。从管理计划和活动层次的角度观察，会发现这些信息系统为不同层次的组织用户提供服务。

1. 组织的金字塔结构

可以将一个传统的组织看成一个三层的金字塔，其从上到下的层次分别是：

战略管理层——为组织提供整体的方向和指导。

战术管理层——根据企业战略制订下一级的目标和战略。

执行操作层——日常运作，执行日常业务处理，如产品开发生产、客户服务等。

2. 不同层次的信息需求

不同层次的用户对信息的需求各有不同的特征，高层用户通常需要比较概括的、反映组织内外总体情况的综合信息；低层用户通常需要比较具体的、与某项事务直接相关的局部信息。因而事务处理系统的用户主要是位于组织底层的工作人员，管理信息系统的用户主要是位于组织中层的管理人员，他们有时还会用到决策支持系统，高层管理人员常用的是如经理信息系统类型的系统。

不同层次的信息系统相互之间会有信息交换和关联关系，如上层向下层下达目标和政策、下层向上层报告计划执行情况。

3. 管理信息系统的维度

管理信息系统的结构可以从组织职能的角度来划分，也就是与组织内部的采购、销售、库存、财务、人力资源等部门一一对应，这些部门都有各自专用的管理信息系统。按照职能或层次对管理信息系统进行划分是最常见的两种方式，随着信息系统的发展，出现了更多的观察信息系统的维度，如流程、技术、智能程度等。

流程维度是根据流程的先后顺序来衡量系统的，一般分为上游、中游、下游。对企业来说，上游一般是供应链，中游是企业本身，下游是客户，对应的系统就分别是供应链管理系统、企业资源计划系统、客户关系管理系统。

技术维度是按照技术特点来衡量系统的,如单机系统、主机终端系统、网络系统等。

还可以按照系统的智能程度划分,智能较低的处理知识的能力就较低,智能较高的处理知识的能力就较高。前者包括按照固定规则进行业务处理的系统,添加智能处理能力后就产生了决策支持系统、专家系统等,这些系统在后续章节中会有讨论。

4. 管理信息系统的功能

从管理信息系统服务的职能领域来看,常见的有市场、生产、财会、人力资源等部门的管理信息系统。

(1)市场信息系统

市场信息系统主要处理四个方面的信息:产品(product)、促销(promotion)、渠道(place)、价格(price),即"4P"。这是市场营销的主要职能。

围绕产品的功能有预测、订货、新产品研发等,促销管理包括选择合适的媒体和促销方法并做出评价,渠道是指产品由厂家到客户的路径,定价系统要协助决策者确定定价策略。

(2)生产信息系统

这里指的是广义的生产,对于生产性企业,指的是制造;对于服务业,指的是服务运营。麦当劳把大生产的管理技术用于餐饮服务获得巨大成功,也说明了生产和服务的相似性。生产管理中最困难、最复杂的就是制造业管理,其涉及众多类型的企业资源,如物料、人力、资金、设备、时间等,必须统一调配。

(3)财会信息系统

会计的主要功能是维护公司的账务记录,而财务主要管理资金的运作。会计系统最成熟和固定的部分是记账,财务系统则保证资金收入大于消耗并且保持稳定。

(4)人力资源信息系统

该系统涉及人员聘用的整个生命周期,如招聘雇用、岗位设置、业绩评价、培养发展等职能。

3.3 信息系统集成

企业信息化建设的关键是实现企业信息的集成和共享,达成流程之间的协调,使企业流程总体达到最优。企业信息系统主要由事务处理系统(TPS)、管理信息系统(MIS)、决策支持系统(DSS)三个层次组成。TPS处理订单、存货、加工、交易、支付等基本业务活动及行政事务,MIS为管理人员和决策层提供日常经营管理所需的信息查询和各类报表。MIS高度依赖TPS,它必须通过TPS提取数据和相关信息,生成各种报表或报告。DSS以组件、工作流、商业智能、数据仓库等技术来支撑和辅助进行各种复杂的决策活动。但往往事务处理系统相互独立,因此难以实现数据的转换和共享,各系统间提供的数据都要靠人工干预,这种数据的可靠性显然是值得怀疑的。更严重的问题是,信息价值的差异性导致信息提供者和信息使用者的价值严重错位,即由于利害关系等导致有意地过滤信息。由此可见,只有建好运作层使用的TPS,MIS才有坚实的基础。由于DSS同样也需要从TPS提取数据,因此,DSS同样也离不开不断健全、完善的TPS。要消灭企业内部的"信息孤岛",信息系统集成便成为必然。

3.3.1 信息系统集成基础

1. 问题的提出

(1) 信息孤岛问题的产生

随着企业信息化工作的不断深入,很多企业都已经开发和引进了许多计算机应用系统,拥有了自己的信息系统,如管理信息系统、财务管理系统、采购系统、库存管理系统等。

一方面,由于企业在建立这些系统时通常以实现某个特定的应用、满足局部的需求为目的,很少从整个企业的角度去进行总体规划,缺乏总体的网络构思和设计,因此这些系统虽然能够实现企业某一职能部门内部的信息集成管理,但不同职能部门之间的信息却很难集成和共享,大大限制了信息系统在企业生产与管理领域中的作用。这些系统大多是分散、独立的,多数以基本的事务处理为主,信息查询和用户交互的功能少;多数是各自执行一定职能的小规模管理信息系统,覆盖企业所有或大多数职能的系统较少;信息组织缺乏规范化,信息编码不统一,源数据重复采集,很少有数据的共享和同步更新。

另一方面,随着企业内部网络的建设,由于企业信息化全局性的规划、企业和企业之间的并购重组等原因,使得企业内部可能同时独立运行着多个信息系统,分别担负着企业内部某一个部门的业务处理任务,但彼此之间无法通信。由于以上原因,把这类系统称为"信息孤岛"。

(2) 信息孤岛问题的解决

信息孤岛(Information Isolated Island),又叫资源孤岛,是指在数据信息单元单独存放、不能自动实现信息共享与交换,需要靠人工与外界进行联系的一种现象。由于这些信息孤岛相互独立和各自封闭,使得大量的信息资源不能发挥应有的作用,效率低下,严重阻碍了人们对信息的获取,并已成为制约企业信息化建设和资源共享的重要"瓶颈"。而且从长远来看,随着企业的发展,信息孤岛问题可能会再次产生。

为了在这些孤岛之间架起桥梁,就需要对企业的信息孤岛进行集成,即建立在异构、分布式计算机环境中,能使企业内各个事业部的各种不同类型的应用实现信息集成、功能集成和过程集成的软件系统。通过网络技术、接口和分布式数据库技术实现并行信息管理系统的无缝集成和企业供、产、销、人、财、物的全面管理,达到全局最优的应用效果。通过集成系统,可以使各个信息孤岛中分布的、异构的数据以统一的形式存放在一个数据库中,实现信息资源共享,提高决策效率,有利于企业的集中管理,增强企业的市场竞争能力。

2. 集成的概念

(1) 信息系统集成的概念

所谓信息系统集成,是指在异构、分布式计算机环境中能使企业内各个部门的各种不同类型的应用实现信息资源共享、信息流畅、流程之间协调、企业流程总体最优的软硬件系统。根据企业的具体业务需求,信息系统集成将硬件平台、网络设备、操作系统、工具软件以及按客户需求开发的应用软件,集成为功能和信息相互关联的 IT 系统,使资源充分共享,实现集中、高效、便利的管理。

信息系统集成包括计算机软件、硬件、操作系统技术、数据库技术、网络通信技术等的集成,以及不同厂家产品选型、搭配的集成,其本质是以整体性能最优为目标的综合统筹设计,即所有部件和成分合在一起后不但能工作,而且全系统是低成本、高效率、性能匀称、可扩充和可维护的。实现这一目标的关键在于解决系统之间的互联和互操作性问题，它是一个多厂商、多协议和面向各种应用的体系结构。

（2）信息系统集成的层次

信息系统集成分为三个层次：信息集成、过程集成和企业集成。三者的实现相辅相成。信息集成不是简单地从技术上实现各部门之间的信息共享，而是从系统运行的角度，保证系统中每个部分在运行的每个阶段，都能将正确的信息，在正确的时间、正确的地点，以正确的方式传送给需要该信息的人。

过程集成则是在完成信息集成的基础上，进行流程之间的协调，消除流程中各种冗余和非增值的子流程，以及由人为因素和资源问题等造成的影响流程效率的一切障碍，使企业流程总体达到最优。

企业集成则主要指的是沿着产品供应链方向上同类或互补企业之间为追逐共同的市场机遇而形成虚拟企业（动态联盟）之间的集成，也可以理解为在虚拟企业之间实现的信息集成和过程集成。

3. 业务集成的发展

（1）业务集成理念的提出

一般认为"业务集成"（Business Integration）理念就是指在企业发展战略和经营策略的指导下，实现人员组织、业务流程和信息技术的有机组合，有效地增强企业的核心竞争力，使企业能在经营业绩和各项业务方面获得显著的进步。

（2）提供业务集成功能的技术

企业在激烈竞争的市场环境之中，只有通过成功的业务集成，把持续变革作为企业长期发展目标的有机组成部分，企业才能获得面向未来的持久动力。有很多的科学管理方法和信息技术应用都是基于业务集成理念的，如业务流程重构（Business Process Reengineering，BPR）、综合计分表（Balanced Scorecard）、企业资源计划等，其中最典型的业务管理软件就是 ERP（3.4 节单独介绍）。

3.3.2 信息系统集成的目标

信息系统集成活动覆盖企业信息化的诸多方面，其最终目的是为企业决策提供服务，而具体目标主要有：实现管理信息的有效应用，优化业务流程，建立适应性的系统和过程，建立一体化的安全性和可靠性，增进与客户的联系，提供加强型供应链，提供对电子商务的支持等。这些目标不仅是信息系统集成过程中所要遵循的原则，也是提供企业集成方案的业务基础。

1. 高效信息管理的要素

在市场经济条件下，信息已经成为一种极其重要的商品，信息管理是企业整个管理工作的重要组成部分，也是实现企业信息化的关键。在全球经济信息化的今天，加强企业信息管理对企业发展具有非常重要的作用。有效的信息管理需要以下 5 个要素。

①数据一致性。管理信息需要对来自企业不同部门、不同系统、不同时间的数据进行处理，同时对它们进行比较，所以要求这些数据在编码、度量单位、参考角度等方面必须保持一致，以便于分析和比较。

②数据可访问性。对于管理者而言，来自不同地方的数据必须是可访问的，即在任何时

刻任何地点，当管理者要访问这些数据时，它们必须是可见的。虽然可以预先将数据汇编在定义的报告中，但是，由于很多问题管理者是不可能事先预料到的，因而管理者需要的信息也是随机的，为了有效地管理企业，就要求在系统开发时做好数据来源的协调。

③过程一致性。过程一致性一方面要求企业基本的运行数据可以通过一致的基于浏览器的接口加以访问。信息系统可以将不同来源的数据导入数据库中，然后进行计算，并将这些数据以更简单、通俗易懂的形式表现出来。另一方面，要求企业通过自身的协调，使每一天、每个部门的过程衡量保持一致。

④异常报告。系统应当能够识别意外事件，提供异常报告，提高意外事件的可见度，以便提出解决方案，采取行动，防止意外事件再次发生。

⑤历史数据分析。根据对历史数据的分析，可以发现、认识、理解问题和发现机遇。例如，观察业务过程的变化趋势可以在早期就发现紧迫问题；市场的趋势可能蕴涵业务机遇。能够提供对历史数据的访问功能非常重要，更重要的是，能够在预测预警时提供历史数据的支撑，但是这些数据必须在整个企业保持一致。

信息系统集成可以在保持数据一致性和可访问性、过程一致性等要求的基础上，对来自多个系统的信息进行整合，实现管理信息的有效应用，便于查找和检索，使管理者能够及时、准确地了解企业业务的运行情况，从中发现问题和机遇，进行有效的决策。

2. 优化业务流程

如何改变企业原有的管理模式，实现管理、业务运作与信息技术的融合，是所有企业信息化的关键问题，应用信息技术改造传统业务流程和塑造新的业务流程又是解决这一问题的关键。而作为企业信息化关键的信息系统集成，在对企业业务活动及相关历程进行关键性的重新设计和根本性变革（即业务流程重组）的基础上，一方面能够消除企业流程中的手工操作，防止数据的重复记录，实现企业具体操作层面上的业务流程优化；另一方面，可以简化企业内部各部门间的信息流动，优化重组这些信息流，通过建立数据仓库，实现信息共享，为决策者提供集成信息。这些信息可以用来分析市场趋势，评价交易效益或者评估企业内部机构的合作效率。

通过建立统一数据库、远程通信网络以及标准化的集成系统，可以优化企业业务流程，降低企业成本，使企业在保持灵活服务的同时，获得规模效益。例如，某企业的总公司与其供应商使用一个共同的集成系统，企业内各部门依然可以自己订货，但必须使用集成系统。这样，总部就根据系统提供的信息，掌握全公司的需求状况，并派出采购部与供应商谈判，签订总合同。在执行合同时，各部门又根据数据库，向供应商发出各自的订单。

3. 安全性与可靠性

网络环境的变化，给企业信息系统带来了新的安全问题。由于网上信息和用户的分布广泛性、用户及其权限的多样性，可能出现未经授权的用户非法访问系统甚至破坏系统、授权用户访问权限以外的数据等情况。系统安全性成为影响系统发展的重要因素，也是信息系统集成必须解决的一个问题。安全性应该是集成信息系统的一个完整部分，它必须包括防火墙、用户验证、授权、数据完整性、数据保密性、不可否认性等要素。

信息系统集成不仅要解决系统的安全性问题，还要考虑系统的可靠性问题。企业信息化进程的发展，加大了企业对计算机系统的依赖，人们越来越依赖自动化的处理、简化的业务功能、系统行为的协调和对信息的访问，而一旦系统瘫痪，所造成的损失将是灾难性的。这就要求企业所依赖的系统必须比原来更加可靠。企业可以通过减小系统可能失效的风险、尽早检测到故障、限制失效影响范围等技术，从可靠的系统需要技术和过程解决方案两方面来提高系统的可靠性，例如，每隔一段时间对系统数据进行备份、建立系统更新日志等。

4. 适应性的系统和过程

由于技术变革和业务行为的全球化、市场的快速变化、激烈的竞争、重组等原因，当今企业的环境时刻都在变化，企业的系统和过程必须能够支持这些变化。为了实现系统和过程的可适应性，它们必须被结构化，以便于实现如下目标：

①每个业务功能的职能和控制已经被定义和制订；
②每个业务功能只能被定义一次，并以一致的方式执行；
③业务功能之间的耦合和相关性达到最小化。

这里说的业务功能包含了系统和人员。如果业务功能的职能和控制不一致，那么定义和实现起来就会有困难。如果相同的业务功能在不同的地方或组织以不同的方式加以定义，那么当其需要改变时，重新定义会很困难，结果可能是难以预料的。而业务功能之间的耦合将会增加复杂度和变化所影响的范围，这些影响不仅很难被理解，而且会在将来的很长一段时间内存在。

系统和过程的可适应性是降低成本和提高质量的关键，同时，也需要企业的系统和过程能够适应业务执行方式的不断变化。成本的降低以及质量的提高都需要不断改进过程，如果系统和过程难以改变，或者由于这些变化会带来新的问题而存在很大的风险，那么这些改进就不可能实现。

5. 增进与客户的联系

从客户关系管理的角度讲，信息系统集成可以促进企业和客户间的相互了解，使企业能够更全面地了解其客户，使客户可以更方便、快捷地进行交易。对每一位客户而言，通过信息集成，可以把企业当成一个整体，而不是多个部门或部分，这样，不仅能够满足客户希望企业能够识别自己、重视自己的长期支持的愿望，而且也避免了向企业的多个部门重复提供信息的情况。对企业而言，信息集成可以使其充分利用所掌握的客户信息，对海量、分散的客户数据进行分析，挖掘潜在客户，发现客户的潜在需求。例如，根据客户以前购买的产品信息，能够促进其他产品的销售或前项交易的附加服务。

要增进与客户的联系，就需要集成应用；要全方位了解客户关系，就要求集成系统包含每个客户的全面信息，例如，客户在企业的购买记录、客户与企业的联系方式等。客户可能通过网络与企业联系，也有可能通过电话联系企业，甚至是亲自访问，无论哪种方式，所有这些信息都应该被整合归纳，记录在集成系统中，即使这些信息分散于相互独立、垂直的不同部门的应用中也应如此。

6. 提供有效的供应链

现实中，企业与供应链上的其他合作伙伴乃至其他外部企业的联系愈加紧密。通过信息集成，可以使供应链上各企业间能更好地实现信息交换和共享，更有效地协调各种活动，加强企业间联系，使整个供应链成为一个有机的整体。在这种集成化供应链管理环境下，企业组织之间不仅可以实现内部独立的信息处理系统间的信息交换，还能通过集成系统达到信息的交换与共享，使内部和外部信息环境成为一个整体。

在供应链管理环境下实现系统集成，关键是实现企业内外部异构的信息处理系统之间的信息集成，这就需要设计系统之间信息交换的数据接口。以往各企业的信息系统之间往往由于系统结构、网络通信协议、文件标准等环节的不统一而呈现分离的局面，而通过 Internet 的"标准化"技术，建立供应链中的跨组织的信息系统等方法，可以使内外部信息环境集成为一个统一的平台整体。企业将以更方便、更低成本的方式来集成各类信息系统，更容易实现数据库的无缝连接。

7. 对电子商务的支持

随着 Internet 的飞速发展，电子商务已家喻户晓。电子商务作为一种以 Internet 为交易场所的商品交易方式，在很多行业中得到了广泛的应用。对电子商务的支持是企业信息系统集成中必须考虑的问题，电子商务作为企业信息系统集成中的重要方面，成为延伸到客户和业务伙伴中的最基本的企业集成内容。

电子商务主要通过交易伙伴之间的数据交换实现信息集成，而且与企业内部的数据交换不同，电子商务是在 Internet 上进行的，是在独立的法人实体之间进行的，它们的目标和定位与企业内部相互通信的部门不一样，不仅需要与客户和业务伙伴的系统及应用要求相兼容，还需要提供及时可靠的安全机制，这就对信息系统集成提出了更高的要求。为了使集成的信息系统能更有效地支持电子商务，企业必须在集成前从技术上和组织上进行调整，理顺企业内部过程，以便进行不间断的电子商务交换，和新客户、业务伙伴建立新的联系，更快地对客户和合作伙伴做出反应，同时为产品的订购提供当前的状态信息。

3.3.3 系统集成模型和集成方法

随着企业信息化的发展，信息集成越来越复杂，为此，人们提出了一些不同的集成模型来解决这个问题。例如业务集成模型，该模型由建立在驱动企业实现其商业价值的四个方面（策略、人、业务流程以及技术）组成。本教材主要从信息集成软件的特定方法和结构的角度，介绍三种集成模型：表示集成模型、数据集成模型、功能集成模型。

1. 表示集成模型

（1）什么是表示集成模型

表示集成模型是最简单的集成模型之一，即通过遗留软件的现有表示来集成新的软件。在这种模型中，一般使用软件用户界面来实现对多种软件的集成。

典型情况下，表示集成的结果是形成一个新的、统一的显示界面，集成后的界面看起来像是一个单一的应用程序，但实际上却可能调用多个遗留应用程序（以前的系统的应用程序）。表示集成模型通过显示的界面指导用户进行互动操作，并且在用户操作和相应软件之间进行通信，然后再把不同的软件部件产生的结果综合起来。

通常，用表示集成模型来创建一个新的用户界面，或者与其他软件进行集成。例如，要在现有的基于终端的应用软件上配置基于 PC 的用户界面，以便为终端用户提供更易使用的软件时，或者想提供给用户一个看上去单一，但实际上由多个软件组件组成的应用软件时，都可以使用表示集成模型。另外，如果一个软件只有在显示界面集成中才有意义、才可行，那么集成时也应该使用表示集成模型。

（2）表示集成模型的局限性

表示集成模型虽然易于实现，并且可以相对较快地完成，但是，这种方法具有一定的局限性。因为它只发生在用户界面层上，所以，只有在仅仅使用用户界面或是遗留软件的显示界面层就可完成集成的情况下才有用，而且要求对于旧的显示界面定义的数据和操作有效。另外，由于在现有应用软件上额外增加了一层软件，表示集成可能会成为系统性能的"瓶颈"。表示集成模型是三种模型中局限性最大的，集成只发生在显示界面层而不是应用软件或数据的互联中。

2. 数据集成模型

（1）什么是数据集成模型

数据集成模型是指通过直接访问软件所创建、维护并储存的相应数据来实现软件集成，这样做通常是为了在应用软件之间实现数据的重用和同步。

数据集成的基本思想是对各种软件组件的数据存取进行集成，使用户在存取数据时可以绕过响应的应用软件，而直接获取该软件所创建并存储的相应数据。数据集成模型跳过了显示界面与业务逻辑模块，通过直接进入应用软件的数据结构或数据库来创建新的集成。这样的集成可能只需要简单访问软件所使用的数据库管理系统，也可能需要与应用程序所管理的文件或用户数据库进行更加复杂的集成。

数据集成模型可适用于以下情况：根据多信息源综合数据进行分析和决策；向多个应用软件提供某公司信息源的只读访问权限；从一个数据源提取信息并转换为合适的格式，以此来更新另一数据源的信息。在这些情况中，集成通过应用软件之间的数据传输来实现，而不管数据是批量传输的，还是软件需要一项特定的数据记录。

（2）数据集成模型的局限性

数据集成模型比表示集成模型更加灵活，能提供更广泛的数据访问，也允许用户访问完整的一套信息或是其中的一部分。当数据库使用接口很容易访问，或是在使用中间件向新的应用程序提供多种数据源集成时，数据集成模型可以加快集成速度，简化访问过程。数据集成模型还允许在其他软件间复用数据，一旦集成完成，该集成软件即可复用。但是，因为每种集成都与一种数据模型相联系，对数据模型的变化非常敏感，一旦模型发生改变，那么集成就会被破坏。由于系统通常是不断演变的，因此这样的改变将会导致为了维护集成而付出大量工作。

3. 功能集成模型

（1）什么是功能集成模型

信息系统集成费用主要集中在业务逻辑模块的创建与维护上。业务逻辑是为了实现软件所需的功能而编写的代码，它不仅包含了正确理解和构建数据所需要的规则，也包括了流程与工作流。

当企业面临问题时，作为解决方案的表示集成和数据集成难以应用，只能通过在业务逻辑层上完成的功能模型来解决。功能集成模型是在代码级上实现信息系统集成，这可能是在对象或过程级别上实现的。用功能集成模型来实现系统集成的目的在于从其他新的或现有的软件中调用现有功能，这种集成可以通过软件接口来实现。

功能集成比表示集成和数据集成更灵活，它可以应用于三种不同的方法。这三种方法各有不同的特性，并且可用来解决不同类型的集成问题。这些方法有：

①数据一致性集成。虽然数据一致性集成看起来好像是数据集成的问题，但实际上是功能集成问题。数据一致性集成是在程序代码上进行集成，其目的是访问与更新数据，将从一个或者多个信息源来的信息在整个集成应用软件中一起更新，这样的集成有助于实现数据与

操作间的通信。

②多步处理集成。多步处理集成也称为直通处理（Straight Through Processing），是指一种操作可以在不需要重新输入信息或人工参与的条件下，按照正确的优先权顺序，在相应的软件中妥善处理。这种集成不仅处理软件之间的通信请求，而且负责软件之间的管理与协调。多步处理集成方便了通信请求，并有助于管理流程与工序。

③即插即用组件集成。即插即用组件集成也称为组件集成（Component Integration），是指应用软件的集成。在这里一个定义好的接口，使得一个组件易于与其他组件连接且不需要定义，便于请求通信，并且处理所有接口定义和管理。组件集成将一种软件视为组件来创建，并使用易于理解的接口，很容易与其他组件连接形成新的应用软件。

（2）功能集成模型的优势

功能集成模型不仅能解决表示集成和数据集成可解决的问题，还能解决更多的难题。在所有的模型中，功能集成模型提供了最强的集成能力，解决问题的方法也最灵活。如果使用得当，这种方法创建的组件比另外两种有更高的可重用性。但由于需要在业务逻辑层进行集成，而且实现功能集成工具的难度也要高于其他两种工具，这就增加了实现的复杂度。另外，在某些软件中，由于可能没有源代码或 API（应用程序编程接口）可使用，业务逻辑是难以访问的。

3.4 企业资源规划

随着市场全球化和大型企业的多元化经营，以及及时生产（Just in Time，JIT）、全面质量管理（Total Quality Management，TQM）、优化生产技术（Optimized Production Technology，OPT）、分销资源计划（Distribution Resource Planning，DRP）、供应链管理（SCM）等先进管理思想的诞生，主要侧重于对企业内部的人、财、物等内部资源管理的 MRP Ⅱ 系统已经不能满足一些大型企业的管理需求。为了迅速响应需求并组织供应以满足全球市场竞争的要求，这些企业迫切需要扩大管理系统的功能，把"前端办公室"（市场与客户）和"后端办公室"（供应商与外包商）的信息都纳入信息化管理系统中来，扩大信息集成的范围，以面对经济全球化的挑战。在这一背景下，由关注物料的 MRP 发展而来的 MRP Ⅱ 通过逐步吸取和融合其他先进思想来完善和发展自身理论之后，在 20 世纪 90 年代进一步发展为面向怎样有效管理和利用整个供应链整体资源的新一代信息化管理系统，即企业资源计划（Enterprise Resource Planning，ERP）。

3.4.1 ERP 的概念

1. Gartner 公司的界定

最初 Gartner 公司是通过一系列的功能来对 ERP 进行界定的。

①超越 MRP Ⅱ 范围的集成功能——包括质量管理、试验管理、流程作业管理、配方管理、产品数据管理、维护管理、管制报告和仓库管理。

②支持混合方式的制造环境——包括既可支持离散又可支持流程的制造环境；按照面向对象的业务模型组合业务过程的能力和国际范围内的应用。

③支持能动的监控能力，提高业务绩效——包括在整个企业内采用控制和工程方法、模

拟功能、决策支持和用于生产及分析的图形能力。

④支持开放的客户机/服务器计算环境——包括客户机/服务器体系结构、图形用户界面（Graphical User Interface，GUI）、计算机辅助设计工程（Computer Aided Design Engineering，CADE）、面向对象设计技术（Object Oriented Design，OOD），使用结构化查询语言（Structure Query Language，SQL）对关系数据库查询，内部集成的工程系统、商业系统、数据采集系统和面向外部集成的电子数据交换（Electronic Data Interchange，EDI）。

上述四个方面分别是从软件功能范围、软件应用环境、软件功能增强和软件支持技术方面对 ERP 的评价。但仅从功能上衡量并不足以把握 ERP 的实质，还需把握其功能特点。

2. 其他方式的定义

可以从管理思想、软件产品、管理系统三个层次理解 ERP。

①ERP 是一整套企业管理系统体系标准，其实质是在 MRP Ⅱ 基础上进一步发展而成的面向供应链的管理思想。

②ERP 是综合应用了客户机/服务器体系、关系数据库结构、面向对象技术、图形用户界面、第四代语言（4GL）、网络通信等信息产业成果，以管理企业整体资源的管理思想为灵魂的软件产品。

③ERP 是整合企业管理理念、业务流程、基础数据、人力物力、计算机硬件和软件于一体的企业资源管理系统。

企业所有资源，简要地说，包括三大流：物流、资金流、信息流。ERP 就是对这三种资源进行全面集成的管理信息系统。简而言之，ERP 是建立在信息技术基础上，利用现代企业的先进管理思想，全面集成了企业所有资源信息，为企业提供决策、计划、控制与经营业绩评估的全方位和系统化的管理平台。它不仅仅是信息系统，而且是一种管理理论、管理思想的运用。它利用企业所有资源，包括内部资源与外部市场资源，为企业制造产品或提供服务创造最优的解决方案，最终达成企业的经营目标。

3.4.2 ERP 的发展历程

ERP 是一个庞大的管理信息系统，要讲清楚 ERP 原理，必须了解 ERP 发展的三个主要阶段：20 世纪 60 年代到 70 年代的物料需求计划（MRP）、80 年代的制造资源计划（MRP Ⅱ）、90 年代的企业资源计划（ERP）。

1. MRP 阶段

在 MRP 阶段，企业的信息管理系统对产品构成进行管理，借助计算机的运算能力及系统对客户订单、在库物料、产品构成的管理能力，实现依据客户订单，按照产品结构清单展开并制订物料需求计划，实现减少库存，优化库存的管理目标。

（1）开环 MRP 阶段

起源于 20 世纪 60 年代的开环 MRP 是基于物料需求的关联性来决定需求的采购的。IBM 公司的约瑟夫·奥利佛博士按需求的来源不同，将企业内部的物料分为独立需求和相关需求两种类型。独立需求是指需求量和需求时间由企业外部的需求来决定，例如，客户订购的产品、科研试制需要的样品、售后维修需要的备品备件等；相关需求是指根据物料之间的结构组成关系由独立需求的物料所产生的需求，例如，半成品、零部件、原材料等的需求。

MRP 的基本任务有两个方面：

①从最终产品的生产计划导出相关物料的需求量和需求时间。
②根据物料的需求时间和生产（订货）周期来确定其开始生产（订货）的时间。

MRP 的基本内容是编制零件的生产计划和采购计划。然而，要正确编制零件计划，首先必须落实最终产品（在 MRP 中称为成品）的出产进度计划，即主生产计划（Master Production Schedule，MPS），这是 MRP 展开的依据。其次，需要知道产品的零件结构，即物料清单（Bill of Material，BOM），把主生产计划展开成零件计划；同时需要知道库存数量，才能准确计算出零件的采购数量。

基本 MRP 的依据有三个方面。
①主生产计划：确定每一具体的最终产品在每一具体时间段内生产数量的计划。
②物料清单：用规范的数据格式来描述产品结构的文件。
③库存信息：保存企业所有产品、零部件、在制品、原材料等存在状态的数据库。
它们之间的逻辑关系如图 3-3 所示。

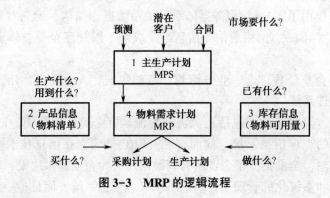

图 3-3　MRP 的逻辑流程

（2）闭环 MRP 阶段

20 世纪 60 年代的开环 MRP 能根据有关数据计算出相关物料需求的准确时间与数量，其缺陷是没有考虑到生产企业现有生产能力和采购的有关条件的约束。因此，计算出来的物料需求的数量和日期有可能因设备和工时的不足而无法实现，或者因原料的不足而无法实现。同时，它也缺乏根据计划实施情况的反馈信息对计划进行调整的功能。

为解决以上问题，MRP 系统在 70 年代发展为闭环 MRP 系统。闭环 MRP 系统除了物料需求计划外，还将生产能力需求计划、车间作业计划和采购作业计划纳入其中，形成一个封闭的系统。

MRP 系统的正常运行，需要有一个切实可行的主生产计划。它除了要反映市场需求和合同订单外，还必须满足企业的生产能力约束条件。因此，除了要编制资源需求计划外，还要制订能力需求计划（Capacity Requirements Planning，CRP），同各个工作中心的能力进行平衡。只有在能力与资源均满足负荷需求或采取了有效措施时，才能开始执行计划。在能力需求计划中，生产通知单是按照它们对设备产生的负荷进行评估的，采购通知单的制作过程与之类似，检查它们对分包商和经销商所产生的工作量。执行 MRP 时，要用生产通知单来控制加工的优先级，用采购通知单来控制采购的优先级。这样，基本 MRP 系统进一步发展，把能力需求计划和执行及控制计划的功能也包括进来，形成一个环形回路，称为闭环 MRP，如图 3-4 所示。

至此，闭环 MRP 成为一个完整的生产计划与控制系统。

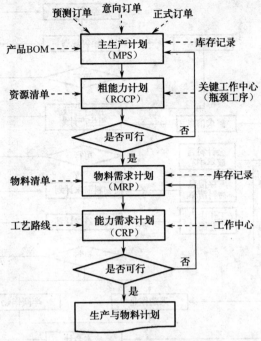

图 3-4 闭环 MRP 逻辑流程图

2. MRP Ⅱ 阶段

闭环 MRP 系统的出现，使生产活动的各子系统得到了统一。但是生产管理只是一个方面，而企业管理是人财物和信息等资源、产供销等活动组成的综合系统，其中还有动态的彼此紧密相关的物流、资金流和信息流。于是，在 20 世纪 80 年代，人们把销售、采购、生产、财务、工程技术、信息等各个子系统进行集成，并称该集成系统为制造资源计划（Manufacturing Resource Planning）系统，英文缩写还是 MRP。为了区别于物料需求计划（MRP），记为 MRP Ⅱ。

（1）MRP Ⅱ 的逻辑流程

MRP Ⅱ 系统围绕着"在正确的时间制造和销售正确的产品"这样一个中心，增加了对企业生产中心、加工工时、生产能力等方面的管理，以实现计算机进行生产排程的功能，同时也将财务的功能囊括进来，在企业中形成以计算机为核心的闭环管理系统。这种管理系统已能动态监察到产、供、销的全部生产过程。具体流程如图 3-5 所示。

（2）MRP Ⅱ 的特点

MRP Ⅱ 的每一项特点都包括管理模式的变革和人员素质或行为变革两方面，这些特点是相辅相成的。

① 计划的一贯性与可行性。MRP Ⅱ 是一种计划主导型管理模式，计划层次从宏观到微观、从战略到技术、由粗到细逐层优化，但始终保证与企业经营战略目标一致。它把通常的三级计划管理统一起来，计划编制工作集中在厂级职能部门，车间班组只能执行计划、调度和反馈信息。计划下达前反复验证和平衡生产能力，并根据反馈信息及时调整，处理好供需矛盾，保证计划的一贯性、有效性和可执行性。

② 管理的系统性。MRP Ⅱ 是一个系统工程，它把企业所有与生产经营直接相关部门的工

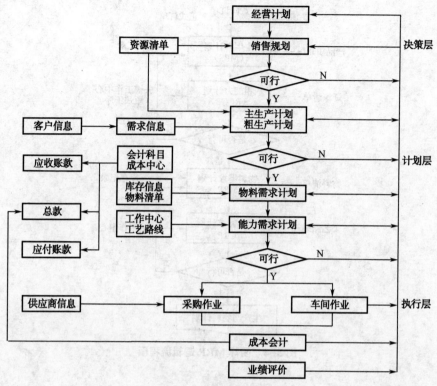

图 3-5　MRPⅡ逻辑流程图

作连接成一个整体，各部门都从系统整体出发做好本职工作，每个员工都知道自己的工作质量同其他职能的关系。这只有在"一个计划"前提下才能成为系统，条块分割、各行其是的局面应被团队精神取代。

③数据共享性。MRPⅡ是一种制造企业管理信息系统，企业各部门都依据同一数据信息进行管理，任何一个数据变动都能及时地反映给所有部门，做到数据共享。在统一的数据库支持下，按照规范化的处理程序进行管理和决策，改变了过去那种信息不通、情况不明、盲目决策、相互矛盾的现象。

④动态应变性。MRPⅡ是一个闭环系统，它要求跟踪、控制和反馈瞬息万变的实际情况，管理人员可随时根据企业内外环境条件的变化迅速做出响应，及时决策调整，保证生产正常进行。它可以及时掌握各种动态信息，保持较短的生产周期，因而有较强的应变能力。

⑤模拟预见性。MRPⅡ具有模拟功能。它可以解决"如果怎样……将会怎样"的问题，可以预见在相当长的计划期内可能发生的问题，事先采取措施消除隐患，而不是等问题已经发生了再花几倍的精力去处理。这将使管理人员从忙碌的事务堆里解脱出来，致力于实质性的分析研究，提供多个可行方案供领导决策。

⑥物流、资金流的统一。MRPⅡ包含了成本会计和财务功能，可以由生产活动直接产生财务数据，把实物形态的物料流动直接转换为价值形态的资金流动，保证生产和财务数据一致。财务部门及时得到资金信息用于控制成本，通过资金流动状况反映物料和经营情况，随时分析企业的经济效益，参与决策，指导和控制经营和生产活动。

以上几个方面的特点表明，MRPⅡ是一个比较完整的生产经营管理计划体系，是实现制造业企业整体效益的有效管理模式。

（3）MRP Ⅱ 的缺陷

①MRP Ⅱ 是以面向企业内部业务为主的管理系统，不能适应市场竞争全球化及管理整个供需链的需求。

②多数 MRP Ⅱ 软件主要是按管理功能开发设计的，不能适应业务流程变化的需求灵活调整。

③MRP Ⅱ 的一些假定（批量、提前期）不灵活。

④运算效率低（MRP/CRP），不能满足实时应答的要求。

3. ERP 阶段

20 世纪 80 年代末至 90 年代初，随着 MRP Ⅱ 系统的普遍应用，以及市场竞争的日趋激烈，制造业也发生了翻天覆地的变化：制造业的环境急剧变化——全球化、供需链制造；需要重新定义同供应商、分销商的关系以快速响应；生存属于迅速产出最优质量、最低成本、最快交付产品的企业；制造业需要更大的灵活性、多样化；实时、能动地实现监控、管理和优化；重组设计和业务解决方案，实现业务流程同步。一些企业开始感觉到传统的 MRP Ⅱ 软件所包含的功能已不能满足上述变化的要求，ERP 理论应运而生。

ERP 对传统的 MRP Ⅱ 系统来讲是一次大的飞跃，它着眼于供应链上各个环节的信息管理，能满足同时具有多种生产类型的企业的需要，扩大了软件的应用范围：除财务、分销和生产管理以外，还集成了企业的其他管理功能，如人力资源、质量管理、决策支持等多种功能，并支持国际互联网（Internet）、企业内部网（Intranet）和外部网（Extranet）、电子商务（E.Business）等。

ERP 采用最新的信息技术，如图形用户界面技术（GUI）、面向对象的关系数据库技术（ORDBMS）、第四代语言和开发工具（4GL/CASE）、第二代客户机/服务器技术（C/S）、Java、Web Server、Internet/Intranet 技术等。

3.4.3 ERP 系统的功能结构

企业管理中主要包括三方面的内容：生产控制、物流管理和财务管理。这三大系统本身就是集成体，它们互相之间有相应的接口，能够很好地整合在一起来对企业进行管理。随着企业对人力资源管理重视的加强，已经有越来越多的 ERP 厂商将人力资源管理纳入了 ERP 系统。从功能结构角度看，ERP 系统主要应该由生产控制、物流管理、财务和人力资源管理模块组成，如图 3-6 所示。

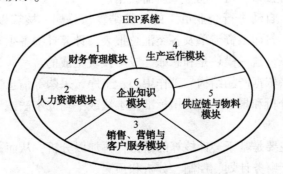

图 3-6　ERP 系统模块功能结构图

1. 财务管理模块

企业中，清晰分明的财务管理是极其重要的，在 ERP 整个方案中它是不可或缺的一部分。ERP 中的财务模块与一般的财务软件不同，作为 ERP 系统中的一部分，它和系统的其他模块有相应的接口，能够相互集成。例如，它可将由生产活动、采购活动输入的信息自动计入财务模块生成总账、会计报表，取消了输入凭证烦琐的过程，几乎完全替代以往传统的手工操作。一般的 ERP 软件的财务部分分为会计核算与财务管理两大块。

（1）会计核算

会计核算主要是记录、核算、反映和分析资金在企业经济活动中的变动过程及其结果。它由总账、应收账、应付账、现金管理、固定资产核算、多币制等部分构成。

①总账模块。它的功能是处理记账凭证输入、登记，输出日记账、一般明细账及总分类账，编制主要会计报表。它是整个会计核算的核心，应收账、应付账、固定资产核算、现金管理、工资核算、多币制等各模块都以其为中心来互相信息传递。

②应收账模块。是指企业应收的由于商品赊欠而产生的正常客户欠款账，包括发票管理、客户管理、付款管理、账龄分析等功能。它和客户订单、发票处理业务相联系，同时将各项事件自动生成记账凭证，导入总账。

③应付账模块。会计里的应付账包括发票管理、供应商管理、支票管理、账龄分析等。它能够和采购模块、库存模块完全集成，以替代过去烦琐的手工操作。

④现金管理模块。它主要是对现金流入/流出的控制，以及零用现金及银行存款的核算，包括对硬币、纸币、支票、汇票和银行存款的管理。ERP 中提供了票据维护、票据打印、付款维护、银行清单打印、付款查询、银行查询、支票查询等和现金有关的功能。此外，它还和应收账、应付账、总账等模块集成，自动产生凭证，过入总账。

⑤固定资产核算模块。即完成对固定资产的增减变动及折旧、有关基金计提和分配的核算工作。它能够帮助管理者对目前固定资产的现状有所了解，并能通过该模块提供的各种方法来管理资产，以及进行相应的会计处理。它的具体功能有：登录固定资产卡片和明细账、计算折旧、编制报表，以及自动编制转账凭证，并转入总账。它和应付账、成本、总账模块集成。

⑥多币制模块。这是为了适应当今企业的国际化经营，对外币结算业务的要求增多而产生的。多币制将企业整个财务系统的各项功能以各种币制来表示和结算，且客户订单、库存管理及采购管理等也能使用多币制进行交易管理。多币制和应收账、应付账、总账、客户订单、采购等各模块都有接口，可自动生成所需数据。

⑦工资核算模块。自动进行企业员工的工资结算、分配、核算以及各项相关经费的计提。它能够登录工资、打印工资清单及各类汇总报表，计算计提各项与工资有关的费用，自动做出凭证，导入总账。这一模块是和总账、成本模块集成的。

⑧成本模块。它将依据产品结构、工作中心、工序、采购等信息进行产品的各种成本的计算，以便进行成本分析和规划。还能用标准成本法或平均成本法按地点维护成本。

（2）财务管理

财务管理的功能主要是基于会计核算的数据，再加以分析，从而进行相应的预测、管理和控制活动。它侧重于财务计划、控制、分析和预测。

①财务计划：根据前期财务分析做出下期的财务计划、预算等。

②财务分析：提供查询功能和通过用户定义的差异数据的图形显示进行财务绩效评估、账户分析等。

③财务决策：财务管理的核心部分，中心内容是做出有关资金的决策，包括资金筹集、投放及资金管理。

2. 生产控制管理模块

这一部分是 ERP 系统的核心所在，它将企业的整个生产过程有机地结合在一起，使得企业能够有效地降低库存，提高效率。同时，各个原本分散的生产流程的自动连接，也使得生产流程能够前后连贯地进行，而不会出现生产脱节、耽误产品交货时间的现象。

生产控制管理是一个以计划为导向的先进的生产、管理方法。首先，企业确定它的一个总生产计划，再经过系统层层细分后，下达到各部门去执行，即生产部门以此生产，采购部门按此采购等。

（1）主生产计划

它是根据生产计划、预测和客户订单的输入来安排将来的各周期中提供的产品种类和数量，它将生产计划转为产品计划，在平衡了物料和能力的需要后，精确到时间、数量的详细的进度计划。它是企业在一段时期内的总活动的安排，是一个稳定的计划，是以生产计划、实际订单和对历史销售分析得来的预测产生的。

（2）物料需求计划

在主生产计划决定生产多少最终产品后，再根据物料清单，把整个企业要生产的产品的数量转变为所需生产的零部件的数量，并对照现有的库存量，可得到还需加工、采购的最终数量。这才是整个部门真正依照的计划。

（3）能力需求计划

它是在得出初步的物料需求计划之后，将所有工作中心的总工作负荷，在与工作中心的能力平衡后产生的详细工作计划，用以确定生成的物料需求计划是否是企业生产能力上可行的需求计划。能力需求计划是一种短期的、当前实际应用的计划。

（4）车间控制

这是随时间变化的动态作业计划，将作业分配到具体各个车间，再进行作业排序、作业管理、作业监控。

（5）制造标准

在编制计划过程中，需要许多生产基本信息，这些基本信息就是制造标准，包括零件、产品结构、工序和工作中心，都用唯一的代码在计算机中识别。

①零件代码，对物料资源的管理，对每种物料给予唯一的代码识别。

②物料清单，定义产品结构的技术文件，用来编制各种计划。

③工序，描述加工步骤及制造和装配产品的操作顺序。它包含加工工序顺序、指明各道工序的加工设备及所需要的额定工时和工资等级等。

④工作中心，由相同或相似工序的设备和劳动力组成，是从事生产进度安排、核算能力、计算成本的基本单位。

3. 物流管理

（1）分销管理

销售的管理是从产品的销售计划开始，对其销售产品、销售地区、销售客户各种信息的管理和统计,并可对销售数量、金额、利润、绩效、客户服务做全面的分析。在分销管理模块中大致有三方面的功能。

①对客户信息的管理和服务。它能建立一个客户信息档案,对其进行分类管理,进而对其进行针对性的客户服务,以达到最高效率地保留老客户、争取新客户。在这里,要特别提到的就是 CRM 软件,即客户关系管理,ERP 与它的结合必将大大增加企业的效益。

②对销售订单的管理。销售订单是 ERP 的入口,所有的生产计划都是根据它下达并进行排产的。而销售订单的管理贯穿了产品生产的整个流程。它包括:

- 客户信用审核及查询(客户信用分级,用来审核订单交易);
- 产品库存查询(决定是否要延期交货、分批发货或用代用品发货等);
- 产品报价(为客户做不同产品的报价);
- 订单输入、变更及跟踪(订单输入后,变更的修正及订单的跟踪分析);
- 交货期的确认及交货处理(决定交货期和发货安排)。

③对销售的统计与分析。这是系统根据销售订单的完成情况,依据各种指标做出统计,如客户分类统计,销售代理分类统计等,再依据这些统计结果来对企业实际销售效果进行评价:

- 销售统计(根据销售形式、产品、代理商、地区、销售人员、金额、数量来分别进行统计);
- 销售分析(包括对比目标、同期比较和订货发货分析,从数量、金额、利润及绩效等方面做相应的分析);
- 客户服务(客户投诉记录、原因分析)。

(2)库存控制

库存控制用来控制存储物料的数量,以保证稳定的物流支持正常的生产,但又最小限度地占用资本。它是一种相关的、动态的及真实的库存控制系统。它能够结合、满足相关部门的需求,随时间变化动态地调整库存,精确地反映库存现状。这一系统的功能又涉及以下三方面。

①为所有的物料建立库存,决定何时订货采购,同时作为交与采购部门采购、生产部门作为生产计划的依据。

②收到订购物料,经过质量检验入库。生产的产品也同样要经过检验入库。

③收发料的日常业务处理工作。

(3)采购管理

采购管理包括确定合理的定货量、优秀的供应商和保持最佳的安全储备。它能够随时提供定购、验收的信息,跟踪和催促对外购或委外加工的物料,保证货物及时到达;建立供应商的档案,用最新的成本信息来调整库存的成本。具体包括以下内容。

①供应商信息查询(查询供应商的能力、信誉等)。

②催货(对外购或委外加工的物料进行跟催)。

③采购与委外加工统计(统计,建立档案,计算成本)。

④价格分析(对原料价格分析,调整库存成本)。

4. 人力资源管理模块

以往的 ERP 系统基本上都是以生产制造及销售过程(供应链)为中心的,因此,长期以来一直把与制造资源有关的资源作为企业的核心资源来进行管理。但近年来，企业内部的人力资源，开始越来越受到企业的关注，被视为企业的资源之本。在这种情况下，人力资源管理作为一个独立的模块，被加入 ERP 的系统中，和 ERP 中的财务、生产系统、物流系统组成了一个高效的、具有高度集成性的企业资源系统。它与传统方式下的人事管理有着根本的不同。

(1) 人力资源规划的辅助决策

对企业人员、组织结构编制的多种方案进行模拟比较和运行分析，并辅之以图形的直观评估，辅助管理者做出最终决策。

制定职务模型，包括职位要求、升迁路径和培训计划，根据担任该职位员工的资格和条件，系统会提出针对本员工的一系列培训建议，一旦机构改组或职位变动，系统会提出一系并列的职位变动或升迁建议。

进行人员成本分析，可以对过去、现在、将来的人员成本做出分析及预测，并通过 ERP 集成环境，为企业成本分析提供依据。

(2) 招聘管理

人才是企业最重要的资源，只有优秀的人才才能保证企业持久的竞争力。招聘系统一般从以下几个方面提供支持。

①进行招聘过程的管理，优化招聘过程，减少业务工作量。

②对招聘的成本进行科学管理，从而降低招聘成本。

③为选择聘用人员的岗位提供辅助信息，并有效地帮助企业进行人才资源的挖掘。

(3) 工资核算

①能根据公司跨地区、跨部门、跨工种的不同薪资结构及处理流程制定与之相适应的薪资核算方法。

②与时间管理直接集成，能够及时更新，对员工的薪资核算动态化。

③回算功能。通过和其他模块的集成，自动根据要求调整薪资结构及数据。

(4) 工时管理

①根据本国或当地的日历，安排企业的运作时间以及劳动力的作息时间表。

②运用远端考勤系统，可以将员工的实际出勤状况记录到主系统中，并把与员工薪资、奖金有关的时间数据导入薪资系统和成本核算中。

(5) 差旅核算

系统能够自动控制从差旅申请、差旅批准到差旅报销的整个流程，并且通过集成环境将核算数据导进财务成本核算模块中去。

3.4.4　ERP 与其他系统的关系

随着 IT 的迅速发展，除了 ERP 以外，近年来企业信息化领域新的技术和产品不断涌现，如 CAD（计算机辅助设计）、CAM（计算机辅助制造）、CAT（计算机辅助测试）等，这些单元技术及系统集成起来通常称为 CIMS。ERP 与这些技术是密不可分的。

在各种单元技术中，ERP 与 CAD、CAPP（计算机辅助工艺）、CAM 的信息交换最为密切。包含了运行 ERP 系统的最基本数据，如描述产品结构的物料清单 BOM 要通过 PDM（产品数据管理）系统从 CAD 系统转换过来，设计更改信息要从 CAD 及时输入 ERP 系统，有关工作中心、工艺路线、工时定额等信息来自 CAPP 或 GT（成组技术），ERP 生成的生产计划又要提供给 CAM 或 FMS（柔性制造系统）。在新产品较多、设计修改频繁的情况下，为了迅速响应不断发生的变化，这种信息和数据交换最为重要。

3.4.5 ERP 未来发展趋势

正如上面所讲到的，由于 ERP 代表了当代先进的企业管理模式与技术，并能够提高企业整体管理效率和市场竞争力，近年来其在国内外得到了广泛推广和应用。随着企业间竞争的逐步加强，管理需求的增多，信息技术、先进制造技术的不断发展，企业对 ERP 的需求日益增加，进一步促进了 ERP 技术向新一代 ERP 发展。

推动 ERP 发展的多种因素：全球化市场的发展与多企业合作经营生产方式的出现使得 ERP 将支持异地企业运营、异种语言操作和异种货币交易；企业过程重组及协作方式的变化使得 ERP 支持基于全球范围的可重构过程的供应链及供应网络结构；制造商需要应对新生产与经营方式的灵活性与敏捷性，使得 ERP 也可以越来越灵活地适应多种生产制造方式的管理模式；计算机新技术的不断出现将会为 ERP 提供越来越灵活与强大功能的软硬件平台；多层分布式结构、面向对象技术、中间件技术与 Internet 的发展会使 ERP 的功能与性能迅速提高。ERP 市场的巨大需求大大刺激了 ERP 软件业的快速发展。

1. 未来 ERP 技术的发展方向和趋势

①ERP 与客户关系管理 CRM 的进一步整合。ERP 将更加面向市场和顾客，通过基于知识的市场预测、订单处理与生产调度、基于约束调度功能等，进一步提高企业在全球化市场环境下的优化能力，并进一步与客户关系管理 CRM 结合，实现市场、销售、服务的一体化，使 CRM 的前台客户服务与 ERP 后台处理过程集成，提供客户个性化服务，使企业具有更好的顾客满意度。

②ERP 与产品数据管理 PDM 的整合。产品数据管理 PDM 将企业中的产品设计和制造全过程的各种信息、产品不同设计阶段的数据和文档组织在统一的环境中。近年来，ERP 软件商纷纷在 ERP 系统中纳入了产品数据管理 PDM 功能或实现与 PDM 系统的集成，增加了对设计、数据、过程、文档的应用和管理，减少了 ERP 庞大的数据管理和数据准备工作量，并进一步加强了企业管理系统与 CAD、CAM 系统的集成，提高了企业的系统集成度和整体效率。

③ERP 与电子商务、供应链管理 SCM、协同商务的进一步整合。ERP 将面向协同商务（Collaborative Commerce），支持企业与贸易共同体的业务伙伴、客户之间的协作，支持数字化的业务交互过程；ERP 供应链管理功能将进一步加强，并通过电子商务进行企业供需协作，如汽车行业要求 ERP 的销售和采购模块支持用电子商务或 EDI 实现客户或供应商之间的电子订货和销售开单过程；ERP 将支持企业面向全球化市场环境，建立供应商、制造商与分销商间基于价值链共享的新伙伴关系，并使企业在协同商务中做到过程优化、计划准确、管理协调。

④ERP 与工作流管理系统的进一步整合。全面的工作流规则保证与时间相关的业务信息能够自动地在正确时间传送到指定的地点。ERP 的工作流管理功能将进一步增强，通过工作流实现企业的人员、财务、制造与分销间的集成，并能支持企业经营过程的重组，也使 ERP 的功能可以扩展到办公自动化和业务流程控制方面。

⑤ERP系统的动态可重构性。为了适应企业的过程重组和业务变化，人们越来越多地强调ERP软件系统的动态可重构性。为此，ERP系统动态建模工具、系统快速配置工具、系统界面封装技术、软件构件技术等均被采用。ERP系统也引入了新的模块化软件、业务应用程序接口、逐个更新模块增强系统等概念，ERP的功能组件被分割成更细的构件，以便进行系统动态重构。

2. 新生ERP的特点

关于未来ERP的说法甚多，如e-ERP、后ERP、iERP、ERPⅡ等。Gartner公司对ERPⅡ的定义为：ERPⅡ是通过支持和优化公司内部与公司之间的协作运作和财务过程，创造客户和股东价值的一种商务战略和一套面向具体行业领域的应用系统。这些说法都是人们从不同角度对ERP的发展方向和趋势进行的描述。

根据ERP管理思想与管理软件系统的发展过程与趋势，新生ERP应当具备以下主要特点。

（1）管理思想先进性与适应性

新一代ERP应当在继承当前ERP管理思想的基础上，不断吸纳最新的先进管理思想或模式，如敏捷制造与敏捷虚拟企业组织管理模式、供应链环境下的精良生产管理模式、基于电子商务的企业协同管理模式、跨企业的协同项目管理模式等，并将其管理思想与ERP业务处理模型结合。此外，新一代ERP应具有针对不同国情的管理模式适应性，如针对像我国这样的未完成工业化的发展中国家，应当采用针对性较强的改进型ERP管理模式，如基于主动动态成本控制的ERP模式、基于时间-成本双主线的新型ERP模式、基于资金流模型的ERP模式等。

（2）电子商务环境下的企业间协同性

在网络化信息时代，制造业的竞争焦点已从单一企业间的竞争转化为跨企业的生产体系间的竞争。企业正在把基于内部功能最优化的垂直一体化组织转变为更灵活的以核心能力为基础的实体组织，并努力使企业在供应链和价值网络中找到最佳定位。具有这种定位的企业不仅关注自身所从事的B2B和B2C电子商务，还参与价值链上的协同商务过程。新一代ERP应当支持这种扩展型企业在电子商务环境下的企业间协同经营与运作。

（3）面向企业商务过程的功能可扩展性

新一代ERP将面向企业的商务过程和产品生命周期的相关过程与资源的管理，其业务领域与功能不断扩充。新一代ERP除了具有传统的制造、财务、分销等功外，还将不断吸纳新的功能，如产品数据管理（PDM）、客户关系管理（CRM）、供应链管理（SCM）、电子商务、制造执行系统（MES）、决策支持系统（DSS）、数据仓库与联机分析处理（OLAP）、办公自动化（OA）等，从而构成功能强大的集成化企业管理与决策信息系统。因此，新一代ERP应当具有很好的功能可扩展性。

随着ERP在企业中的应用，企业内部各部门的流程更加合理、规范，衔接更加平滑，生产效率更高，库存占用资金更少。更重要的是，企业各层领导都可以迅速、准确、及时地得到所需的报表，能够对市场做出最及时的反应。

3.4.6 ERP厂商

主要的ERP软件供应商有SAP、Oracle/PeopleSoft、INFO（SSA Global/BAAN）、

Microsoft。它们合起来控制了全球市场的 70%以上。由于历史原因，每个 ERP 供应商都在某一特殊模块领域有自己的专长，例如，SAP 在物流领域，Oracle/PeopleSoft 在财务领域，SSA Global 在制造领域，Microsoft 在零售管理领域。同时，还有许多已建立的中小规模的 ERP 软件供应商也在竞争这个非常盈利的 ERP 市场。在我国，随着本土 ERP 软件供应商的努力，ERP 市场格局有了新的变化。

1. 国外主要 ERP 产品

国外的 ERP 产品很多，目前在我国应用的 ERP 产品及其 ERP 供应商主要有以下几家。

（1）SAP

全球最大的 ERP 供应商是 SAP（Systems, Applications and Products in Data Processing）公司，总部设在德国南部的曼海姆。SAP 的主打产品 R/3 是用于分布式客户机服务器（C/S）环境的标准 ERP 软件，主要功能模块包括销售和分销、物料管理、生产计划、质量管理、工厂维修、人力资源、项目系统、资产管理、控制、财务会计。R/3 适用的服务器平台是 Novell、Netware、NT Server、UNIX，适用的数据库平台是 Informix、MS SQL Server、Oracle，支持的生产经营类型是按订单生产、批量生产、合同生产、离散型制造、复杂设计生产、按库存生产、流程型生产，其用户主要分布在航空航天、汽车、化工、消费品、电气设备、电子、食品饮料等行业。

R/3 的功能涵盖了企业管理业务的各个方面，这些功能模块服务于各个不同的企业管理领域。在每个管理领域，R/3 又提供进一步细分的单一功能子模块，如财务会计模块包括总账、应收账、应付账、财务控制、金融投资、报表合并、基金管理等子模块。SAP 所提供的是一个有效的标准而又全面的 ERP 软件，同时，软件模块化结构保证了数据单独处理的特殊方案需求。

目前，排名世界 500 强的企业，有 85%以上使用的是 SAP 的软件产品。因 R/3 的功能比较丰富，各模块之间的关联性非常强，所以它不仅价格偏高，而且实施难度也高于其他同类软件。它的缺点也在于系统的复杂性及系统的实施难度。

（2）Oracle/People Soft/JDE

Oracle 公司在 20 世纪 80 年代后期，开发出了自己的 ERP 应用软件。自从收购了 People Soft 公司后，Oracle 一跃成为 ERP 市场亚军。Oracle 主打管理软件产品 Oracle Applications R1li 是全面集成的电子商务套件之一，能够使企业经营的各个方面全面电子商务化。

Oracle 企业管理软件的主要功能模块包括：销售订单管理系统、工程数据管理、物料清单管理、主生产计划、物料需求计划、能力需求管理、车间生产管理、库存管理、采购管理、成本管理、财务管理、人力资源管理、预警系统。Oracle 适用的服务器平台是 DEC Open VMS、NT、UNIX 等，数据库平台是 Oracle，支持的生产经营类型是按订单生产、批量生产、流程式生产、合同生产、离散型制造、复杂设计生产、混合型生产、按订单设计、按库存生产，其用户主要分布在航空航天、汽车、化工、消费品、电气设备、电子、食品饮料行业。

Oracle 凭借世界领先的数据库供应商这一优势地位，建立起构架在自身数据之上的企业管理软件，其核心优势就在于它的集成性和完整性。用户完全可以从 Oracle 公司获得任何所需要的企业管理应用功能，这些功能集成在一个技术体系中；而如果用户想从其他软件供应商处获得 Oracle 所提供的完整功能，很可能需要从多家供应商处分别购买不同的产品，这些系统分属于不同供应商的技术体系，由不同的顾问予以实施，影响了各个系统之间的协同性。对于集成性要求较高的企业，Oracle 无疑是理想的选择。但企业如果对开放性要求较高，Oracle 显然无法胜任。

2. 国内主要 ERP 产品

近年来，我国的 ERP 供应商如雨后春笋，呈现出良好的发展势头，但我国的 ERP 系统软件产品大都是从财务管理软件开始的，下面介绍的是两款目前国产主要的 ERP 产品。

（1）用友 UF ERP

用友公司创立于 1988 年，以财务软件系统开发为主，总部设在北京中关村科技园区，是目前中国最大的财务及企业管理软件开发供应商（上市公司），也是目前中国最大的独立软件厂商。

用友 UF ERP 产品包括五大子系统：供应链系统、人力资源系统、决策支持系统、生产制造系统、财务系统。UF ERP 适应大型、集团型企业分布式、体系化的管理模式，并能满足企业的跨国、跨地区应用。其特点如下。

①实现集团财务体系化管理，解决远程监控问题；建立集团投资中心，加强资金管理；建立成本中心、利润中心概念，强调预算管理与费用控制，全面提供从核算到管理到决策三个层次的内容。

②以客户关系管理（CRM）为核心内容，通过供应商看板管理加强与供应商的联系，降低采购与库存成本，通过分销资源计划（DRP）优化、畅通销售渠道，最大限度地减少产品积压，实现整个供应链的增值。

③突破传统静态人事档案管理的局限，强调员工能力优化与绩效考核管理，提倡学习型组织，完善知识管理。

④利用数据仓库技术和在线分析工具（OLAP）为企业决策人提供强有力的分析依据。

⑤浏览器服务器（B/S）体系结构，全面支持 Internet/Intranet/Extranet。

⑥应用 Java 技术，实现与电子商务和办公自动化系统的整合应用。

⑦分布式处理技术，减少系统部署和维护费用，降低系统整体拥有成本（TCO）。

⑧适用多种操作系统平台（Windows NT、UNIX、Netware 等）。

⑨提供全面的行业应用模型。

⑩客户端采用浏览器操作界面，操作便捷，易学易用。

（2）金蝶 K/3 ERP

金蝶 K/3 集财务管理、供应链管理、生产制造管理、人力资源管理、客户关系管理、企业绩效、移动商务、集成引擎及行业插件等业务管理组件为一体，以成本管理为目标，计划与流程控制为主线，通过对目标责任的明确落实、有效的执行过程管理和激励，帮助企业建立人、财、物、产、供、销科学完整的管理体系。金蝶 KJ3 产品家族包括金蝶 K/3 成长版、金蝶 K/3 标准版、金蝶 K/3 精益版。主要功能如下：

①财务管理系统帮助企业将财务管理从会计核算型向经营决策型转变，在满足财务核算的基础上，实现集团层面的财务集中、全面预算、资金管理和财务报告。

②供应链管理系统协助企业全面管理整个供应链网络，提供采购管理、销售管理、库存管理、存货核算、进口管理、出口管理、质量管理等业务管理功能。

③生产制造管理系统帮助企业实现制造全面管理，对企业的产品数据、生产计划、能力

计划、车间生产作业、委外加工等业务进行集成管理。

④销售与分销管理系统帮助企业建立基于销售网络的信息化系统，提供分销管理、门店管理、前台管理等业务管理功能。

⑤人力资源管理系统帮助企业实现战略人力资源管理。提供职员管理、考勤管理、薪酬福利管理等基础人事业务管理功能，以及组织规划、能力素质管理、薪酬设计、绩效管理、招聘选拔与培训发展、员工自助等专业人力资源业务管理功能。

⑥协同办公系统帮助企业创建电子化的工作环境和知识门户，提供公共信息、行政事务、个人信息和协同办公等事务处理功能。

⑦客户关系管理系统帮助企业对客户进行全生命周期管理，提供商机管理、服务管理等业务管理功能。

⑧企业绩效系统帮助企业决策层及时了解企业运营情况，通过统一管理门户，提供目标管理、销售与运营计划等决策参考功能。

关于国内ERP市场的其他厂商，读者可在网络上搜索，了解最新情况。

本章案例

ERP系统的强力开发

这周的CIO例会，老胡听取了大勇关于软件项目进展的汇报。老胡提醒他们，要注意可能导致项目失败的一些苗头。

会后，老胡和大勇就"失败案例"又聊了起来，两人不约而同地想起了上次CIO聚会。当时，来自某国企的女性CIO陈丽谈起一件事，让在场的CIO们哭笑不得。

陈丽上任之前，这家国企的老总有一天在管理层会议上怒气冲天，大骂自己桌上的计算机是个摆设。原来他出国访问时，看到别的老板用随身携带的笔记本电脑上网就可以看到公司的一举一动，所有经营数据可以生动形象地显示在眼前，他的自尊心大受刺激，于是回国后给计算机部发布命令：他的计算机也要这样！

计算机部哪敢不从，他们勉为其难，拉上一家小IT公司，夜以继日地苦干了几个月，总算鼓捣出一些让老总端坐在计算机前就可以看到的数据。可是由于这家国企的信息化基础薄弱、业务数据稀少，而且还不及时、不准确，即使堆砌一些商业智能、数据挖掘、决策支持之类的时髦词汇，老总看来看去还是看不到什么有价值的信息。于是，在他再次大发脾气之后，他办公桌上的计算机又一次成为摆设。

听完陈丽的讲述，老胡心想："诚然信息化是'一把手工程'，但是用这种简单粗暴的方式展开，注定会遭到失败。"他建议陈丽，只要重点突破、不贪大求全，这个失败的项目并不完全是"废墟"，说不定还可以成为她上任后打响的头一炮呢。

陈丽赶紧追问如何突破，老胡说："你们企业的财务系统数据肯定比较完善吧？先把它单独接到老总桌上，让他可以实时看到财务状况。"他的另一招是安排一两个人天天上网收集行业的相关信息，尤其是与竞争对手有关的信息，将它们直接"推送"到老总的桌面上。

老胡告诉大勇："陈丽前几天给我打电话，要请我吃饭，她的老板表扬她了，说计算机总算有点用处了。"

大勇颇有感触地说："'首长意志'高压之下的信息化项目能收到这种效果算好的了。"大勇曾经历过类似的失败。几年前，大勇在另一家公司工作。那是一家信息化基础不错的企业，当时就已经能够把内部的"信息孤岛"整合起来，整个信息系统运转得不错。大勇那时还是在一线"冲锋陷阵"的小将，当时公司信息系统的整合正热火朝天，后台运维也天遂人愿，他干得很开心。

可是突然之间，主管部门一纸"红头文件"，对下属单位的信息化提出统一要求，对大勇所在公司这样的重点企业，更做出了一些详细要求。公司迫于压力，斥巨资购买了某著名厂商的 ERP 系统，让原有信息管理系统"下马"。

事实证明，新的 ERP 系统大而全，但不太适应国情和他们公司的具体情况，致使生产效率急剧下降，员工怨声载道。可是，为了执行上级的指示，为了不菲的投入，公司老总只能硬着头皮指示必须继续使用新的 ERP 系统。大勇就是在"不见天日"的二次开发的漫长实施过程中，忍无可忍之下，"叛变"来到老胡公司的。

老胡还是头一次听大勇讲起这段失败经历，不由得有些好奇，他问道："后来，这套系统怎么样了？"

大勇说："后来，政府主管部门的领导换届，公司领导也换人了，系统陷于停顿，听说一些模块又切换回了老系统。"

"投资'打水漂'了？"老胡追问道。

大勇苦笑了一下说："前些日子，我碰到以前的同事，说现在的公司领导年轻化了，新老总有气魄，重新采购了一套系统，据说'跑'得还不错。当年那套 ERP 系统再没人提了。"

老胡情不自禁地叹了一口气。其实，在老胡的职业生涯中，也经历过类似强力开发的失败案例，可碍于还要和相关当事人打交道，他的这些失败教训只能隐藏在内心，就是对大勇这样的"心腹"也不便透露。

很多企业的信息系统建设，都是对信息系统进行整合的过程，即对原有系统进行改造与集成，这时需要正确认识各个系统组成部分的功能与作用，才能够正确设计出符合企业战略和业务需求的系统，这就涉及对企业的基本信息系统的特征和功能的认识问题。

（案例改编自：裴有福. CIO 故事之强力开发. IT 经理世界，2005，11（5）：92-92）

本章小结

1. 事务处理系统是管理信息系统，以收集原始数据为主要任务，是所有其他系统的基础。

事务处理系统由五部分构成：数据输入、业务处理、文件和数据库处理、产生文件报告、查询处理。

2. 管理信息系统的目标是为管理者提供反映组织日常运作状况的信息，帮助有效决策。管理信息系统的主要用户群是企业的中层管理人员。

3. 为了解决企业存在的信息孤岛问题，就需要对企业现有的各个系统进行集成，即建立在异构、分布式计算机环境中能使企业内各个事业部的各种不同类型的应用实现信息集成、功能集成和过程集成的软件系统。通过网络技术、接口和分布式数据库技术实现并行信息管理系统的无缝集成和企业供、产、销、人、财、物的全面管理，达到全局最优的应用效果。

通过集成系统，可以使各个信息孤岛中分布的、异构的数据以统一的形式存放在一个数据库中，实现信息资源共享，提高决策效率，有利于企业的集中管理，增强企业的市场竞争能力。

4. 随着 JIT、SCM、TQM 等现代管理思想的快速发展，企业信息系统集成的要求越来越强烈，以发展面向有效管理和利用整个供应链整体资源的新一代信息化管理系统——企业资源计划（ERP）应运而生。ERP 是建立在信息技术基础上，利用现代企业的先进管理思想，全面集成了企业所有资源信息，为企业提供决策、计划、控制与经营业绩评估的全方位和系统化的管理平台。它不仅是信息系统，而且是一种管理理论、管理思想的运用。它利用企业所有资源，包括内部资源与外部市场资源，为企业制造产品或提供服务创造最优的解决方案，最终达成企业的经营目标。

从功能结构来看，ERP 至少具备四大功能模块，包括生产控制、财务管理、物流管理、和人力资源管理。ERP 在企业中主要是起生产的计划与控制作用，根据诺兰模型，它需要与其他技术集成到一起，才能全面增强企业的竞争力，而不是变成新的信息孤岛。目前 ERP 产品提供商以 SAP、Oracle 等厂商占据了较大份额的高端市场，现在的市场竞争集中在中小企业。我国的一些新兴 ERP 厂商也正在蓬勃发展之中。

本章习题

1. 事务处理系统也能给组织带来竞争优势，请举例说明。
2. 有人说信息系统发展到商业智能阶段，事务处理系统就不再重要了，是这样吗？
3. 本章涉及的几种信息系统的关系是怎样的？
4. 不同组织层次的信息需求有什么差别？
5. 什么是信息孤岛？信息孤岛问题如何解决？
6. 信息系统集成的目标是什么？
7. 请对三种集成模型进行比较。
8. 简述 ERP 的发展历程及每个阶段的主要内容。
9. 简述未来 ERP 的主要发展趋势。
10. 请举出一些 ERP 产品提供商的名称，并简述这些厂商 ERP 产品的主要特色。

本章实践

参考第 8 章，完成实验项目一：ERP 人事管理。

第4章

管理信息系统的扩展应用

学习目标

要求学生通过本章的学习掌握以下问题:

1. 掌握企业门户(EI)、供应链管理系统(SCM)、客户关系管理系统(CRM)、电子商务及电子政务的基本概念;
2. 了解企业门户系统构建目的和一般形式;
3. 了解供应链管理概念和发展历程;
4. 充分认识客户关系管理的内涵和管理内容;
5. 了解电子商务的典型形式和技术架构;
6. 了解电子政务的典型形式和技术架构。

教学要求

本章重点介绍企业门户、供应链管理系统、客户关系管理系统、电子商务、电子政务等的基本概念和具体应用。

导入案例

"统一门户"进入武汉政务内网

武汉市电子政务内网门户由中关村科技软件有限公司开发,支持集中式和分布式政府行政审批业务的需求,既能满足信息化发展水平不高的业务部门的集中审批需求,又能满足信息化程度比较高的业务部门与其业务系统整合的要求。

内网门户包括用户可以公开访问的部分和需要受控访问的内容。如果用户访问的是公开Web服务,可通过公开的Web服务模块直接返回响应信息。如果用户访问的是受控Web服务,则需要首先由接入认证网关进行身份认证,如果验证通过,接入认证网关允许用户对受控Web服务进行访问。

按照武汉市科技局及专家组的要求,内网门户以实用为主,界面设计简洁、清晰:一是内网门户体现出与对外服务网站的不同，突出其门户的平台特点，强调符合政务办公的流程；二是在内容设计上体现出市领导关心的热点、焦点内容，努力使其成为市政府领导办公的高效工具。

项目取得的成果是：统一了内网的入口访问，所有信息资源整合进入信息平台，用户通过统一入口访问授权信息资源，不用关心信息资源的形式和存在位置；统一信息资源管理，建成了内网信息资源管理架构，统一管理非结构化信息、结构化数据和应用系统页面信息，实现信息资源统一授权。个性化信息展现：根据不同级别、不同部门、不同用户的需求，建立不同的视图展现信息资源，满足信息资源组织个性化需求。

经过几个月的系统试用，武汉市政务内网门户已经稳定运行，并逐渐成为武汉市各部门的日常工作平台，各部门正逐步将已有应用系统整合进内网门户。

就武汉电子政务中的需求而言，"信息孤岛"现象已较为突出，多个政府内部应用系统间隔离分散的现状已影响到了信息化便捷性的体现。另外，由于政府部门工作性质的特点，统一的信息发布和安全可靠的多级授权管理也成为内网系统建设的需求所向；在全面满足统一的基础上，个性化的需求也成为具体办公人员所关心的内容，搭建高效个性化的办公平台也是电子政务系统建设中的重要需求。通过以上分析的结果，门户技术所能发挥的最大价值恰是这些需求得以实现的最佳途径。

4.1 企业门户

信息技术的应用为企业带来了巨大的收益，大量的企业应用了办公自动化（OA）、企业资源计划（ERP）、供应链管理（SCM）、客户关系管理（CRM）、电子商务（EC）等系统。这些系统的应用在一定程度上降低了企业的经营成本，提高了企业的运营效率，但各种信息技术的广泛应用也给企业带来了新的挑战，展现在企业面前的是信息过载、系统过于复杂、互相冲突的数据，人们很难获得自己需要的信息，各种信息技术无法发挥最佳的效率。如何把这些相对独立系统的不同功能有效地组织起来，整合企业的异构系统？如何帮助人们通过统一的入口获取跨部门数据？如何避免信息孤岛并减少重复投资？这些已经成为企业亟待解决的问题。正是在这样的背景下，企业门户（Enterprise Portal）作为一种整合框架得到了快速的发展，为用户提供更加完善的解决方案。越来越多的企业正在考虑或建设自己的企业门户来进一步提升企业的核心竞争力。

4.1.1 企业门户的概念和特点

企业门户就是一个连接企业内部和外部的网站，是指在 Internet 的环境下，把各种应用系统、数据资源和互联网资源统一集成到企业门户之下，根据每个用户使用特点和角色的不同，形成个性化的应用界面，并通过对事件和消息的处理传输，把用户有机地联系在一起。它不仅仅局限于建立一个企业网站，提供一些企业、产品、服务信息，更重要的是要求企业能实现多业务系统的集成，能对客户的各种要求做出快速响应，并且能对整个供应链进行统一管理。

同面向公众的信息门户相比，企业门户肩负着企业最重要的使命——为企业客户的投资增值创建最高效率的业务模式，它的功能和特性都围绕着企业间竞争所需的高效率而生成，其最突出的特性就是对信息交流的实时双向性的要求。企业门户的特点表现在如下四个方面。

①企业门户已经超出了传统的管理信息系统概念，也非普通意义的网站，它是企业管理信息系统与电子商务两大应用的结合。企业对知识信息、对增长和扩散速度的需求是产生企业门户概念的主要动力。企业门户技术的应用必将推动信息技术革命进入一个全新的阶段。

②企业门户的特点在于唯一性、集成性、个性化和整体性。企业门户正是拥有了这些特点，才有了生命力。其中，唯一性是企业的要求，也是门户的意义所在；集成性是现实条件的制约，体现了企业经营的延续性；个性化则是客户的偏好，也是企业门户的生命力；而整体性则是企业对信息的高层次要求。

③门户只是门户，企业利用门户为工具，服务于企业的基本目标。任何舍本逐末、脱离实际需要的盲目发展都是不可取的。当然，这里的目标指的是企业的中长期目标，从短期来看，实施企业门户的效果不一定立竿见影，而且很有可能与企业短期盈利的目标相背离。

④企业门户的概念仍然有待扩展，有待完善。与其他IT行业的新概念相仿，在这个新兴领域，没有现成的"词典"，对概念的理解都是动态的。

4.1.2 企业门户的发展历程

按门户的内容和其应用领域，可以将企业门户划分为以下四个阶段：

1. 企业网站阶段

随着互联网的兴起，企业纷纷建立自己的Internet/Intranet网站，供因特网用户或企业员工浏览。这些网站往往功能简单，注重信息的单向传送，忽视用户与企业间、企业与企业间、用户相互之间的信息互动。这些网站面向特定的使用人群，为企业服务，因此可以被看作企业门户发展的雏形。

2. 企业信息门户阶段

企业信息门户（Enterprise Information Portal，EIP）阶段是企业门户走向成熟的阶段。从技术上说，企业信息门户已不再是简单的Web网站，它采用门户组件技术实现对内容的集成；从功能上看，企业信息门户为企业员工、客户和企业合作伙伴提供了一个访问信息的渠道，并且还具有个性化服务的特点。

EIP为同一价值链上的相关人员提供公开信息的浏览以及个性化的内部信息的访问。信息门户既是一个展示企业形象的窗口，又是企业获取外部访问者信息的接口，既能够动态地发布存储在企业内部和外部的各种信息，又能够支持网上的简单商务应用，访问者可以相互讨论和交换信息，对企业内分布存储的各种数据格式、各种来源的内容进行统一检索、分类浏览，并根据权限进行访问控制。

3. 企业应用门户阶段

企业应用门户（Enterprise Application Portal，EAP）是企业信息门户的进一步发展，它在完成内容集成的同时，实现对企业业务流程的集成，是面向应用的企业门户。企业应用门户以企业的商业流程为中心，把流程中不同功能的应用模块，如办公系统、生产系统、销售系统、售后服务系统等通过门户技术集成在一起，为用户提供统一登录所有应用的入口。这种集成不是一般意义上的界面集成，而是要实现权限的集中分配管理和应用、过程、数据集成、协作支持、网上交易，从而建立起统一的协同工作平台，提供基于Web的工作场所。

因此，企业应用门户被看作企业多个管理信息系统的集成界面，企业员工和合作伙伴可以通过应用门户实现移动办公，进行网上交易。

4. 企业门户的高级阶段——企业知识门户

企业知识门户（Enterprise Knowledge Portal，EKP）是企业门户在知识经济背景下的必然产物。企业知识门户使员工可以通过单一的入口找到需要的知识和适当的人，并为员工之间的交流提供平台。企业知识门户的建立有助于企业范围内的知识共享，促进企业知识的转换，从而提高员工的工作效率。

EKP 是同一价值链上的相关人员，主要是企业员工日常工作的"知识库"，访问者通过它获取最新的信息与知识、技术规范、标准、工作手册、合同范本等。知识门户不仅是静态的页面，重要的是在相关人员之间建立了动态的关联，成员之间通过权限分配可以实时取得联系，寻找到能够提供帮助的专家、团队或者资源，企业知识门户还具有信息搜集、整理、提炼、内容聚合、目录服务的功能，可以对已有的知识进行分类，建立子知识库并随时更新内容。它的建立实现了更广泛的知识共享，提高了生产经营效率。

4.1.3 企业采用信息门户的原因

越来越多的企业采用各种类型的企业信息门户作为企业问题解决方案，从而引发了企业信息门户发展的新趋势，企业开发与建立企业信息门户的主要决定因素如下：

1. 企业发展的战略需求因素

企业在信息系统应用阶段建立了一系列的不同系统，如生产制造系统、人力资源管理系统、客户关系管理系统、供应链管理系统等。这些应用系统针对企业不同的问题互相独立地运行着，它们有着独立的用户界面、业务流程逻辑、数据模型和安全机制。当这种应用系统越来越多的时候，企业员工特别是信息部门的人员发现要整合公司信息的时候需要登录多个不同的应用系统，操作十分烦琐，甚至会出现数据不一致的情况。但是放弃现有系统，重新引入囊括所有现有功能的完整系统显然不切实际。这时出于提升企业效率、提高竞争力、促进企业发展的战略需求，企业管理者希望有一套集成所有现有应用系统的能够输出信息的应用软件，为特定的企业员工、客户、合作伙伴等提供信息服务，而以商业功能为驱动、以服务为导向的企业信息门户，既满足功能需求，又符合 IT 投入的实际，自然成为企业管理者的最优选择。

2. 技术因素

采用网页门户的方式便于跨越底层技术的异质性，一个大型企业内部应用系统不可能完全仅仅由 .NET 技术或 Java 技术来完成，企业建立的应用系统越多，其所包含的开发技术就越多，另外，企业通过并购，以及与合作伙伴的战略联盟来扩大自己规模的同时，也引入了更多的信息系统，这种技术异质性环境的影响也越来越大。

网页门户技术将成为应用系统集成领域的主导技术，而以服务为导向的软件技术将很快成为企业标准。企业信息门户将向"服务为导向"方向发展。

3. 成本效益因素

"以商业功能为驱动、以服务为导向"的企业信息门户相对于较传统的企业应用系统而言，开发和实施所需的时间大大缩短，成本也大大降低。

下一代应用系统将是基于门户技术的综合型应用系统，它们的建立实施只需很短的时间，技术要求不高，针对企业特定的业务流程或者特定的部门来建立，成本大大降低。实践证明，用 ERP 系统或 CRM 系统来整合其他应用系统要比使用网页门户框架技术平均多 40% 的成本费用，需要整合的应用系统越多，这个比例就越高。

4. 企业资源与业务流程因素

使用门户技术可以充分利用现有应用系统（如 ERP、CRM 等）中的数据、内容和商业智能等信息资源，不会造成资源浪费。同时，以商业功能为驱动、以服务为导向的门户集成了企业应用系统，为企业特定的业务流程和特定的部门人员量身定做，员工、客户或者合作伙伴不需要频繁地登录不同的应用系统，大大简化了企业业务流程，提高了企业运作效率。

4.1.4 企业门户建设的主要问题

虽然企业门户是一项理想的技术，然而，要真正实现企业门户，所面临的技术与非技术问题还是很多的。企业门户不能简单地把现有的非结构化、非个性化的信息、文件、数据和信息孤岛式的单元应用叠加到一个 Web 界面上，而要通过企业门户软件的封装处理，实现信息、应用和业务流程的集成，信息处理的智能化和事务执行的自动化，实时地以自助的方式和个性化的手段，为具有权限的相关人员提供服务。

建立企业门户是一项系统工程，如何来建设企业门户，恐怕很难有一蹴而就的好办法，以下是企业门户建设中要解决的几个关键性问题。

1. SSO 单点登录

门户系统只有唯一入口，用户登录时采用单点登录（Single Sign On，SSO）。传统登录方式下，系统管理员需要给每台机器上的系统，甚至是每台机器上的每个应用，准备一套用户管理系统和用户授权策略，终端用户使用其中的任何应用时，都需要做一次身份认证。

SSO 的机制是"单点登录、全网漫游"，用户访问系统做一次身份认证，随后就可以对所有被授权的网络资源进行无缝访问，而不需要多次输入认证信息。SSO 登录方式，减少了在不同系统中登录耗费的时间，避免了处理和保存多套系统用户的认证信息，减少了系统管理员管理用户权限的时间，提高了管理的便利性。

2. 可伸缩性、扩展性

不同的企业有不同的应用需求，可能侧重于信息门户、知识门户或者应用门户，也可能根据业务的发展需求会发生变化。企业门户的解决方案应该具有良好的伸缩性，能够满足不同企业的不同需求。

企业门户应该基于组件化开发，具有良好的开放性，企业在某种程度上可以采用"热插拔"式应用，可以根据企业的需求进行定制，能够方便地集成和运行各种应用系统。其 API 接口应该能处理业务对象和修改业务逻辑，可以配置用户界面，并易于降低开发和维护成本。硬件系统根据客户业务需要进行合理配置，随时扩展硬件，保护硬件投资。

3. 个性化的配置

企业门户的重要特性之一在于其个性化，针对不同的对象，定义不同的业务流程，提供不同的服务模式和服务内容。个性化应该包括以下内容：基于界面的个性化，不同的人员有不同的主界面，可定义个性化页面风格、样式、内容及使用方式，而且还可以定义自己的风格模板；基于工作的个性化，不同人员有不同的工作任务、工作资源、工作流程；基于规则的个性化，系统能够动态地制定角色权限和商务规则，以实现界面、内容、业务流程的个

4. 与应用系统的集成

企业应用集成（Enterprise Application Integration，EAI）是企业门户的灵魂。实现 EAI 是企业门户成功的关键。企业内部原有的应用和非结构化的数据，是企业门户必然要面对的。当然，企业内部各自为政的单元系统的应用所形成的信息孤岛，大多是历史遗留问题，是在企业信息化伊始就注定会存在的，因为信息化的整体规划总是滞后于信息化的单元应用。指望通过企业门户系统能够一劳永逸地解决这些问题是不现实的，但随着 Web 技术的日益发展和 B/S 模式的深入应用，这些问题终将会获得解决。

5. 商务智能

企业门户应该具有多维分类统计功能，通过观察跟踪如访问频率最高的页面和浏览量最多的内容、访问者的个人信息等，进行数据分析，得出访问者的偏好和客户的需求比率，同时，通过协作过滤机制，推荐给具有同样兴趣的客户或处于同一产品链上的其他用户。另外，企业门户还应该通过对各类信息、数据和业务应用的综合统计、查询、分析，为企业决策提供快速的智能支持。

6. 知识转化

知识转化是指在门户发展的最高阶段，知识管理被应用到企业门户之中。知识管理的对象主要是隐性知识与显性知识，两种类型的知识形成了四种类型的转化过程：隐性知识向隐性知识的转化、隐性知识向显性知识的转化、显性知识向显性知识的转化和显性知识向隐性知识的转化。能否有效地完成这四种知识类型的转化，关系到企业门户应用的成败。

4.2 供应链管理

供应链管理（Supply Clain Management，SCM）指的是对企业内部及与外部发生紧密联系的所有业务活动的统一管理，包括人力资源、财务、订单、采购、计划、生产、库存、运输、销售、服务在内的所有企业业务活动。随着市场竞争的加剧，企业的竞争动力从"产品制造推动"转向"用户需求拉动"，最终用户的需求决定了整个链条上的企业活动，供应链管理的发展随之从企业内部活动管理扩展到相关上下游企业之间的内部活动和相互联系活动的管理。

4.2.1 供应链管理的内涵

1. 供应链管理的内涵

①供应链管理把产品在满足客户需求的过程中对成本有影响的各个成员单位都考虑在内了，包括从原材料供应商、制造商、仓库配送中心到渠道商。不过，实际上，在供应链分析中，有必要考虑供应商的供应商以及用户的用户，因为他们对供应链的业绩也是有影响的。

②供应链管理的目的在于追求整个供应链的整体效率和整个系统费用的有效性，总是力图使系统总成本降至最低。因此，供应链管理的重点不在于简单地使某个供应链成员的运输成本达到最小或减少库存，而在于采用系统方法来协调供应链成员，以使整个供应链总成本最低，使整个供应链系统处于最优状态。

③供应链管理是围绕把供应商、制造商、仓库、配送中心和渠道商有机结合成一体这个

问题来展开的,因此,它包括企业许多层次上的活动,包括战略层次、战术层次和作业层次等。

2. 供应链整合的难点

尽管在实际的物流管理中,只有通过供应链的有机整合,企业才能显著地降低成本和提高服务水平,但是,在实践中供应链的整合是比较困难的,这是因为:

① 供应链中的不同成员存在着不同的、相互冲突的目标。例如,供应商一般希望制造商进行稳定数量的大量采购,而交货期可以灵活变动;与供应商愿望相反,尽管大多数制造商愿意实施长期生产,但他们必须顾及用户的需求及其变化,并做出积极响应,这就要求制造商灵活地选择采购策略。因此,供应商的目标与制造商追求灵活性的目标之间就不可避免地存在矛盾。

② 供应链是一个动态的系统,随时间而不断地变化。事实上,不仅顾客需求和供应商能力随时间而变化,而且供应链成员之间的关系也会随时间而变化。

有效的供应链管理总是能够使供应链上的企业获得并保持稳定持久的竞争优势,进而提高供应链的整体竞争力。

4.2.2 供应链网络结构模型

供应链结构模型如图 4-1 所示。从图中可以看出,所谓的供应链,是以企业为中心的上下游供应链条。

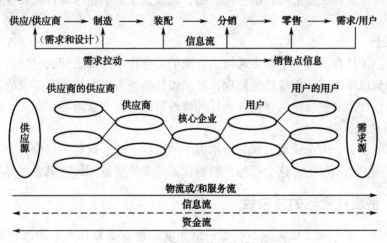

图 4-1 供应链网络结构模型图

4.2.3 供应链管理面临的主要问题

供应链管理是一个复杂的系统,涉及众多目标不同的企业,牵扯到企业的诸多方面,因此,实施供应链管理必须确保理清思路,分清主次,抓住关键问题。具体地说,在实施供应链管理过程中需要注意的关键问题包括:

1. 配送战略问题

在供应链管理中配送战略非常关键。是采用直接转运战略、经典配送战略还是直接运输战略?需要多少个转运点?哪种战略更适合供应链中大多数的节点企业呢?

所谓直接转运战略,是指在这个战略中终端渠道由中央仓库供应货物,中央仓库充当供应过程的调节者和来自外部供应商的订货的转运站,而其本身并不保留库存。而经典配送战略是在中央仓库中保留有库存。直接运输战略则相对简单，它是指把货物直接从供应商处运往终端渠道的一种配送战略。

2. 配送网络的重构

配送网络重构是指采用一个或几个制造工厂生产的产品来服务一组或几组在地理位置上分散的渠道商时，当原有的需求模式发生改变或外在条件发生变化后，引起的需要对配送网络进行的调整。这可能是由现有的几个仓库租赁合同的终止或渠道商的数量发生增减变化等原因引起的。

3. 供应链集成与战略伙伴

由于供应链本身的动态性以及不同节点企业间存在着相互冲突的目标，因此对供应链进行集成是相当困难的。但实践表明，对供应链集成不仅是可能的，而且它能够对节点企业的销售业绩和市场份额产生显著的影响。集成供应链的关键是信息共享与作业计划。显然，什么信息应该共享，如何共享，信息如何影响供应链的设计和作业，在不同节点企业间实施什么层次的集成，可以实施哪些类型的伙伴关系等，就成了最为关键的问题。

4. 库存控制问题

库存控制问题包括：一个终端渠道对某一特定产品应该持有多少库存？终端渠道的订货量是否应该大于、小于或等于需求的预测值？终端渠道应该采用多大的库存周转率？终端渠道的目标在于决定在什么点上再订购一批产品，以及为了最小化库存订购和保管成本，应订多少产品等。

5. 产品设计

有效的产品设计在供应链管理中起着多方面的关键作用。那么什么时候值得对产品进行设计来减少物流成本或缩短供应链的周期，产品设计是否可以弥补顾客需求的不确定性，为了利用新产品设计，对供应链应该做什么样的修改等问题就非常重要。

6. 顾客价值的衡量

顾客价值是衡量一个企业对其顾客贡献大小的指标，这一指标是根据企业提供的全部货物、服务及影响力来衡量的。这个指标已经取代了传统的质量和顾客满意度等指标。

4.2.4 供应链管理的复杂性

供应链管理非常复杂，其实施不可能一蹴而就。企业需要有充分的思想准备。具体地说，供应链管理的复杂性主要有以下几个方面的原因：

①供应链是一个复杂的、动态的网络，这个网络是由不同目标的企业组成。这意味着要为某个特定企业寻找相称的供应链管理战略会面临巨大的挑战。

②营销实践中的供应与需求往往存在矛盾。困难在于在需求出现之前，制造商必须以某种生产水平进行生产，这意味着制造商必须承受巨大的财务风险。

③供应链系统随时间而变化也是一个必须考虑的重要因素。即使能够准确地预测需求（如供需双方签署长期合作合同），计划过程也需要考虑在一段时间内由于季节波动、发展趋势、广告和促销、竞争者的定价策略等因素引起的需求和成本参数的变化。这些随时间而变化的需求和成本参数使确定最有效的供应链管理战略变得更加困难。而事实上，最有效的供应链管理战略，就是使供应链系统运行成本达到最小且满足顾客需求的战略。

④在一些新兴行业供应链系统中，新问题层出不穷，在其产品的生命周期内无法做出清

楚的解释。例如，在高新技术产业中，产品的生命周期正变得越来越短。许多型号的个人计算机和打印机产品只有几个月的市场生命，而制造商可能只有一个订单或生产机会。这种情形在当前炙手可热的消费电子领域表现更为突出。遗憾的是，因为这些产品是新产品，不存在能使制造商对顾客需求做出准确预测的历史数据，并且在这些行业中，日新月异的技术发展和眼花缭乱的产品推陈出新，使得准确地预测某一特定产品的需求变得越来越艰难，进而最终导致众多制造商的价格大战，而价格战不仅降低了产品在其生命周期内的价值，更是缩短了产品的生命周期。

⑤在某些高度同质化的产品市场，供应链管理可能是决定企业成败的最重要的因素。例如，在笔记本计算机和喷墨打印机产品市场，很多制造商都走 OEM 路线或采用相同的上游原材料供应商和相同的技术，在这种情况下，企业的竞争就是品牌行销的竞争，就是成本和服务水平的竞争，而成本和服务水平则是供应链管理中的两个关键要素。总之，供应链管理中的问题涉及许多方面的活动，从战略层次到战术层次一直到作业层次。战略层的问题是对公司有着长远影响的决策，包括关于制造工厂和仓库的数量、布局及产能大小以及物料在物流网络中流动等方面的决策。战术层的决策一般包括采购和生产决策、库存策略和运输策略等。而在作业层次上，则包括日常活动的决策，如计划、估计备货期、安排运输路线、装运等。

4.2.5 供应链管理发展趋势

供应链管理是迄今为止企业物流发展的最高级形式。虽然供应链管理非常复杂，且动态、多变，但众多企业已经在供应链管理的实践中获得了丰富的经验并取得显著的成效。当前供应链管理的发展正呈现出一些明显的趋势：

1. 追求竞争效率

越来越多的公司认识到时间与速度是影响市场竞争力的关键因素之一。例如，在 IT 行业，国内外大多数 PC 制造商都使用 Intel 的 CPU，因此，如何确保在第一时间内安装 Intel 最新推出的 CPU 就成为各 PC 制造商提升竞争力的自然之选。总之，在供应链环境下，时间与速度已被看作提高企业竞争优势的主要因素，一个环节的拖沓往往会影响整个供应链的运转。供应链中的各个企业通过各种手段实现它们之间物流、信息流的紧密连接，以达到对最终客户要求的快速响应、减少存货成本、提高供应链整体竞争水平的目的。

2. 追求产品全程质量

供应链管理涉及许多环节，需要环环紧扣，并确保每一个环节的质量。任何一个环节，如运输服务质量的好坏，都将直接影响到供应商备货的数量、分销商仓储的数量，进而最终影响到用户对产品质量、时效性以及价格等方面的评价。时下，越来越多的企业信奉物流质量创新正在演变为一种提高供应链绩效的强大力量。

3. 追求资本生产率

制造商越来越关心其资本生产率。提高资本生产率不仅仅是注重减少企业内部的存货，更重要的是减少供应链渠道中的存货。供应链管理发展的趋势要求企业开展合作与数据共享，以减少在整个供应链渠道中的存货。

4. 追求组织结构最简

供应链成员的类型及数量是引发供应链管理复杂性的直接原因。在当前的供应链发展趋势下，越来越多的企业开始考虑减少物流供应商的数量，并且这种趋势非常明显与迅速。例如，跨国公司客户更愿意将它们的全球物流供应链外包给少数几家，理想情况下最好是一家物流供应商。因为这样不仅有利于管理，而且有利于在全球范围内提供统一的标准服务，更好地显示出全球供应链管理的整套优势。

5. 追求卓越客户服务

越来越多的供应链成员开始真正地重视客户服务与客户满意度。传统的量度是以"订单交货周期、完整订单的百分比"等来衡量的，而目前更注重客户对服务水平的感受，服务水平的量度也以它为标准。客户服务的重点转移的结果就是重视与物流公司的关系，并把物流公司看成是提供高水平服务的合作者。

4.3 客户关系管理系统

客户关系管理（Customer Relationship Management，CRM）起源于美国20世纪80年代初提出的接触管理（Contact Management），它专门收集整理客户与公司的所有联系信息。到90年代初期则演变成包括电话服务中心及信息分析的客户关怀（Customer Care）。经历了20多年的发展，客户关系管理不断演变发展并趋向成熟，最终形成了一套较为完整的管理理论体系。

4.3.1 客户关系管理的定义与内涵

CRM的产生是市场与科技发展的结果。在社会发展的进程中，客户关系管理一直就存在，只是在不同的社会阶段其重要性不同、具体的表现形式不同而已。市场营销理论经历了几个发展阶段，从以生产为核心到以产品质量为核心，从以产品质量为核心到以客户为中心，这些变化的主要动力就是社会生产力的不断提高。试想，在一个产品供不应求的时代，又有谁会去关注产品的需求者呢？

现代市场上产品的日益丰富使得任何厂商都没有了垄断的优势，每一个厂商面对的都是残酷的竞争，怎样留住客户成了现代企业在市场竞争中取胜的"法宝"。随着互联网的广泛应用，客户关系管理系统日益为企业所关注。

1. 客户关系管理的定义

关于CRM的定义，不同的研究机构有着不同的表述。

无论如何表述，对客户关系的概念都有一个较为明确、一致的理解，即客户关系是客户与企业发生的所有关系的综合，是企业与客户之间建立的一种相互有益的关系。那么到底什么是CRM呢？

从管理科学的角度来考察，客户关系管理源于市场营销理论；从解决方案的角度考察，客户关系管理是将市场营销的科学管理理念通过信息技术的手段集成在软件上面。由此，我们认为CRM是企业利用IT技术和互联网技术实现对客户的整合营销，是以客户为核心的企业营销的技术实现和管理实现。CRM可分为理念、技术、实施三个层面。

①CRM理念：建立"以客户为核心、以市场为导向"的经营管理模式。

②CRM技术：Internet和电子商务、多媒体技术、数据仓库和数据挖掘、专家系统和人工智能、呼叫中心等。

③CRM实施：CRM软件不是一种交付即用的工具，需要根据组织的具体情况进行CRM

实施。

CRM 理念是 CRM 成功的关键，它是 CRM 实施应用的基础和土壤；CRM 技术是 CRM 成功实施的手段和方法；CRM 实施是决定 CRM 成功与否的直接因素。

2. CRM 内涵

（1）CRM 是一种管理理念

CRM 是一种管理理念，起源于西方的市场营销理论，产生和发展在美国，其核心思想是将企业的客户（包括最终客户、分销商和合作伙伴）作为最重要的企业资源，通过完善的客户服务和深入的客户分析来满足客户的需求，保证实现客户的终身价值。

CRM 是一种旨在改善企业和客户之间关系的新型管理机制，它实施于企业的市场营销、销售、服务与技术支持等与客户相关的领域，企业关注的焦点应从内部运作转移到客户关系上来。CRM 通过向企业的销售、市场和客户服务的专业人员提供全面、个性化的客户资料，并强化跟踪服务、信息服务能力，使他们能够协同建立和维护一系列与客户和生意伙伴之间卓有成效的"一对一"关系，从而使企业得以提供更快捷和周到的优质服务，提高客户满意度，吸引和保持更多的客户，增加营业额。另外，它还可以通过信息共享和优化商业流程来有效地降低企业经营成本。

（2）CRM 是一种管理软件

计算机互联网技术的发展为现代客户关系管理的实现提供了可能性。融合了先进的经营管理理念与现代科技的 CRM 系统，更加注重客户的数据的集中统一管理，将传统客户管理模式中存在于不同部门的客户信息片段连成一个统一的整体，使得公司内部每一个员工都有对同一客户的统一认识。CRM 系统的核心思想就是"客户为中心"，为了达到这样一个目的，就必须能够准确掌握客户的需求，提供个性化的服务，提供及时的必要的客户关怀。因此，任何一个 CRM 系统，其成功的关键就是有效地管理客户数据。在 CRM 系统中，运用了管理心理学、消费心理学、统计、市场调研等知识，通过对这些客户数据的统计分析，得出客户的购买行为特征，并据此调整公司的经营策略、市场策略，让整个经营活动更为有效。

CRM 系统也将使公司销售、市场、客户服务等部门的工作规范化。CRM 系统提供了一个部门工作的规范工具，提供一种统一的格式。在传统工作模式下，通常都没有一个信息处理的统一模式，因此，同一部门的不同人员，都会有自己的报表处理模式，在需要统一处理的时候经常会出现重复劳动，造成劳动力资本的浪费，降低了工作效率。CRM 系统将会通过规范工作流程以及工作报表等，集中数据处理，避免重复劳动，改进工作流程。同时，这样一种规范化的处理将大大提高公司内部各部门的协同工作能力。

（3）CRM 与其他相关系统的集成

大多 ERP 产品中都包括了销售、营销等方面的管理，CRM 则专注于销售、营销、客户服务和支持等方面，在这些方面比 ERP 更进一步。如果把 CRM 看作企业管理的前端应用系统，ERP 就是企业管理的后端系统。只有两者实现全面的集成，才能使市场与客户信息、订单信息、产品和服务的反馈信息通过系统的处理分析，及时地传递给 ERP 系统和企业设计部门，使 ERP 系统实现理想的订单生产模式，迅速满足客户个性化的需求。同时，ERP 系统中产生的产品信息、生产进度、库存情况和财务结算信息可以及时地传递到 CRM 系统中，为客户提供整个交易过程中的全程跟踪服务，提高客户价值、客户满意度、客户利润贡献度、客户忠诚度，实现最终效益的提高。因此，ERP 与 CRM 的无缝集成，将带来"1+1>

2"的理想效果,最大化地提高企业对市场的快速响应能力和满足客户个性化需求的能力,最终以实现供应链管理为目标,使企业在激烈的市场竞争中立于不败之地。

4.3.2 客户关系管理的内容

CRM 系统主要应用于企业销售、市场、服务等与客户密切接触的前端部门,通过接口与 ERP、SCM 等系统协同运作,共同为企业开源节流、提高企业市场竞争力服务。

CRM 的功能可以归纳为三个方面:

①对销售、营销和客户服务三部分业务流程的信息化;

②与客户进行沟通所需手段的集成和自动化处理;

③对上面两部分功能所积累下的信息进行的加工处理,产生客户智能,为企业的战略战术决策提供支持。

CRM 管理系统一般分为运营型、协作型、分析型 CRM,如图 4-2 所示。

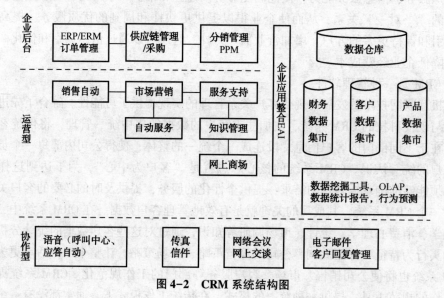

图 4-2 CRM 系统结构图

1. 运营型 CRM

运营型 CRM 设计的目的是让企业营销、销售和服务人员在日常工作中能够共享客户资源,减少信息流动断点,提供高效的客户服务。运营型 CRM 主要分为销售自动化、服务自动化和市场营销自动化。

(1) 销售自动化

销售自动化是 CRM 系统中的一个核心模块。它是在销售过程中,针对每一个客户、商机、合同、订单等业务对象进行有效的管理,提高销售过程的自动化,全面提高了企业销售部门的工作效率,缩短了销售周期,帮助提高销售业绩。它可以有效地支持总经理、销售总监、销售主管、销售人员等不同角色对客户的管理、对商业机会的跟踪、对订单合同的执行等,有效导入销售规范,实现团队协同工作。

其主要功能包括日程和活动安排、销售线索管理、客户管理、联系人管理、商机管理、合同管理、订单管理、销售预测、竞争对手管理、产品管理、报价管理、费用管理、销售计划管理等。

(2) 市场营销自动化

通过市场营销自动化帮助企业建立和管理市场活动，并获取潜在客户；帮助市场研究人员了解市场、竞争对手、消费趋势，并制订灵活、准确的市场发展计划。其目标是为营销及相关活动的设计、执行和评估提供详细的框架。

市场管理系统的典型功能包括市场活动和营销管理、线索销售分析、渠道和竞争对手管理、活动/日历管理、附件/邮件管理等。

(3) 服务自动化

通过将客户服务与支持功能同销售、营销功能很好地结合，为企业提供更好的商业机会，向已有的客户销售更多的产品。主要是完成对服务流程的自动化和优化，加强服务过程的控制和管理，以实现标准化、准确化的服务，从而提高服务效果，增加客户满意度和忠诚度，实现企业利润最大化。

服务管理系统的典型功能包括实施服务管理、服务请求管理、客户管理、活动管理、计划/日历管理、产品管理、服务合同和服务质量的管理、图/表分析等。

2. 协作型 CRM

协作型 CRM 的设计目的是能够让企业客户服务人员同客户一起完成某项活动，可以实现和客户的高效互动。

(1) 呼叫中心管理

呼叫中心可通过电话技术实现与客户之间的互动，对来自多个渠道的工作任务和座席代表的任务进行全面的管理。

呼叫中心已经在很多方面得到应用。如电话银行，用户可以通过电话进行汇率查询、账户结余查询、转账、代扣公用事业费等。现在的呼叫中心是 CRM 行业的一个重要分支，它是由若干成员组成的工作组，这些成员既包括一些人工座席代表，又包括一些自动语音设备。它们通过网络进行通信，共享网络资源，为客户提供交互式服务。

一般的呼叫中心由六部分组成：程控交换机（PBX）、自动呼叫分配器（ACD）、交互式语音应答（IVR）、计算机语音集成（CTI）服务器、人工座席代表（Agent）和原有系统主机。

(2) 呼入管理

作为呼叫中心系统的补充和扩展，呼入管理提供了一些高级和细化的功能，对客户的电话呼入做出更及时、准确的回应，提高客户的满意度。

呼入管理可使管理者迅速地查找客户，并将客户分成不同类别，排出他们的优先次序，并采用路由安排将互动信息传递给最合适的座席，提高座席代表的沟通成效和生产率。如 VIP 客户享有一定的优先权，应由技术最强的座席代表负责接待。呼入管理还实现与交互式语音应答（IVR）的整合。采用交互式语音应答技术，可使客户以自助方式完成互动，而且可将语音应答软件中搜集的信息传递给座席代表，用来改善客户服务品质。呼入管理可从交互式语音应答中收集数据，为座席代表提供更为完整的客户资料。在交互式语音应答和路由选择过程中，座席代表已经获得或查询了客户信息，因此，当其为客户服务时，客户无须再次重复自己的基本信息。

(3) 呼出管理

作为呼叫中心系统的补充和扩展，呼出管理提供了一些高级和细化的功能，如呼出名单管理、弹出屏幕、软拨号等。通过这些功能,可以更好地执行企业营销战略。如通过在线营销管理功能,销售人员能找出合适的目标市场,并创建呼出名单,以主动地与目标客户进行联系和沟通。通过与在线营销管理的集成,呼出管理软件可自动查阅呼出名单,管理联系客户的过程,并协助联络营销名单中所列出的潜在客户和客户。

3. 分析型CRM

在CRM的应用中,之所以与其相匹配的BI/DSS的需求呼声日益高涨,主要原因是:在商业智能和决策支持解决方案的帮助下,企业可以通过充分挖掘现有的客户数据资源,捕获信息,分析信息,沟通信息,发现许多过去缺乏认识或未被认识的数据关系,从而对客户的需求能有更及时、更充分的理解,企业管理者可做出更好的商业决策,并借此提升企业核心竞争力。企业不再满足于原有信息管理系统简单的信息统计汇总,而是更多地关注能否全面获得客户和市场的资料,能否借助现代化的技术对繁多复杂的现实数据的客观本质规律进行深入认知,并做出专业化的正确判断。

分析型CRM能够分析出企业存在的问题,并且能够找出问题的原因,也能够对将来的趋势和行为进行预测,从而很好地支持人们的决策。例如,通过对公司整个数据库系统的分析,它可以回答诸如"哪个客户对我们公司的邮件推销活动最有可能做出反应?为什么?"等问题。

在企业管理客户生命周期的各个阶段都会用到数据挖掘技术。分析型CRM能够帮助企业确定客户的特点,从而为客户提供有针对性的服务。通过数据挖掘,可以发现购买某一商品的客户的特征,从而向那些也同样具有这些特征却没有购买的客户推销这个商品;若找到流失的客户的特征,就可以在那些具有相似特征的客户还未流失之前,采取针对性的措施。

(1) 分析型CRM的主要用途

①分析客户特征。为了制订出个性化的营销手段,分析客户特征是首要工作。企业不仅会想方设法了解客户的年龄、性别、收入、职业、教育程度等基本信息,对婚姻、配偶、家庭状况等的收集也是不遗余力的。

②分析VIP客户。通过客户行为分析,挖掘出消费额最高、最为稳定的客户群,确定为VIP客户。针对不同的客户档次,确定相应的营销投入。对于VIP客户,往往还需要制定个性化营销策略,以求留住高利润客户。

③分析客户关注点。通过与客户接触,收集大量的客户消费行为信息,通过挖掘,得出客户最关切的问题,从而有针对性地进行营销活动,把钱花在"点"上。同样的广告内容,根据客户不同的行为习惯,有的人会接到电话,有的人就可能收到信函;同一个企业,会给其客户发送不同的信息,而这些信息往往正是客户感兴趣的。

④获得客户。对大多数行业来说,企业的增长需要不断地获得新的客户。新的客户包括以前没有听说过企业产品的人、以前不需要产品的人和竞争对手的客户。数据挖掘能够辨别潜在客户群,并提高市场活动的响应率。

⑤交叉销售。现在企业和客户之间的关系是经常变动的,一旦一个人或者一个公司成为企业的客户,企业就要尽力保持这种客户关系。客户关系的最佳境界体现在三个方面:最长时间地保持这种关系;最多次数地和客户交易;保证每次交易的利润最大化。因此,企业需要对已有的客户进行交叉销售。交叉销售是指企业向原有客户销售新的产品或服务的过程。交叉销售是建立在双赢的基础之上的,客户因得到更多更好符合其需求的服务而获益,企业

也因销售增长而获益。在企业所掌握的客户信息、尤其是以前购买行为的信息中，可能正包含着这个客户决定下一次购买行为的关键因素。

（2）分析型 CRM 的主要功能

分析型 CRM 通常具有较强的企业个性化色彩，企业的行业特征越强，该色彩就越浓烈。但也存在相当一部分的共性需求，如客户、产品销售、市场、服务的众多分析就是最普遍应用的领域。各行企业都要了解和监视对不同类别客户、不同地区、不同产品种类、不同销售部门和员工在不同时间下的销售进程、财务状态；了解和掌控企业的客户综合状态、产品综合状态、竞争对手综合状态和市场、销售与服务环节等的具体内涵。

①市场分析：对各类市场的活动、费用、市场反馈、市场线索进行分析，帮助市场人员全程把握市场活动。对市场的广告宣传、市场情报进行统计分析，供市场各类宣传决策。分析合作伙伴、潜在合作伙伴的各种背景、潜力、实际营运状态，协助合作伙伴的维系和发展。

②销售分析：在销售环节，针对客户实现客户销售量、销售排名、销售区域、销售同期比、应收款、客户新增、重复购买、交叉销售、客户关怀等的全面分析。实现对产品销售量、排名、区域、同期比、销售价格、利润、久未交易产品、新产品销售构成等的全面分析。针对部门实现部门或员工销售量、排名、同期比、收款—欠款、指标完成情况、满意及投诉等的全面分析。此外，实现合同类型、合同执行情况、产品利润、客户利润、部门利润、商机费用、客户费用、部门费用、线索来源、线索商机转换、商机成功率、合作伙伴销售等的全面分析。

③产品分析：根据市场、销售、服务各环节的反馈，实现产品的销售增长率、产品缺陷、质量费用、生命周期、产品属性、产品销售能力、获利能力、市场占有率、竞争能力、市场容量等的分析。

④客户分析：在客户统一管理的层面上，实现客户属性、消费行为、与企业的关系、客户价值、客户服务、信誉度、满意度、忠诚度、客户利润、客户流失、恶意行为、客户产品、客户促销、客户未来等的全面分析。

⑤竞争分析：通过对竞争对手同类产品信息的收集和统计，实现与竞争对手价格、地区、产品性能、广告投入、市场占有率、项目成功率、促销手段、渠道能力等方面的竞争优势分析。实现不同地区、不同产品、不同竞争对手的竞争策略分析。

⑥预测：对未来销售量、销售价格、市场潜力、产品定价等企业经营决策特别关心的内容，通过适当的预测模型，进行多维度的剖析，为决策提供数据支持。

4.3.3 客户关系管理与企业资源规划的整合

1. CRM 与 ERP 整合的内容

从 CRM 的功能和 ERP 的功能所述的内容中不难看出，CRM 与 ERP 有重叠部分，在各自的发展趋势中均应相互渗透和共同提高。ERP 与 CRM 的整合主要包括如下内容。

①客户管理：CRM 与 ERP 系统中都要用到客户的一些基本信息，比较而言，CRM 中更全面一些。

②产品管理：CRM 与 ERP 系统中都要用到产品的基本信息、产品的物料清单（BOM）、产品的客户化配置和报价等。

③工作流管理：CRM 与 ERP 系统中都有工作流管理，实际上两者的工作方式是一样的。

④工作人员管理：CRM 与 ERP 系统都要涉及企业员工的基本情况和工作安排情况，但 ERP 系统中更强调对人力资源的全面管理。

⑤营销管理：ERP 的营销主要是简单地提供一些市场资料和营销资料，相对来讲比较简单，而 CRM 则提供了相当完善的营销管理功能，特别是强调一对一的营销思想。

⑥销售管理：CRM 系统在销售管理方面强调的是过程，讲究机会管理、时间管理和联系人管理等，而 ERP 系统中更多地强调结果，讲究销售计划和销售成绩等。

⑦客户服务和支持：ERP 系统只提供了简单的客户投诉记录、解决情况，没有就客户服务和支持做全面的管理，而 CRM 则实现了这种全面管理，而且尤其强调客户关怀。

⑧订单管理：ERP 和 CRM 都有订单管理，两者可以说是完全重叠的，不过这种重叠是建立在企业的 ERP 之上的。

⑨决策支持：CRM 和 ERP 系统都使用了数据仓库和联机分析处理功能，从而实现了商业智能和决策支持。所使用的技术相差不大，只是数据对象有所不同。

2. CRM 与 ERP 整合的方法

CRM 系统与 ERP 系统整合时，可以使用 5 种方法。

（1）提供中间件

运用"新的模块化软件"概念，提供 ERP 或 CRM 系统同第三方软件的集成标准件，即业务应用程序接口（BAPI）。

（2）数据同步复制

在 CRM 和 ERP 系统的服务器之间建立起数据复制的功能，使两者的数据保持同步。

（3）二次开发

对自己使用的 CRM 或 ERP 软件进行客户化修改。

（4）统一标准

CRM 与 ERP 之间，有些功能是相同或相似的，如工作流、决策支持，可以采用相同的技术手段，推出相应的行业标准，从而实现互换性使用。

（5）统一使用

CRM 中销售、市场营销和服务实现了业务自动化，而 ERP 中的这部分功能就没有这么强，所以，当企业在实施 ERP 之后，若再使用 CRM，则可用 CRM 覆盖 ERP 中的销售、市场营销和服务等模块。

一般而言，较好的整合方法有两种：一是 CRM 和 ERP 两个系统出自同一个软件厂商，两者已经高度集成；二是提供标准的中间件，方便系统升级维护，保护企业的有效投资。

4.3.4 客户关系管理与供应链的整合

在传统供应链中，供应商是将货物沿着供应链向最终用户的方向"推动"，这样的系统需要在仓库里贮存货物，尽管这种做法并不划算。而电子供应链改变了传统供应链的运行方向，电子供应链主张的是及时生产客户所需的产品，而不需在仓库上耗费巨资。在电子商务及新的在线购物系统中，客户可从供应链的每个成员中"拉出"他们所需的东西，结果是客户可获得更加快速而可靠的服务，而供应商也减少了成本。为了有效地实施拉动战略，企业必须与供应链中的所有成员建立有效的信息互动。

在这种新的商业环境下，所有的企业都将面临更为严峻的挑战，它们必须在提高客户服务水平的同时努力降低运营成本，必须在提高市场反应速度的同时给客户以更多的选择。同时，因特网和电子商务也将使供应商与客户的关系发生重大的改变，其关系将不再仅仅局限于产品的销售，更多的将是以服务的方式满足客户的需求。越来越多的客户不仅以购买产品的方式来实现其需求，而且更看重未来应用的规划与实力，而不仅仅是产品本身，这将极大地改变供应商与客户的关系。因此，CRM 与 SCM 的整合也势在必行。具体而言，整合内容如下。

1. 信息共享是基础

整合的第一个层次就是实现需求信息在供应链中的共享。有人将供应链管理称为"需求链管理"，来强调供应链中所有活动都是基于客户的实际需求，是有一定道理的。实际上，客户订单就是供应链中所有行为最终驱动的源头。

信息共享是解决供应链中著名的"长鞭效应"需求扭曲问题的最有效方法。在理想情况下，下游点可以和上游点共享它的客户或客户信息，信息共享的程度越深，存在"长鞭效应"的危险性就越小。同样，上游点也可以和它的下游点共享库存水平、生产能力和交货计划等方面的信息，这就让下游的合作伙伴能够清晰地了解供应商的供应情况，减小了他们判断不准确的情况。所以，供应商不仅可以共享他们自己的有关库存和生产能力方面的信息，同时还可以共享他们的供应商的数据，供应链中的所有信息应该是透明的。

信息整合更深层次的内涵指在供应链中实现知识交流，要求各合作者之间要有更深层次的信任，而不只是简单的数据共享。知识交流是沃尔玛公司和华纳-兰伯特医药公司协作预测和补充医药和保健品的基础。沃尔玛公司通过跟客户的交流以及对各销售点的数据分析，可以清楚地了解到当地客户的偏好；而华纳-兰伯特医药公司了解其药品特性并且利用各种外部数据如天气预测等来预测需求趋势。然后，双方通过他们知识的交流来制订正确的市场补充计划。

2. 决策协作

在信息和知识共享的基础上，供应链伙伴之间寻求更深层次的整合。他们开始交换某些决策权、工作职责和资源，以更好地加强协作，共同努力开拓市场。供应链上某个伙伴可能处于更适合的位置来执行通常由另一个伙伴拥有的决策权，如果把这个决策权从这个合作伙伴转给另一个更适合的合作伙伴，那么整个供应链的效率将得到明显提高。

协作的下一个层次是工作的重新部署。本着实现供应链优化的原则，所有的工作都将在供应链中重新分配，这样的重新分配只有在信息和知识共享的基础上才可能实现。如在传统计算机行业，最终产品结构由制造商完成，以成品形式存放在制造商的仓库中。分销商和零售商（我们称之为销售渠道）从制造商那里订货、提货存仓，最终消费者从分销商和零售商获取产品。但是现在情况跟传统的供应链结构有些不同了。

在直接销售模式情况下，制造商负责产品的客户化和交货，同时也负责销售和客户关系的处理，戴尔公司是这种模式的典型代表。销售代理模式情况下，渠道负责销售和客户关系处理等活动，而制造商负责产品的实际客户化工作。这种模式下的产品从制造商直接交付运送给客户，比如 HP 公司在他们的 PC 客户服务中就使用这种模式来响应他们竞争对手使用直接销售模式取得的成功。在这种情况下，由于产品很复杂，因此需要渠道协作负责销售和客户关系处理方面的事务。高价值产品更适宜让制造商生产入仓并直接交货给客户，而不是将库存存放在销售渠道那里。

在销售渠道组装程序方面，IBM 公司是一个极好的例子。它的销售渠道不仅负责销售和客户关系处理，还负责构造产品来满足客户要求。销售渠道最接近客户，和客户交流更多，更了解客户，他们被允许参与满足客户需求的产品构造类型选择这样的活动，但是制造商和销售渠道都提供产品售后服务。因为客户登记了保修单，任何维修服务要求，都可以和制造商直接联系。制造商实际上也需要这样的联系，因为通过维修服务可获得有价值的反馈信息，帮助改善产品设计。但大多数的制造商都缺乏广泛的维修服务网来对客户提出的维修计算机的请求做出快速反应，这时销售渠道在这方面处于更加优势的地位，因为它们本身是呈地理分布的。

在外协模式下，制造商负责销售和客户关系处理，而销售渠道则负责处理产品客户化和交货。网上交易的实现使这种工作职责重新分配的趋势加快；制造商们正在逐步承担着传统上由分销商和零售商扮演的完成订单的角色，分销商和零售商的地位将在新的供应链中被重新定义。

4.4 电子商务

当前，集信息技术、商务技术和管理技术于一体的电子商务，正以惊人的速度进入人们的生产和生活中，推动着经济全球化、贸易自由化和信息现代化的发展。电子商务正以强劲之势改变着企业的经营方式、商务交流方式、人们的消费方式以及政府的工作方式，越来越影响到整个社会的经济发展和人们的工作及生活。

4.4.1 电子商务概述

Internet 的出现和迅速普及不仅仅改变着人类信息传输和交流的方式，而且已经引起整个社会组织框架结构和制度安排的深刻变革。传统的产业经济模式正在逐渐消失，网络经济正在崛起。Internet 的商业化发展推动了电子商务的迅速增长，这种飞速增长所带来的商机是巨大而深远的，因此也就迫切需要人们进一步了解、认识和应用电子商务。

人们对电子商务的了解、认识和应用，是与计算机技术及网络的应用和普及密不可分的。随着互联网的应用和普及，网络为人类社会创造了一个全新的信息空间。在这一空间里，人们以数字信号为媒介进行各种日常工作和娱乐，如在网上收发邮件、讨论问题、在线阅读写作、玩网络游戏等。而商业活动，会以一种最普通的方式，渗透到这个空间中。于是，人们想到了用数字信号在网上开展商务活动。

所谓电子商务，通俗地讲，就是在网上开展的商务活动。它是在计算机技术与网络通信技术的互动发展中产生和完善的。当企业将它的主要业务通过企业内部网（Intranet）、外部网（Extranet）及 Internet，与企业的职员、客户、供销商及合作伙伴直接相连时，其中发生的活动集合就是电子商务。

电子商务的定义有多种说法。关于电子商务的定义，国际组织、专家学者、IT 行业界和普通消费者都有不同的理解和表述。

电子商务的定义有"广义"和"狭义"之分。

狭义的电子商务也称为电子交易（E-Commerce），主要包括利用网络进行的商品交易活动。

从发展的角度看，在考虑电子商务概念时，仅仅局限于利用 Internet 进行商务活动是不够的。将利用各类电子信息网络进行的广告、设计、开发、推销、采购、结算等全部贸易活动都纳入电子商务的范畴比较符合发展实际。

广义的电子商务也称为电子商业（E-Business），是将运用一切电子工具和技术进行的所有与商务有关的活动（如商务信息、商务管理和商品交易等）都称为电子商务。这些活动可以发生在公司内部、公司之间及公司与客户之间。

从电子商务应用的需要出发，将电子商务中的"商务"仅仅局限在"交易"而不考虑"信息"和"管理"是不实际的，而将电子商务中的"电子"无限扩大到所有电子工具和电子技术又范围太广，难以突出商务本身的特征。所以，本教材中电子商务的定义，将"电子"的含义限定为以 Internet 为主的计算机网络，将"商务"的含义规定为包括商务信息、商务管理和商品交易在内的全部商务活动。

电子商务的内涵，可以理解为：信息技术特别是互联网络技术的产生和发展是电子商务开展的前提条件；掌握现代信息技术和商务理论与实务的人是电子商务活动的核心；系列化、系统化电子工具是电子商务活动的基础；以商品贸易为中心的各种经济事务活动是电子商务的对象。

4.4.2 电子商务系统组成

1. 电子商务的概念模型

随着 Internet 的普及，电子商务在网上的应用领域越来越广泛，并引起了各国政府的重视和支持，得到企业各界和消费者的关注。

电子商务概念模型是将实际运作中的电子商务活动过程进行抽象描述，它由电子商务实体、电子市场、交易事务和信息流、商流、资金流、物流等基本要素构成。

（1）电子商务实体

在电子商务概念模型中，能够从事电子商务活动的客观对象称为电子商务实体。它可以是企业、银行、商店、政府机构、个人等。

（2）电子市场

电子市场是电子商务实体在 Internet 上从事商品和服务交换的场所。在电子商务中，对于每个交易实体来说，所面对的都是一个电子交易市场，各种各样商务活动的参与者必须通过电子交易市场来选择交易的对象和内容，利用通信装置，通过网络连接成一个统一的整体。

（3）交易事务

交易事务是指电子商务各实体之间所从事的具体的商务活动内容，如询价、报价、转账支付、广告宣传、商品运输等。

除以上三种要素外，电子商务的每一笔交易中都包含四种基本的"流"，即信息流、商流、资金流、物流。

信息流既包括商品信息的提供、促销行销、技术支持、售后服务等内容，也包括诸如询价单、报价单、付款通知单、转账通知单等商业贸易单证，还包括交易方的支付能力、支付信誉等。商流是指商品在购、销之间进行交易和商品所有权转移的运行过程,具体是指商品交易的一系列活动。资金流主要是指资金的转移过程,包括付款、转账等过程。物流指交易的商品或服务等物质实体的流动过程,具体包括商品的运输、储存、配送、装卸、保管、物流信息管理等各种活动。

在电子商务模式下,信息流、商流、资金流的处理都可以通过计算机和网络通信设备实现。物流只有在交易无形商品时可以直接通过网络传输的方式配送,如各种电子出版物、信息咨询服务、付费信息和软件等,而对于大多数商品和服务来说,物流仍然要经由传统的经销渠道,通过物理方式传输。

在电子商务的概念模型中,强调"四流"的整合。以物流为物质基础,商流为表现形式,信息流作为连接的纽带,引导资金流正向流动。

2. 电子商务的组成

所有的商业交易都需要语义确切的信息交流和处理,以减少买方和卖方之间的不确定性因素,这些不确定性因素包括交易产品的质量问题、是否有第三方对委托进行担保以及如何解决纠纷等。所有以上这些内容具体到电子商务中会变成以下一些要素,即电子商务的基本组成要素有Internet、Intranet、Extranet、用户、配送中心、认证中心、银行、商家等,如图4-3所示。

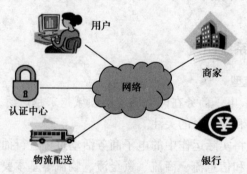

图4-3 电子商务系统的组成

①计算机网络。Internet是电子商务的基础,是商务、业务信息传送的载体;Intranet是企业内部商务活动的场所;Extranet是企业与企业以及企业与个人进行商务活动的纽带。

②用户。电子商务的用户可以分为个人用户和企业用户。

③认证中心(CA)。认证中心是法律承认的权威机构,负责发放和管理电子证书,使网上交易的各方能互相确认身份。电子证书是一个包含证书持有人个人信息、公开密钥、证书序号、有效期、发证单位的电子签名等内容的数字文件。

④物流配送中心。物流配送中心的主要职责是接受商家的送货要求,组织运送无法从网上直接配送的商品,跟踪产品的流向,将商品送到消费者手中。

⑤网上银行。网上银行在Internet上实现传统银行的业务,为电子商务交易中的用户提供24小时实时服务,与信用卡公司合作,提供网上支付手段。

3. 电子商务的分类

对电子商务可以按参与交易涉及的对象、交易所涉及的商品内容和进行交易的企业所使用的网络类型等对其进行不同的分类。

(1) 按参与交易的对象分类

按照交易对象，可将电子商务分成四类。

①企业与消费者之间的电子商务（B to C 电子商务）：B to C（Business to Customer）电子商务是在企业与消费者之间进行的商务模式，也叫作网上购物。它是通过网上商店实现网上在线商品零售和为消费者提供所需服务的商务活动。它是指用户为完成购物或与之有关的任务而在网主虚拟环境中浏览、搜索相关商品信息，从而为购买决策提供所需的必要信息，并实施决策和购买的过程。

从长远来看，企业对消费者的电子商务将取得长足的发展，并将最终在电子商务领域占据重要地位。目前，在 Internet 网上遍布各种类型的商业中心，提供从鲜花、书籍到计算机、汽车等各种消费商品和服务。这一类型电子商务成功应用的例子很多，如全球最大的虚拟书店 Amazon.com（http://www.amazon.com）等。为了获得消费者的认同，网上销售商在"网络商店"的布置上往往煞费苦心。网上商品不是摆在货架上，而是做成电子目录，里面有商品的图片、详细说明书、尺寸、价格信息等。随着 Internet 的普遍应用，B to C 电子商务有着强劲的发展势头。

②企业与企业之间的电子商务（B to B 电子商务）：B to B（Business to Business）电子商务是指采购商与供应商在 Internet 上进行谈判、订货、签约、接受发票、付款、索赔处理、商品发送、运输跟踪等所有活动。

企业间的电子商务包括非特定企业间的电子商务和特定企业间的电子商务。非特定企业间的电子商务，是在开放的网络中对每笔交易寻找最佳伙伴，并与伙伴进行从订购到结算的全面交易行为。特定企业间的电子商务，是过去一直有交易关系而且今后要继续进行交易的企业间围绕交易进行的各种商务活动，特定的企业间买卖双方既可以利用大众公用网络进行从订购到结算的全面交易行为，也可以利用企业间专门建立的网络完成买卖双方的交易。

B to B 交易模式是指以企业为主体，在企业之间通过 Internet 或专用网方式进行电子交易活动。在可以预见的将来，企业与企业之间的电子商务将是电子商务交易的主流，就目前来看，电子商务最热心的推动者也是商家，因为相对来说，企业和企业之间的交易才是大宗的，是通过引入电子商务能够产生最佳效益的地方，也是企业在面临激烈竞争的情况下，改善竞争条件、建立竞争优势的主要方法。典型的 B to B 网站如阿里巴巴（中国）电子商务网站（http://china.alibaba.com）。

③消费者与消费者之间的电子商务（C to C 电子商务）：C to C（Customer-to-Customer）电子商务是消费者与消费者之间的交易。它通过 Internet 在消费者之间提供进行交易的环境，如网上拍卖、在线竞价交易等。典型的拍卖网站如雅宝拍卖网（http://www.yabuy.com）。

④企业与政府之间的电子商务（B to G 电子商务）：B to G（Business to Government）电子商务覆盖了政府与企业组织间的各项事务，包括政府采购、税收、商检、管理条例发布、法规政策颁布等。它是政府机构应用现代信息和通信技术，将管理和服务通过网络技术进行集成，在 Internet 上实现政府组织机构和工作流程的优化重组，超越时间及部门之间的分隔限制，向社会提供优质和全方位的、规范而透明的、符合国际标准的管理和服务。

在电子商务中，政府担当着双重角色，既是电子商务的使用者，进行购买活动，属商业行为；又是电子商务的宏观管理者，对电子商务起着扶持和规范的作用。

(2) 按交易的商品内容分类。

①有形商品电子商务：有形商品指实体类商品，它的交易过程中所涉及的信息流和资金流完全可以在网上传输，买卖双方在网上签订购货合同后又可以在网上完成货款支付。但交易的有形商品必须由卖方通过某种运输渠道送达买方指定地点，所以有形商品电子商务必须解决好货物配送的问题。有形商品交易电子商务由于三流（信息流、资金流、物流）不能完全在网上传输，又称为非完全电子商务。

②无形商品电子商务：无形商品指包括软件、电影、音乐、电子读物、信息服务等可以数字化的商品，这类无形商品交易可以直接在网上联机订购、付款和交付或免费下载。无形商品网上交易与有形商品网上交易的区别在于前者可以通过网络将商品直接送到购买者手中。这种无形商品电子商务模式完全可以在网上实现，又称为完全电子商务。

(3) 按照电子商务所使用的网络类型分类。

按照电子商务所使用的网络类型，可以将电子商务分为三类。

①EDI 商务。EDI 是按照一个公认的标准和协议，将商务活动中涉及的文件标准化和格式化，通过计算机网络，在贸易伙伴的计算机网络系统之间进行数据交换和自动处理。

②Internet 商务。Internet 商务是利用连通全球的网络开展的电子商务活动。它以计算机、通信、多媒体、数据库技术为基础，在网上实现营销、购物服务，真正实现了网上商务投入少，成本低、零库存、高效率的优势，避免了商品的无效搬运，从而实现了社会资源的高效运转和最大节余。消费者不再受时间、空间和厂商的限制，在网上以最低的价格获得了最为满意的商品和服务。

在 Internet 上可以进行各种形式的电子商务业务，这种方式涉及的领域广泛，全世界各个企业和个人都可以参与，是目前电子商务的主要形式。

③Intranet 商务。Intranet（企业内部网）是在 Internet 基础上发展起来的企业内部网，它在原有的局域网上附加一些特定的软件，将局域网与 Internet 网连接起来，从而形成企业享内部的虚拟网络。Intranet 与 Internet 最主要的区别在于 Intranet 内的敏感或享有产权的信息受到企业防火墙安全网点的保护，它只允许被授权者访问内部网点，外部人员只有在许可条件下才能进入企业的 Intranet。

Intranet 将大、中型企业分布在各地的分支机构及企业内部有关部门和各种信息，通过网络予以连接，使企业各级管理人员能够通过网络获取信息，利用在线业务的申请和注册代替纸张贸易和内部流通的形式，通过这种形式形成一个商务活动链，这样可以大大提高工作效率和降低业务的成本。

4.4.3 网络营销

网络营销（Network marketing）也称为网络营销（Web marketing）、在线营销（Online marketing）或因特网营销（Internet marketing），是指利用网络通信技术进行营销的一种电子商务活动。随着因特网和电子商务应用的迅速普及，网络营销也迅速兴起并快速发展，且成为电子商务加速推广的重要推动力。

网络营销不限于厂商为客户提供商品和服务信息，而是贯穿于厂商与厂商之间、厂商与消费者之间的商品买卖、产品促销、商务洽谈、信息咨询、广告发布、市场调查、付款结算、售前售后服务、技术协作等全方位商业交易活动。它使营销活动的范围扩大到全世界和虚拟的网络空间，使营销活动的时间延长到每天 24 小时、一年 365 天。

因特网在美国问世，网络营销也首先出现在美国，美国政府制定了"网络营销政策性框架"，鼓励企业推广网络营销和电子商务，政府率先垂范。从 1997 年 1 月 1 日起，联邦政府各部门采购全面采用网上招标方式，要求所有与美国政府部门做生意的民间企业，都要通过网络进行洽谈，诸如工程发包通告、投标文件、估价报表、规格说明、设计要点、竣工报告等文件资料都要在网络上呈报或交流，各种工程款项也通过网络结算和电子交付。

IR 发布的一则数据，显示了全球电子商务的发展态势。其引用 Goldman Sachs 的一组数据显示，2010 年全球电子商务规模为 5 725 亿美元，平均增速为 19.4%；2013 年全球电子商务销售额接近万亿美元，达到 9 630 亿美元。这为网络营销提供了广阔的发展空间和市场需求。随着安全性、保密性等问题得到解决，网络营销将会有更快的发展。网络营销不仅会改变传统营销方式，还会改变人们的生活和工作方式。

网络营销具有以下特点。

(1) 网络营销具有全球性，可以使企业营销活动拓展到最大市场范围

因特网的全球用户众多，因此，利用因特网进行营销活动具有雄厚的用户基础。接入因特网就意味着进入了这个巨大的全球市场，因特网将成为商家进行市场扩张的最佳工具。当然，企业必须考虑这种营销环境的变化，研究如何开发这种新型营销方式的巨大潜力，确定合理的营销战略。网络营销的全球性为国际贸易提供了方便，帮助世界范围内的进出口商建立直接联系，出口商可以在网上发布商品信息，图文并茂地展示供应商品；进口商需要的商品可通过 E-mail 及时联系成交。

(2) 网络营销具有交互性，为企业提供快速应变能力

现代企业的经营活动向着规模化、全球化发展，如何提高企业的应变能力，尽快开发或组织适销对路的产品以满足消费者需求，是企业成败的关键。"市场如战场，信息决胜负"，这是日本松下电器公司的座右铭。因为仅有市场没有适销对路产品的企业是没有竞争力的。企业为了了解市场动向，了解消费者对产品的意见和要求，传统的市场调查方式通常是：

① 调查人员在现场进行观察；

② 将预先准备好的调查表格让被调查者填写；

③ 通过小规模的试验来了解产品及其发展前景，如试用、试穿、试吃或在某一地区试销，从而了解新产品是否受消费者欢迎；

④ 对现成的销售数据和用户资料等进行分析研究。

以上几种传统的市场调查方式固然可以为企业提供一些反馈信息，但时效性差，受调查的对象面窄，无法适应瞬息万变大市场的需要。因特网营销不仅有提供消费者反馈信息的广阔天地，而且它的交互性及快速信息传递，可让企业及时、广泛地听取消费者的意见或建议。因特网可以实现买卖双方的相互交流，对生产企业来说，可根据消费者的要求及时改变产品设计，开发新产品，直接提供各种交互式服务；对商业企业来说，可根据消费者需求组织货源。由此可见，因特网的交互性可提高企业对市场变化的快速反应能力。

(3) 网络营销的定制化有助于实现以消费者为中心的营销理念

企业提供的各种销售信息可以在服务器中集中存储，但它们仍然能独立运行、存入或输出。这样，企业可以以消费者为中心处理商品信息，有针对性地推销自己的产品，能克服传统促销方式把消费者不喜欢的商品强行推销造成消费者反感的缺陷。在网上推出的各类商品

目录,可以让消费者比较挑选,从而迅速、经济、实惠地完成采购目标。

(4) 网络营销的互联性可加强企业间的协作关系

利用内联网(Intranet)与外联网(Extranet)技术,各企业可在内部信息安全的基础上共享相关数据信息,协调管理项目,增加企业协同开发新产品的机会和联合提供优质服务的能力。一个产品的设计和开发制造,可以由不同的企业间共同完成,先在联网的计算机上单独完成各个部分和环节,再进行组合完成。因特网的这种特性尤其适用于技术难度大、投资大、风险大的国际合作开发的项目。协作单位可通过远程会议等交流,因而能大大缩短设计周期,节约旅费开支,从而降低产品成本。

(5) 网络营销的平等性营造了相对公平的市场竞争环境

在传统的营销活动中,由于地理环境、配备设施、店面大小、市场规模、交通状况等因素,其营销效果和经营状况差别巨大。这种不平等的竞争环境,会影响企业的竞争努力,形成市场垄断。采用网络营销,因为任何厂商都可以自由地在网上开设虚拟商店,其商品展看是全方位的,不管这种商品来自何方,展示的机会是均等的,不受时空限制。就消费者而言,任何人都可以通过因特网随心所欲地去浏览网上任何虚拟商店里的任何虚拟商品,并"货比三家",从而决定自己的购买行为。由此可见,网络营销方式对任何厂商和消费者都是平等的。在因特网上进行商务活动的厂商不是靠组织机构的大小参与竞争,而是靠提高服务价值、服务质量和信誉来取胜。

(6) 网络营销的商品多,成本低

网络营销的商品不受限制,只要网络服务器有足够容量,送货等售后服务能跟上即可。一家网上虚拟商场往往可以提供几十万、上百万种商品,甚至还有各种服务项目,如飞机票、电影票等,都可以经营。

网络营销只需设立一个虚拟商场(由一台网络服务器承担)或一个虚拟商店(由一个主页承担并将它连到租用的网络服务器)就可以了,企业所要推销的商品将其外形、性能、用途、价格、售后服务等信息都存储在网络服务器内。传统的店面租金相当高昂,特别是黄金地段,更是寸土如寸金,而购置一台联网服务器设备的费用要低得多。"虚拟铺面"中摆放多少商品几乎没有限制,而且经营方式也很灵活,既可以做批发商,也可以做零售商。亚马逊(Amazon)是全球最大的网上书店,经营的图书达100多万种,若把这些书上在传统书店里展示,几乎是不可想象的,面积将会十分巨大。传统商家为压低进货成本,往往采用批量进货,这不仅会带来相当大的资金压力和经营风险,而且库存商品的盘点、存放、保管、养护等各个环节都需要人力、物力和财力;而虚拟商场没有实物库存,可节约仓储开支。

虚拟商场同时兼备了促销功能,其"货架"上的商品同时又是广告宣传的样品,经营者节省了广告费用。另外,厂商营销人员的减少、纸广告资料的减少,均可降低营销成本。

网络营销实际上是一种直销方式,因而可以减少商品流通的中间环节,如批发商、零售商等。传统营销方式中虽也有直销方式,上门推销商品,但盲目性较大,成功率不高。而厂方自己开设专卖店,虽然可克服上述的盲目性,但需租用店面,增加了开支,营销成本的降低幅度有限。

4.4.4 电子商务的网上交易过程

这一过程大致可以分为交易前、交易中、交易后三个阶段。

1. 交易前

这一阶段主要是指买卖双方和参与交易各方在签约前的准备活动，包括在各种商务网络和因特网上寻找交易机会，通过交换信息来比较价格和条件，了解各方的贸易政策，选择交易对象。

买方要买什么，就相应地去准备购货款，制订购货计划，进行资源市场调整和市场分析，反复查询市场，了解各卖方国家的贸易政策，来回修改购货计划和进货计划，确定和审批购货计划，再落实购买商品的种类、数量、规格、价格、购货地点和交易方式。尤其要利用 Internet 和各种电子商务网络寻找自己的商品和商家。

卖方要卖什么，也相应地去做全面的市场调查和市场分析，制定各种销售策略和销售方式，了解各买方国家的贸易政策，利用因特网和各种电子商务网络发布商品信息，寻找贸易合作伙伴和交易机会，目的无非就是扩大贸易范围和商品的市场份额。

其他参加交易各方，以及中介，银行金融机构，信用卡、保险、运输等公司，海关、商检、税务等系统，都要为电子商务交易做好准备。

2. 交易中

（1）交易谈判和签订合同

买卖双方利用电子商务系统就所有交易细节在网上谈判，将磋商结果做成文件，以电子文件形式签订贸易合同。明确权利、义务、标的商品的种类、数量、价格、交货定点、交货期、交易方式和运输方式、违约和索赔等合同条款后，双方就可以用 EDI 签约，用数字签字签约也行。

（2）办理交易前的手续

买卖双方从签订合同到开始履行合同要办理诸多手续，这也是双方交易的准备过程。交易中可能要与这些单位打交道：中介方，银行金融机构，信用卡、保险、运输等公司，海关、商检、税务等系统。买卖双方主要用 EDI 跟这些单位交换电子票据和电子单证，直到办理完一切手续、商品开始发货为止。

3. 交易后

交易后包括交易合同的履行、服务、索赔等活动。从买卖双方办完所有手续后开始，卖方备货、组货、发货，买卖双方可以通过电子商务服务器跟踪发出的货物，银行和金融机构按合同处理双方收付款和结算，出具单据，直到买方收到货、卖方收到货款，整个交易过程告终。买卖双方交易中出现违约时，受损方要向违约方索赔。

不同类型的电子商务交易，虽然都包括上述三个阶段，但流转程式有所不同。对于 Internet 商业来讲，基本上可以归纳为两种：网络商品直销、网络商品中介交易。

4.4.5 电子商务对企业与社会变革带来的影响

1. 电子商务对企业的影响

①企业组织信息传递的方式，由过去单向的"一对多式"转换为双向的"多对多式"。

在网络化的企业组织结构里，信息无须经过中间环节就可以达到各方的沟通，使工作效率得到很大程度的提高。

②电子商务打破了传统职能部门依赖分工与协作完成整个工作任务的过程，形成了并行工程的思想。改变了过去只有市场部和销售部才可以与客户打交道的状态，在电子商务的构

架里，其他职能部门也可以通过商务网络与客户频繁接触。原有各工作单元之间的界限被打破，重新组合成一个直接为客户服务的工作组。这个工作组直接与市场接轨，以市场的最终效果来衡量生产流程的组织状况和各组织单元间协作的好坏。

③企业的经营活动打破了时间和空间的限制，虚拟企业——一种新型的企业组织形式诞生了。它打破了企业之间、产业之间、地域之间的一切界限，把现有资源组合成两种超越时空、利用电子手段传输信息的经营实体。虚拟企业可以是企业内部几个要素的组合，也可以是不同企业之间的要素组合。其管理由原来的相互控制转向相互支持，由监视转向激励，由命令转向指导。

2. 电子商务对社会经济的影响

电子商务是互联网技术发展日益成熟的直接结果，是网络技术发展的新方向。它不仅改变了企业本身的生产、经营和管理，而且给传统的贸易方式带来了巨大的冲击。电子商务最营明显的标志便是增加了贸易机会，降低了贸易成本，提高了贸易的效益。它大大地改变了商务模式，带动了经济结构的变革，对现代经济活动产生了巨大的影响。

①促使全球经济的发展。电子商务使贸易的范围空前扩大，从而引起全球贸易活动的重大幅度增加，促使全球范围内的经济有一个良好的发展趋势。

②促使知识经济的发展。信息产业是知识经济的核心和最主要的推动力，而电子商务又站在信息产业的最前列，因此，电子商务的发展必将直接或间接地推动知识经济的发展。

③促使新兴行业的产生。在电子商务环境下，传统的商务模式发生了根本性的变化，社会分工将重新组合，因而会产生许多新兴行业来配合电子商务的顺利运转。例如，Internet服务提供商、Internet内容提供商、网上商店、网络银行，以及各种类型的网上搜索引擎等。还有，网上购物使送货上门成为极为重要的服务业务，导致出现快递公司、物流公司等专门从事送、配货业务的行业。因此，电子商务为社会创造了更多的就业机会和社会财富。

4.5 电子政务

电子政务是政府在国民经济和社会信息化的背景下，以提高政府办公效率，改善决策和投资环境为目标，将政府的信息发布、管理、服务、沟通功能向互联网上迁移的系统解决方案。同时也提供了结合政府管理流程再造，构建和优化政府内部管理系统、决策支持系统、办公自动化系统，为政府信息管理、服务水平的提高提供强大的技术和咨询支持。

政府既是社会信息资源的最大生产者和拥有者，也是社会信息产品的领先使用者和主要传播者，在面临现代信息通信技术严峻挑战的同时，也迎来了一个全新的电子政务时代。电子政务在改进和优化政府组织、重组公共管理、提升政府管理的效率、提高政府服务的能力和水平等方面，正焕发出越来越强盛的生命力。

4.5.1 电子政务的概念

电子政务即政务信息化，是指国家机关在政务活动中，全面应用现代信息技术进行办公和管理，为社会公众提供服务。

电子政务，目前有很多种说法，如电子政府、网络政府、政府信息化管理等。真正的电子政务绝不是简单的"政府上网工程"，更不是建个网站那么简单。

严格地说，电子政务是政府机构应用现代信息和通信技术，将政府管理和服务通过网络技术进行集成，在互联网上实现政府组织结构和工作流程的优化重组，超越时空的限制，向社会提供优质的、全方位的、规范而透明的、符合国际水准的管理和服务。

电子政务是一个系统工程，应该符合以下三个基本条件。

第一，电子政务是借助于电子信息化硬件系统、数字网络技术和相关软件技术的综合服务系统；硬件部分包括内部局域网、外部互联网、系统通信系统和专用线路等；软件部分包括大型数据库管理系统、信息传输平台、权限管理平台、文件形成和审批上传系统、新闻发布系统、服务管理系统、政策法规发布系统、用户服务和管理系统、人事及档案管理系统、福利及住房公积金管理系统等数十个系统。

第二，电子政务是处理与政府有关的公开事务、内部事务的综合系统。除了包括政府机关内部的行政事务以外，还包括立法、司法部门以及其他一些公共组织的管理事务，如检务、审务、社区事务等。

第三，电子政务是新型的、先进的政务管理系统。电子政务并不是简单地将传统的政府管理事务原封不动地搬到互联网上，而是要对其进行组织结构的重组和业务流程的再造。因此，电子政府在管理方面与传统政府管理之间有显著的区别。

4.5.2 电子政务的模式

作为以网络技术为核心的信息技术在政府管理与服务中的基本应用，电子政务正在世界范围内蓬勃兴起，必将对传统的政府管理产生根本性的变革。电子政务所包含的内容极为广泛，几乎可以包括传统政务活动的各个方面。根据近年来国际电子政务的发展和我国电子政务的实践，电子政务的主要模式有 G to G 模式、G to E 模式、G to B 模式和 G to C 模式四种。

1. G to G 电子政务

G to G 电子政务即政府（Government）与政府（Government）之间的电子政务，又称作 G2G，它是指政府内部、政府上下级之间、不同地区和不同职能部门之间实现的电子政务活动。G to G 模式是电子政务的基本模式。具体的实现方式可分为以下几种。

①政府内部网络办公系统。

②电子法规、政策系统。

③电子公文系统。

④电子司法档案系统。

⑤电子财政管理系统。

⑥政府电子培训系统。

⑦政府垂直网络化管理系统。

⑧政府横向网络协调管理系统。

⑨政府网络业绩评价系统。

⑩城市网络管理系统。

从以上概括的 10 个方面可以看出，传统的政府与政府间的大部分政务活动都可以通过网络技术的应用高效率、低成本地实现。

2. G to B 电子政务

G to B 电子政务是指政府（Government）与企业（Business）之间的电子政务，又称作

G2B。企业是国民经济发展的基本经济细胞，促进企业发展，提高企业的市场适应能力和国际竞争力是各级政府机构共同的责任。对政府来说，G to B 电子政务的形式主要包括以下几种。

①政府电子化采购。
②电子税务系统。
③电子工商行政管理系统。
④电子外经贸管理。
⑤中小企业电子化服务。
⑥政府综合信息服务系统。

实际上，G to B 电子政务活动远不止这些，只要与企业发生直接或间接联系的政府管理部门都可在一定程度上通过电子政务方式代替传统形式的政务活动，以提高效率，降低成本，为企业提供最佳服务。

3. G to C 电子政务

G to C 电子政务是指政府（Government）与公民（Citizen）之间的电子政务，又称作 G2C，是指政府通过电子网络系统为公民提供各种服务。G to C 电子政务所包含的内容十分广泛，其主要应用包括以下一些方面。

①电子身份认证。
②电子社会保障服务。
③电子民主管理。
④电子医疗服务。
⑤电子就业服务。
⑥电子教育与培训服务。

在提供电子教育与服务方面，政府可从以下几方面入手。

出资建立全国性的教育平台，资助相应的教学、科研机构、图书馆接入互联网和政府教育平台；出资开发高水平的教育资源向社会开放；资助边远、贫困地区信息技术的应用，逐步消除落后地区与发达地区之间业已存在的巨大落差。

4. G to E 电子政务

G to E 电子政务是指政府（Government）与政府公务员（即政府雇员）（Employee）之间的电子政务，又称作 G2E。G to E 电子政务是政府机构通过网络技术实现内部信息化管理的重要形式，也是 G to G、G to B 和 G to C 电子政务模式的基础。G to E 电子政务主要是利用 Intranet 建立起有效的行政办公和员工管理体系，为提高政府工作效率和公务员管理水平服务。具体的应用主要有以下两种。

①公务员日常管理。
②电子人事管理。

G to E 电子政务的形式主要应从不同政府部门需求的实际出发，探索具体可行的信息化管理方式。

4.5.3 电子政务系统的规划与建设

1. 电子政务系统规划的主要任务

整个电子政务系统的建设要以优化政府管理工作的各核心业务流程，提高工作效率，更好地发挥政府宏观管理、综合协调与服务职能为总体目标。因此，电子政务系统规划的主要任务如下。

(1) 改革政府管理模式，优化业务工作流程

这项工作是实现政务信息化的前提和基础。实施电子政务工程不是简单地将现有业务、办公、办事程序原封不动地搬到计算机网络上，而是对传统的工作模式、工作方法、工作手段进行变革，使其在网络上顺畅运行，提高效率，节约成本。

(2) 加快建设宽带高速政务网络系统

宽带高速网络是信息化基础设施的重要组成部分，也是电子政务基础设施。电子政务工程依托宽带高速网络系统的建设，各机关面向企业和公众的政务工作也需要在宽带高速网络上展开，因此，必须进一步加快建设连接各部门、各级政府的宽带高速的网络系统。

(3) 尽快建设一批重点信息化应用项目，起到引领作用，推进政务公开，提高办事效率

①加快机关内部信息系统建设。

②积极推进网络办公，为社会提供法规、管理咨询和申报、登记审批等服务。

③建设和完善政务中心网站。政务网站要进一步突出政务功能，真正成为各级政府政务公开、为民服务的窗口。

④电子政务工程的关键是应用，因此要重点建设一批关系经济与社会发展的信息化应用项目，如社会保障、社区服务、空间信息、领导辅助决策、应急指挥等信息系统。

2. 电子政务系统规划的原则

(1) 全局性

一个地方、一个部门的电子政务规划，要从本部门、本地区公共管理的全局出发，要与国家的要求一致。

(2) 前瞻性

电子政务从需求分析到实现，需要一定的周期，政府职能转变、机构调整又是各级政府面临的现实要求，因此，电子政务的规划一定要有前瞻性，要防止电子政务固化、不合理的职能分工和流程。

(3) 政务绩效主导

规划应以提高行政能力，改善政务绩效为主线，根据提高行政能力，改善政务绩效的需要，实事求是地分析推导出应用系统开发、信息资源建设的目标和任务。不能采取先提网络、应用系统和数据库建设任务，再寻找政务需求的方法。

(4) 突出重点

电子政务不是一蹴而就的，它的成功需要制度、人才、资金和其他条件的支持，是一个逐步发展的过程。所以，规划要突出重点，分阶段推进。

(5) 整合资源

规划一定要对已有资源进行调整和整合，做到资源的充分利用。

(6) 避免重复建设

3. 电子政务系统规划的内容

电子政务系统作为信息系统，它的建设和开发遵循信息系统的生命周期理论，一般可以分为系统规划、系统分析、系统设计、系统实施、系统运行维护和评价五个阶段。其中每个

阶段都有明确的任务，并产生一定规格的文档资料交付下一阶段，而下阶段则在上阶段所交付的文档的基础上继续进行开发。

(1) 系统规划阶段

信息系统开发的第一个阶段是系统规划。系统规划阶段的主要任务是：根据用户的系统开发请求，进行环境评价和初步调查；明确信息系统目标，对新系统的需求做出分析和预测；给出拟建系统的备选方案，对这些方案进行可行性分析，写出可行性分析报告；把可行性分析报告提交给决策者审核，若通过，则报告作为系统分析阶段的任务书，提交给下一阶段的系统分析员。

这一阶段的主要工作包括组织与管理、技术、经济方面的可行性分析。该阶段的主要目标是明确系统规模和开发计划。系统规划的目的是使建设工作有良好的阶段性，以缩短系统开发周期，节约开发费用。系统规划是信息系统建设成功的关键之一，它比具体项目的开发更为重要。信息系统的规划，除了考虑建设新系统的环境、资源等约束力，还必须与应用目标相结合。

(2) 系统分析阶段

系统分析阶段的任务是：根据系统规划任务书所确定的范围，对现行系统进行详细调查，包括用户的需求分析、业务流程的分析，指出现行系统的局限性和不足；建立新系统的逻辑模型。这个阶段又被称为逻辑设计阶段。系统分析阶段是系统开发工作中的关键阶段，这一阶段的主要工作是弄清楚业务或数据流程，确定系统应具备哪些功能。该阶段的文档是系统说明书。它不仅要给用户看，还将成为系统设计和将来验收的依据。所以，系统说明书既要通俗，又要准确。

(3) 系统设计阶段

系统分析阶段的任务是回答系统"做什么"的问题，而系统设计阶段回答的是"怎么做"的问题。系统设计阶段在整个管理信息系统开发过程中起着非常重要的作用，它将系统分析阶段建立的新系统逻辑模型转化为系统的结构模型，并做好编程前的一切准备工作。该阶段的主要任务是根据系统说明书的功能要求，具体设计实现逻辑模型的技术方案，即设计新系统的物理模型。这个阶段又被称为物理设计阶段。

系统设计的主要目的是为实施阶段制定蓝图。系统设计这一阶段的主要任务是根据新系统的逻辑方案进行软、硬件系统的设计，其中包括总体设计和详细设计两个阶段。详细设计又包括代码设计、数据库设计、输入设计、输出设计、人机对话设计和处理过程设计。该阶段的最终成果是系统设计说明书。

(4) 系统实施阶段

系统实施阶段是将设计的系统付诸实施的阶段，是开发电子政务系统的最后一个阶段。这个阶段的主要任务是：实施系统设计阶段提出的物理模型，将其变为可运行的计算机模型，交付用户使用。系统实施阶段的主要活动有按系统总体设计方案购置和安装计算机网络系统，建立数据库系统，程序设计和调试，数据准备，人员培训，投入切换和试运行。

这个阶段的特点是工作量大，投入的人力、物力多，必须精心安排、合理组织。系统实施是按实施计划分阶段完成的，每个阶段应写出实施进度报告。实施阶段的文档包括程序设计手册、用户操作手册和系统联机帮助。

（5）系统运行维护和评价阶段

系统投入正式使用后，为了保证系统正常运行，必须经常进行维护和评价，分析运行结果，必要时对系统进行维护。这个阶段的特点是时间长，要延续到下一个替代系统开发出来。该阶段的任务是：延长信息系统的生命周期，充分发挥系统的价值。

本章案例

海尔电子商务的成功案例

随着网络经济时代的到来，企业如何发展，是一个崭新而迫切的问题。一家优秀的企业总是走在时代的前列，海尔集团从1999年4月开始了"三个方向的转移"。第一是管理方向的转移（从直线职能性组织结构向业务流程再造的市场链转移）；第二是市场方向的转移（从国内市场向国外市场转移）；第三是产业的转移（从制造业向服务业转移）。这些都为海尔开展电子商务奠定了必要的基础。

1. 应用背景

中国企业如果在网上再没有拓展，传统业务与网络挂不上钩，在网络经济时代就没有生存权。在由网络搭建的全球市场竞争平台上，企业的优劣势被无情地放大，因为新经济时代下，企业就是在信息高速公路上行驶的车辆，车况好的车，能够在信息高速公路上发挥优势，而破旧的车，即使在高速公路上，也只有被远远抛在后面。

2. 海尔与众不同的电子商务模式

通过电子商务手段进一步增强海尔在家电领域的竞争优势，不靠提高服务费来取得盈利，而是靠B2B的大量交易额的提高和B2C的个性化需求方面的创新。2000年3月10日，海尔投资成立电子商务有限公司；4月18日，海尔电子商务平台开始试运行；6月正式运营；截至12月31日，B2B的采购额已达到77.8亿元，B2C的销售额已达到608万元。

优化供应链取代公司的（部分）制造业，变推动销售的模式为拉动销售模式，提高新经济的企业的核心竞争力。海尔电子商务从两个重要的方面促进了新经济的模式运作的变化。一是B2B（企业对企业）的电子商务，它促使外部供应链取代自己的部分制造业务；通过B2B业务，降低成本的收益就达10%左右。二是从B2C的电子商务的角度，它促进了企业与消费者的继续深化的交流，这种交流全方位提升了企业的品牌价值。

3. 海尔实施电子商务的优势

在产业方向转移方面，海尔已实现了网络化管理、网络化营销、网络化服务和网络化采购，并且依靠海尔品牌影响力和已有的市场配送、服务网络，为向电子商务过渡奠定了坚实的基础。在管理转移方面，传统企业的金字塔式的管理体制绝不适应市场发展的需要，所以，在管理机制上，把"金字塔"扳倒，建立了以市场为目标的新的流程，企业的主要目标由过去的利润最大化转向以顾客为中心，以市场为中心。在企业内部，每个人要由过去的"对上级负责"转变为"对市场负责"。海尔集团还成立了物流、商流、资金流三个流的推进本部。

物流作为"第三利润源泉"，降低了成本，提高了产品的竞争力；商流通过整合资源降低费用提高了效益；资金流则保证了资金流转顺畅。

海尔拥有比较完备的营销系统，在全国大城市有40多个电话服务中心，1万多个营销网点，甚至延伸到6万多个村庄。这就是有些网站对订货的区域有限制，而海尔是可以在全国范围内实现配送的原因。

4. 海尔电子商务平台的搭建

海尔是国内大型企业中第一家进入电子商务业务的公司，率先推出电子商务业务平台。

为了进入一体化的世界经济，海尔累计投资1亿多元建立了自己的IT支持平台，为电子商务服务。

目前，在集团内部有内部网、有ERP的后台支持体系。海尔现在有7个工业园区，各地还有工贸公司和工厂，相互之间的信息传递，如果没有内部网络的支持，将是不可以想象的。各种信息系统（比如物料管理系统、分销管理系统、电话中心、C3P系统等）的应用也日益深入。海尔以企业内部网络、企业内部信息系统为基础，以因特网为窗口，搭建起了真正的电子商务平台。

当然，进行电子商务并不是一厢情愿的事，不仅要有各方面的基础准备，还要让经销商和消费者接受，这样才能顺利实现。海尔为经销商、供应商和消费者提供了一个简单、操作性强的电子商务平台，而且进行了循序渐进式的培训，在平台设计时就考虑到如何为应用者提供方便和帮助，甚至是电子商务平台的设计也遵循了以客户为中心的原则。这样才可以让海尔的业务伙伴和海尔一同发展和成长。

5. 结论

海尔的电子商务平台将发展成公用的平台，不仅可以销售海尔的产品，也将销售其他各类的产品；不仅可以为海尔自身的采购需求服务，也将为第三方采购和配送服务。

讨论题：
1. 电子商务的模式在本案例中体现有哪些特点？
2. 你对电子商务在海尔集团的应用是如何理解的？

本章小结

企业门户就是指在Internet的环境下，把各种应用系统、数据资源和互联网资源统一集成到企业门户之下，根据每个用户使用特点和角色的不同，形成个性化的应用界面，并通过对事件和消息的处理传输，把用户有机地联系在一起。它不局限于建立一个企业网站，提供企业的产品信息、服务信息，更重要的是，要求企业能实现多业务系统的集成，能对客户的各种要求做出快速响应，并且能对整个供应链进行统一管理。

按门户的内容和其应用领域，可以将企业门户划分为以下四个阶段：企业网站阶段、企业信息门户阶段、企业应用门户阶段和企业知识门户阶段。企业门户的成功建设必须解决好SSO单点登录、业务流程、系统的可伸缩性、扩展性、个性化的配置、门户与应用系统的集成、商务智能和知识转化问题。

供应链管理，就是指在满足一定的客户服务水平的条件下，为了使整个供应链系统成本达到最小而把供应商、制造商、仓库、配送中心和渠道商等有效地组织在一起来进行产品制造、转运、分销及销售的管理方法。随着全球经济的一体化，不难发现，在全球大市场竞争环境下，任何一个企业都不可能在所有业务上都成为最杰出者，必须联合行业中其他上下游企业，建立一条经济利益相连、业务关系紧密的行业供应链，实现优势互补，充分利用一切可利用的资源来适应社会化大生产的竞争环境，共同增强市场竞争实力。总体上讲，供应链管理系统的发展历程与信息化四个层次密切相关。目前国内SCM市场大概分成两大阵营，高端大型企业被国外 i2、SAP 等厂商所占据，中低端企业则是国内 SCM 厂商的客户群。

客户关系管理是企业利用 IT 技术和互联网技术实现对客户的整合营销，是以客户为核心的企业营销的技术实现和管理实现，分为理念、技术、实施三个层面。CRM 的功能可以归纳为三个方面：对销售、营销和客户服务三部分业务流程的信息化，与客户进行沟通所需要的手段的集成和自动化处理，对上面两部分功能所积累下的信息进行的加工处理，产生客户智能，为企业的战略战术的决策提供支持。

CRM 管理系统一般分为运营型、协作型、分析型 CRM。

电子商务是通过互联网实现企业、商户及消费者的网上购物、网上交易及在线电子支付的一种不同于传统商务运营的新型商务运营模式。一个完整的基本电子商务系统，是在 Internet 信息系统的基础上，由参与交易主体的信息化企业、信息化组织和使用 Internet 的消费者主体，提供实物配送服务和支付服务的机构，以及提供网上商品服务的电子商务服务商组成。Internet 信息系统保证了电子虚拟交易市场交易系统中信息流的畅通，它是电子虚拟市场交易顺利进行的核心。企业、组织与消费者是网上交易的主体，实现其信息化和联网是网上交易顺利进行的前提。电子商务服务商是网上交易顺利进行的手段，实物配送和网上支付是网上交易顺利进行的保障。

电子商务是指人们利用电子手段进行商业、贸易等商务活动，是商务活动的电子化。在学习过程中，要正确理解和把握相应的概念和知识点。重点掌握电子商务的定义和分类，以及电子商务的概念模型和基本组成要素，同时要了解电子商务的发展过程和电子商务发展中存在的问题。

电子政务最重要的内涵就是运用信息技术，打破现有行政机关的组织界限，构建一个电子化的虚拟政府，使得人们从各种渠道获取政府的信息和服务。应着重把握其内涵，掌握电子政务的 G to G 模式、G to E 模式、G to B 模式和 G to C 模式，理解电子政务系统的生命周期。

本章习题

1. 简述企业门户的概念、特点和发展阶段。
2. 企业门户在建设过程中存在的主要问题是什么？解决对策有哪些？
3. 企业门户在企业发展过程中的作用有哪些？
4. 供应链管理的基本内容包含什么？
5. 供应链管理系统的发展经历了哪些阶段？供应链管理有怎样的发展趋势？
6. 客户关系管理的内涵是什么？
7. 客户关系管理有哪些类型？各自的特点是什么？
8. CRM 与 ERP、SCM 的整合内容是什么？
9. 电子商务的形式有哪些？
10. 简述电子商务系统的基本组成和功能。
11. 什么是电子商务？
12. 电子商务的交易过程包括几个阶段？
13. 电子商务给企业带来了哪些影响？
14. 简述我国电子政务的发展过程。

15. 简述电子政务的基本模式及其功能。

本章实践

参看第 8 章,完成实验项目二:ERP 物料清单管理。

第5章

管理信息系统的高级应用

学习目标

1. 了解数据仓库和数据挖掘的概念，掌握数据挖掘的意义、挖掘方法；
2. 了解 DSS 的定义及内涵、基本结构及应用，了解 IDSS 和 GDSS；
3. 了解商务智能的含义，重点了解它的实际应用；
4. 了解知识管理的定义、内涵，企业运用知识管理的重要性，了解当前著名公司的知识管理体系。

教学要求

本章教学重点应放在相关概念的理解和应用上，鼓励学生了解管理信息系统的最前沿的应用，有条件的可以在课堂上演示某些前沿的应用系统。

导入案例

西门子公司的知识管理体系

虽说在知识管理方面走在前列的大多为软件、咨询公司，但作为传统企业代表的西门子公司，早在1997年就通过构建和利用适合自身发展的知识管理体系，达到了整体提升公司核心竞争力的目的。西门子的知识管理体系分为企业内和企业外两个部分，外部主要涉及企业日常对外活动、活动场所和活动主体；内部可以分为战略及评价、运作业务和支撑结构三大类。

具体包括制定知识作为公司资产的商业战略、培养相互信赖的知识共享文化和知识型组织、建立知识市场、确立知识资产、确定知识内容和结构、设置知识度量制并建立评估系统和模型、培养知识工人、采用知识技术使新知识行为成为可能并驱动其产生。

整个框架内外部通过信息、最佳实践和研究、经验反馈等进行交流。西门子除了采用通信网络、文档管理、群件技术等常见技术外，最为关键的是采取了门户技术。在一个集成的门户中，员工可以有权限地交流和共享知识，并通过搜索跨越不同部门的障碍来获得所需的知识。

5.1 数据仓库与数据挖掘

作为决策支持系统的辅助工具，数据仓库是 DSS 的分析型数据库，用来存放大容量的只读数据，为制定决策提供所需要的数据。数据挖掘是从数据中发现趋势或模式的过程，是从信息中获得知识的重要信息分析方法，从历史信息中找出有效的、新颖的、有潜在价值的、易于理解的数据。

5.1.1 数据仓库与数据挖掘的概念

1. 数据仓库

（1）数据仓库的定义

数据仓库（Data Warehouse）是面向主题的、集成的、相对稳定的、不同时间的数据集合，用于支持经营管理中的决策过程。

数据仓库概念的提出，使数据操作环境与数据分析环境分离开来，建立一种数据存储体系结构，把分散的、不利于访问的数据转换成集中、统一、随时可用的信息，从而可以集成不同形式的数据，并为数据分析提供系统开放性。

诸多数据仓库的定义具有共同特征：首先，数据仓库包含大量数据，其中一些数据来源于组织中的操作数据，也有一些数据可能来自组织外部；其次，组织数据仓库更加便利地使用数据进行决策，而且数据仓库为最终用户提供了可用来存取数据的工具。

（2）数据仓库的特点

①面向主题。

数据仓库围绕某些主题，剔除对决策无用的数据。主题是针对决策问题而设置的，是对应企业中某一宏观分析领域所涉及的分析对象，在较高层次上将企业信息系统中的数据综合、归类并进行分析抽象。每一个主题都是决策者所关心的问题。企业中高层管理者在制定策略时，更关心的是主题，因此数据仓库更注重从决策者的角度来组织和提供数据。

②数据的集成性。

数据仓库中的数据是在对原有分散的数据库数据抽取、整理的基础上，经过系统加工和汇总得到的。对原始数据的集成是构建数据仓库的关键，主要包括编码转换、度量单位转换和字段转换。

③数据不可修改。

从数据的使用方式来看，数据仓库的数据是不可更新的，即当数据被存放到数据仓库中之后，最终用户只能通过分析工具对其中的数据进行查询、分析，而不能对数据进行修改。

④数据与时间相关。

数据仓库中的数据通常包含企业当前的和历史的数据。每隔一定的时间就需要对源数据库中的数据进行抽取和转换，并集成到数据仓库中。也就是说，数据仓库中的数据随时间变化而定期地被更新，以确保分析结论的时间有效性。

2. 数据挖掘

（1）数据挖掘的定义

数据挖掘（Data Mining, DM）是从大量的、不完全的、有噪声的、模糊的、随机的数据中提取隐含在其中的、人们事先不知道的、但又是潜在有用的信息和知识的过程。数据挖掘可以看成是一种数据搜索过程，它不必先假设或提出问题，但仍能找到那些非预期的却令人关注的信息，这些信息表示了数据元素的关系与模式。它能挖掘出数据潜在的模式（Pattern），找出最有价值的信息和知识。研究对象是大规模和超大规模的数据集合。

(2) 数据挖掘的任务

数据挖掘的任务主要是关联分析、聚类分析、分类、预测、时序模式、偏差分析等。

①关联分析（association analysis）。

两个或两个以上变量的取值之间存在某种规律性，就称为关联。数据关联是数据库中存在的一类重要的、可被发现的知识。关联分为简单关联、时序关联和因果关联。关联分析的目的是找出数据库中隐藏的关联网。一般用支持度和可信度两个阈值来度量关联规则的相关性，还不断引入兴趣度、相关性等参数，使所挖掘的规则更符合需求。

②聚类分析（clustering）。

聚类是把数据按照相似性归纳成若干类别，同一类中的数据彼此相似，不同类中的数据相异。聚类分析可以建立宏观的概念，发现数据的分布模式，以及可能的数据属性之间的相关性。

③分类（classification）。

分类就是找出一个类别的概念描述，它代表了这类数据的整体信息，即该类的内涵描述，并用这种描述来构造模型，一般用规则或决策树模式表示。分类可被用于规则描述和预测。

④预测（predication）。

预测是利用历史数据找出变化规律，建立模型，并由此模型对未来数据的种类及特征进行预测。预测关心的是精度和不确定性，通常用预测方差来度量。

⑤时序模式（time-series pattern）。

时序模式是指通过时间序列搜索出的重复发生概率较高的模式。与回归一样，它也是用已知的数据来预测未来的值，但这些数据的区别是变量所处的时间不同。

⑥偏差分析（deviation）。

在偏差中包括很多有用的知识，数据库中的数据存在很多异常情况，发现数据库中数据存在的异常情况是非常重要的。偏差检验的基本方法就是寻找观察结果与参照值之间的差别。

3. 数据仓库与数据挖掘的关系

数据仓库和数据挖掘二者既相互结合，又相互影响、相互促进。二者的联系概括如下。

(1) 数据仓库为数据挖掘提供了丰富的数据源

数据仓库中集成和存储着来自异质的信息源的数据，同时数据仓库存储了大量长时间的历史数据，可以进行数据长期趋势的分析，为决策者的长期决策提供支持。数据仓库中，数据在时间轴上的纵深性是数据挖掘不能回避的又一个新难点。

(2) 数据仓库为数据挖掘提供了新的支持平台

作为数据挖掘对象，数据仓库技术的产生和发展为数据挖掘技术开辟了新的战场，提出了新的要求和挑战。数据仓库一般设计成只读方式，数据仓库的更新由专门的一套机制来保证，数据仓库对查询的强大支持，使数据挖掘效率更高。

(3) 数据仓库为更好地使用数据挖掘工具提供了方便

数据仓库的建立，充分考虑数据挖掘的要求。数据仓库为数据挖掘集成了企业内各部门的全面的、综合的数据，数据挖掘要面对的是关系复杂的企业全局模式的知识发现。而且，数据仓库机制大大降低了数据挖掘的障碍，一般情况下，进行数据挖掘时，要花大量的精力在数据准备阶段，数据仓库中的数据已经被充分收集起来，进行了整理、合并，并且有些还进行了初步的分析处理。这样，数据挖掘的注意力能够更集中于核心处理阶段。

(4) 数据挖掘为决策层提供了更好的决策支持

决策要求系统能够提供更高层次的决策辅助信息，而基于数据仓库的数据挖掘能更好地满足高层战略决策的要求。数据挖掘对数据仓库中的数据进行模式抽取和发现知识，从数据仓库中揭示出对企业有潜在价值的规律知识，形成知识发现，为知识管理提供了内容，在知识管理中起到中流砥柱的作用。

(5) 数据挖掘对数据仓库的数据组织提出了更高的要求

数据仓库作为数据挖掘的对象，要为数据挖掘提供更多、更好的数据。其数据的设计、组织都要考虑到数据挖掘的要求。

(6) 数据挖掘还为数据仓库提供广泛的技术支持

数据挖掘的可视化技术、统计分析技术等都为数据挖掘提供了强有力的技术支持，总之，数据仓库在纵向和横向都为数据挖掘提供了更广阔的活动空间。数据仓库完成数据的收集、集成、存储、管理等工作，数据挖掘面对的是经过初步加工的数据，使数据挖掘能更专注于知识的发现。

4. 数据仓库与数据挖掘的区别

数据仓库是一种存储技术，它的数据存储量是一般数据库的 100 倍以上，它包含大量的历史数据、当前的详细数据以及综合数据。它能为不同用户的不同决策需求提供所需的数据和信息。而数据挖掘是从人工智能机器学习中发展起来的，它研究各种方法和技术，从大量的数据中挖掘出有用的信息和知识。

5.1.2 数据挖掘技术及其应用

随着信息技术的高速发展，人们积累的数据量急剧增长，如何从海量的数据中提取有用的知识成为当务之急。数据挖掘就是顺应这种需要而发展起来的数据处理技术，它是知识发现的关键步骤。

数据挖掘技术是人们长期对数据库技术进行研究和开发的结果。起初各种商业数据是存储在计算机的数据库中的，然后发展到可对数据库进行查询和访问，进而发展到对数据库的即时遍历。数据挖掘使数据库技术进入了一个更高级的阶段，它不仅能对过去的数据进行查询和遍历，还能够找出过去数据之间的潜在联系。

1. 数据挖掘的流程

①定义问题。清晰地定义出业务问题，确定数据挖掘的目的。

②数据准备。数据准备包括选择数据和数据预处理。选择数据是在数据仓库目标中提取数据挖掘的目标数据集；数据预处理是进行数据再加工，包括检查数据的完整性及数据的一致性，去噪声，删除无效数据等。

③数据挖掘。根据数据功能的类型和数据的特点选择相应的算法，在数据集上进行数据

挖掘。

④结果分析。对数据挖掘的结果进行解释和评价，转换成能够被用户理解的知识。

⑤知识的运用。将分析所得到的知识集成到业务信息系统的组织结构中去，为决策服务。

2. 数据挖掘的方法

数据挖掘有不同的方法，不同的方法在技术实现上难度是有区别的，下面对主要的数据挖掘方法进行介绍。

（1）分类

分类分析是最常见的数据挖掘任务之一。分类是人类认识世界的基本方法之一。为了理解并与周围环境交流，我们每天都在进行分类工作，如将物质分解为不同的元素，将人分为不同种族，将药品分为处方药和非处方药等。

分类分析是对对象的特征进行分析，并将其归类到已定义的类中。在数据挖掘中，分类的对象通常表示为数据库和数据表中的记录。要进行分类分析，首先要有一个清晰定义的类，还要有一系列已经分类的实例和记录。分类过程实际上是先根据已有的数据及定义好的类，通过训练抽象出一个分类模型（也称为分类器），然后将其应用于对未分类数据进行分类。

在商务智能应用中，常见的分类分析应用的实例包括将信用卡申请者根据财务情况分为低、中和高风险，根据贷款客户的特征分为按时还贷、延时还贷和不良还贷，等等。因此，分类是一个两步过程。第一步基于训练数据集采用分类算法来构造分类器。所谓训练数据集，是指一个已有的数据集，其中每条记录都已经属于一个已知的类别。根据不同的分类算法，可以构造的分类器的形式有决策树、神经元网络、规则集、贝叶斯网络等。一旦训练得到分类器，就要进行第二步，即使用分类器对新数据集进行分类。这个新数据集称为测试数据集。这个步骤是根据分类器来进行预测的。

例如，某公司有一个直邮清单数据库，每条直邮清单保存了一个顾客姓名、性别、年龄、职业等属性值，以及包括分发介绍产品和促销活动的信息后该顾客是否采取购买行为，即可以分为购买和不购买两个类。通过对此数据库进行分类分析，可以得到相应的分类器，即可以根据顾客的相关属性值来预测该顾客能否购买。假设有新的顾客添加到数据库中，则可以根据该分类器来预测此顾客能否购买，从而可以决定是否给该顾客直邮材料。这个问题是商务智能中的精准营销问题，通过分类分析方法可以有效解决。

（2）聚类

与分类不同，聚类分析是将一个数据对象的集合按照某种标准进行划分，但是要划分的类是未知的。其结果是使一个聚类内部的数据对象按照该标准具有极高的相似性，类与类之间的数据对象的相似性很低。

聚类是一种重要的人类行为。例如，人类在进化和发展过程中，会通过不断地改进下意识中的聚类模式来区分猫和狗，或者动物和植物，等等。事实上，人类正是以这种聚类的方法不断对事物进行分析，从而抽象出现代人所采用的种种概念。在商务应用中，聚类分析得到广泛应用，包括消费模式行为识别以及市场划分和研究、对汽车保险单持有者的分组、对不同消费群行为的归纳、对网络上产品推荐信息的汇总等。

聚类分析是一种数据简化技术，它把基于相似数据特征的变量或个案组合在一起。这种技术对发现基于相似特征，如人口统计信息、财政信息或购买行为等进行客户细分非常有价值。从统计学的观点来看，聚类分析是通过数据建模简化数据的一种方法。传统的统计聚类分析方法包括系统聚类法、分解法、加入法、动态聚类法、有序样品聚类、有重叠聚类、模糊聚类等。

从实际应用的角度来看，聚类分析是数据挖掘的主要任务之一。就数据挖掘功能而言，聚类能够作为一个独立的工具获得数据的分布状况，观察每一簇数据的特征，集中对特定的聚簇集合做进一步的分析。聚类分析还可以作为其他数据挖掘任务（如分类、关联规则）的预处理步骤。

(3) 关联规则

大规模客户交易数据库中会存在数据项之间潜在的相互关系的知识模式，如年轻顾客会购买 Levi's 牛仔裤，购买《信息系统》一书的顾客经常会购买《大数据时代》一书等。这样的模式称为关联规则。这种规则在网上推荐系统中用得非常多，如 Amazon.com 等网站就广泛采用了关联规则分析方法来更好地促进营销。

关联规则挖掘已经成为商务智能中引人注目且发展相当迅速的分支。关联规则作为一种知识类型，由于它的直观性以及语义上的意义非常明确，因此在企业决策中得到了广泛的应用。

(4) 空间数据挖掘

空间数据库存储了大量与空间有关的数据，如地图、遥感图片、医学图像等。空间数据库与传统数据库相比有显著不同的特征。空间数据包括距离、位置、色块、气温等信息，而且通常按照复杂、多维的空间索引结构组织数据。对数据的访问需要通过空间。

空间数据挖掘是指对空间中非显式存在的知识、空间关系或其他有意义的模式等进行提取。

例如，通过对地质断裂带应力分析可以推断出哪些地方近期发生地震的概率较高，在这个挖掘过程中，不但需要对地质断裂带的地理位置数据进行处理，还需要结合地震历史数据和时间数据进行挖掘。因此，空间数据挖掘需要综合数据挖掘与空间数据库技术，它可用于对空间数据的理解、空间关系和空间与非空间数据间关系的发现、空间知识库的构造、空间数据库的重组和空间查询的优化。

空间数据挖掘在地理信息系统（GIS）、地理市场、遥感、图像数据库探测、医学图像处理、全球导航系统、交通控制、环境研究等许多领域有广泛的应用。而采用传统的统计技术虽然可以很好地处理空间数据库中的数值型数据，并可以对空间现象提出相应的模型，然而，由于空间数据库中存在大量的图像、地理位置等信息，而且更为重要的是，统计方法一般假设数据间是统计上独立，而空间对象经常是相互关联的，因此，传统统计技术不适合直接应用到空间数据上。而空间数据挖掘则将传统的空间统计分析技术加以扩展，与数据库系统进行结合，并改进与用户的交互，以提高新知识发现的效率和效果。

(5) 多媒体数据挖掘

多媒体数据库是指存储和管理大量多媒体对象的数据库，如音频数据、视频数据、图像数据等。随着多媒体应用的普及，大量的多媒体数据库广泛存在于各种应用领域中，如人脸识别系统、语音识别与模式匹配等。典型的多媒体数据库系统包括 Google Earth、百度图像、人类基因数据库等。

由于多媒体数据相对于传统数值型数据而言，无法直接采用数值计算的方法进行分析，因此需要引入更多的技术进行分析。例如，如何判断不同图像的相似性，如何实现相似音频的搜索，如何对海量图片进行分类和聚类等，这些都需要更多地对多媒体对象进行处理，以提炼出适当的特征向量，并进一步基于此进行数值计算。

虽然对于多媒体数据，特别是图像和音频数据的处理在一些领域中已经有了比较成熟的方法和应用，如在反恐档案和追踪系统中，恐怖分子图像查询和搜索、音频匹配与语音识别等方面。但是，相对于其他的数据挖掘领域，多媒体数据挖掘仍然是一个比较困难和充满挑战的领域。

（6）时序数据和序列数据挖掘

时序数据库是指由随时间变化的序列值或事件组成的数据库，即每个数据对象都有一个相应的时间属性值。时序数据是非常常见的一种数据，如股票市场的每日行情、气象数据等。而序列数据库是指由有序事件序列组成的数据库，数据对象可能没有具体的时间标记，但是有先后顺序。例如，Web 页面访问序列就是一种序列数据，但通常并不记录访问的时间。

由于时序数据以及序列数据广泛存在于生活和工作中，特别是在商务运作中，大量与业务运行时间和序列相关的数据保存在数据库中，对这样的数据进行分析以得到有用的模式是一种非常有意义的过程。时序数据库和序列数据库挖掘的主要内容包括趋势分析、相似性搜索以及序列模式挖掘。

例如，分析股票的中长期趋势，分析天气变化趋势，分析经济周期运行趋势等。一般来说，可采用移动平均方法进行处理。

在数据库查询时，通常要找出符合查询条件的精确数据，而对于时序和序列数据而言，很难有精确相似的情况，因此需要采用相似性搜索方法。相似性搜索是要找出与给定查询序列相似的数据序列。相似性搜索在对金融市场的分析、医疗诊断分析等领域中大有用武之地。

序列模式挖掘是指挖掘相对时间或其他模式出现高的模式。例如，一个序列模式的例子是"连续三天多云可能会造成下一天雨"或者"原材料板块股票连续一周上涨后，建材板块股票会上涨"等。由于很多商业交易、通信记录、天气数据以及生产过程都是时间序列数据，因此，在针对目标市场、客户定位、气象预报等的数据分析中，序列模式挖掘很有用武之地。

（7）文本数据挖掘

一类非常重要也非常常见的非结构化数据是文本数据。文本数据来自各种数据源，如新闻文章、研究论文、电子书籍、电子邮件、Web 页面等。这些数据并不是以结构化数据的形式保存在数据库中的，而是表示为大段的文本。

文本数据库中存储最多的数据是半结构化数据，它既不是完全结构化的，也不是完全无结构的。例如，一个电子邮件中既包括标题、作者、出版日期、长度、时间等结构化数据，也包含大量非结构化数据内容，如内容文本、摘要等。

针对这种情况，传统的信息检索技术已经不适应日益增加的大量文本数据处理的需求。针对这种需求，一些新的文本数据处理和挖掘的方法逐渐涌现并为人所熟知。例如，Google 和百度搜索引擎就是文本挖掘的典型应用。

3. 数据挖掘技术的应用

数据挖掘所要处理的问题，就是在庞大的数据库中找出有价值的隐藏事件，并且加以分析，获取有意义的信息，归纳出有用的结构，作为企业进行决策的依据。其应用非常广泛，只要该产业具有有分析价值与需求的数据库，皆可进行有目的的发掘分析。常见的应用如下：

①商家从顾客购买商品行为中发现一定的关系，提供打折购物券等，提高销售额。

②保险公司通过数据挖掘建立预测模型，辨别出可能的欺诈行为，避免道德风险，降低成本，提高利润。

③在制造业中，半导体的生产和测试中都产生大量的数据，必须对这些数据进行分析，找出存在的问题，提高质量。

④电子商务日新月异，可以用数据挖掘对网站进行分析，识别用户的行为模式，保留客户，提供个性化服务，优化网站设计。一些公司运用数据挖掘的成功案例，显示了数据挖掘的强大生命力。

5.2 决策支持系统

5.2.1 决策支持系统的概念

1. 决策支持系统的发展

20世纪70年代中期，首次提出了"决策支持系统"（Decision Support Systems，DSS）一词，标志着利用计算机与信息支持决策的研究与应用进入了一个新的阶段，并形成了决策支持系统新学科。

20世纪70年代末期，DSS大都由模型库、数据库及人机交互系统三个部件组成。20世纪80年代初，DSS增加了知识库与方法库，构成了三库系统或四库系统。80年代后期，人工智能技术与DSS相结合，充分利用两者优点，形成了智能决策支持系统（IDSS），提高了DSS支持非结构化决策问题的能力。近年来，DSS与计算机网络技术结合，构成了新型的能供异地决策者共同参与决策的群体决策支持系统（GDSS）。GDSS利用便捷的网络通信技术在多位决策者之间沟通信息，提供良好的协商与综合决策环境，以支持需要集体做出决定的重要决策。在此基础上，为了支持范围更广的群体，人们又将分布式数据库、模型库与知识库等决策资源有机地集成起来，构建分布式决策支持系统，此系统目前尚不成熟。

DSS的发展与信息技术、管理科学、人工智能及运筹学等科学技术的发展密切相关。随着DSS研究与应用范围的扩大和层次的提高，新技术、新方法的不断推出与引入，DSS会逐步走向成熟，实用性与有效性会进一步提高。

2. 决策支持系统的定义

对DSS的定义始终存在着不同的观点，但都基本一致认为其定义必须建立在对象所具有的特征之上。下面列举几个比较典型的定义。

定义一：DSS是一个由语言系统、知识系统和问题处理系统三个互相关联的部分组成的，基于计算机的系统。

DSS应具有的特征是：

①数据和模型是DSS的主要资源。

②DSS用来支援用户作决策而不是代替用户作决策。

③DSS 主要用于解决半结构化及非结构化问题。
④DSS 的作用在于提高决策的有效性而不是提高决策的效率。

定义二：DSS 应当是一个交互式的、灵活的、适应性强的基于计算机的信息系统，能够为解决非结构化管理问题提供支持，以改善决策的质量。DSS 使用数据，提供容易使用的用户界面，并可以体现决策者的意图。DSS 可以提供即时创建的模型，支持整个决策过程中的活动，并可能包括知识成分。

DSS 应具有的特征是：
①主要针对上层管理人员经常面临的结构化程度不高、说明不够充分的问题。
②将模型、分析技术与传统的数据存取与检索技术结合起来。
③界面友好，容易被非计算机人员所接受。
④具有对环境及决策方法改变的灵活性与适应性。
⑤支持但不是代替高层决策者进行决策。
⑥充分利用先进信息技术快速传递和处理信息。

定义三：本教材对 DSS 的定义为：DSS 是以信息技术为手段，应用决策科学及有关学科的理论与方法，以人机交互方式辅助决策者解决半结构化和非结构化的决策问题的管理信息系统。

3. 决策支持系统的基本模式

DSS 由若干部件按一定的结构组成，部件不同或结构不同会构成功能略有差异的 DSS，但各种 DSS 的结构都建立在某种基本模式之上。DSS 的基本模式反映 DSS 的形式及其与"真实系统"、人和外部环境的关系，如图 5-1 所示。其中管理者处于核心地位，运用自己的知识和经验，结合决策支持系统提供的支持，对其管理的"真实系统"进行决策。

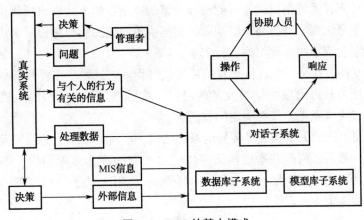

图 5-1　DSS 的基本模式

5.2.2　决策支持系统的组成

1. 决策支持系统的结构

具有不同功能特色的 DSS，其系统结构也不相同。DSS 的两种基本结构形式是两库结构和基于知识的结构，实际中的 DSS 由这两种基本结构通过分解或增加某些部件演变而来。

两库结构由数据库子系统、模型库子系统和对话子系统形成三角形分布的结构，如图 5-2所示。

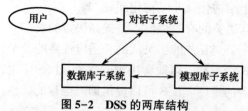

图 5-2　DSS 的两库结构

对话子系统是 DSS 的人机接口界面，决策者或协助人员为 DSS 的用户。该子系统提出信息查询的或决策支持的请求，对话子系统对接收到的请求做检验，形成命令，对信息查询请求进行数据库操作，提取信息并传送给用户；对决策支持的请求经过问题识别、从模型库中选取模型或构件模型，从数据库读取数据，运行模型并将运行结果通过对话子系统传送给用户或暂存数据库待用。两库的三角式系统结构以人机对话系统为中介，它与数据库、模型库之间都有相互通信的接口与直接的联系。

基于知识的 DSS 结构是一种以自然语言、问题处理、知识库等子系统为基本部件构成的系统结构，如图 5-3 所示。

图 5-3　基于知识 DSS 的结构

决策者的表述由自然语言子系统的处理功能通过语法、语义结构分析等方法转换成系统能理解的形式，反之，系统则以决策者能清晰理解的或指定的方式输出求解进程与结果。问题处理系统的任务是识别、分析与求解问题，根据决策问题的结构化程度采用相应的求解方法，选择或构造模型或利用推理机制进行求解。

DSS 的决策支持过程是一个人机交互的启发式过程。该过程往往要分解成若干阶段，一个阶段完成后，用户获得阶段的结果及某些启示，然后进入下一阶段的人机会话，如此反复，直至用户形成决策意见，最终确定问题的解。

DSS 部件之间不同的关系构成了各异的系统结构，但对话子系统的位置及其与用户之间的关系总体上是一致的。两种基本结构演变出的 DSS 都表现为多库结构，如在两库结构基础上加入方法库就可构成三库结构，如图 5-4 所示；再引入基于知识管理的功能，就构成了四库结构的智能决策支持系统。

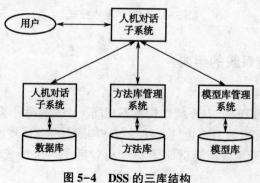

图 5-4　DSS 的三库结构

2. 人机对话子系统

人机对话子系统是 DSS 的用户和计算机的接口，在操作者、模型库、数据库和方法库之间起着传送（包括转换）命令和数据的重要作用，其核心是人机界面。

在实际工作中，由于系统经常是由那些从系统输出中得到益处，且又对系统内部了解甚少的人直接使用，所以用户接口设计得好坏对系统的成败有举足轻重的影响。如果系统需要使用的人懂得很多的计算机技术，或者花费大量时间去编程序，那么这种系统实际上将无人使用。即使对 DSS 的维护人员来说，如果数据库模式的任何一点变动都要自己动手去做，工作也是十分繁重的。因此，对使用人员来说，需要有一个良好的对话接口，对维护人员需要有一个方便的软件工作环境，可以说，人机对话子系统是 DSS 的一个窗口，它的好坏标志着 DSS 的实用水平。

按人机对话接口的设计目标，对人机对话子系统剔除的基本要求是：

①能使用户了解系统可以提供的数据、模型及方法，如模型种类、数量、用途及运行要求等。

②通过"如果……则……"方式提问。

③对请求输入有足够的检验与容错能力，给用户某些必需的提示与帮助。

④通过运行模型使用户取得或选择某种分析结果或预测结果。

⑤在决策过程结束之后，能把反馈结果存入系统，对现有模型提出评价及修正意见。

⑥可以按使用者要求的方式，方便地以图形及表格等丰富的表达方式输出信息、结论及依据等。

面对维护人员，系统的设计目标应从检验评价和允许修改两方面，去考虑在检验评价方面，系统提供的接口应能帮助维护人员了解系统运行的次数、过程、结果和使用者的评价及改进意见，通过模拟运行和统计来分析与发现存在的问题，找出改进的方法等。

在修改系统方面，需要的是良好的软件工具和软件环境，以保证迅速而可靠地完成修改任务。如通过对话方式接受和修改模型或调整数据结构，提醒维护人员纠正不一致的问题，补充遗漏细节，对可能出现的问题提出警告。

3. 数据库子系统

数据库子系统由数据库、数据析取模块、数据字典、数据库管理系统、数据查询模块等部件组成。

DSS 数据库应该有内置数据库和外部数据源数据库两部分，前者主要存放能直接供决策使用的信息，包括由系统分析功能得出的分析结果，后者是逻辑上连接的 MIS 等信息系统中的数据库，可以通过数据析取模块加工处理而获得。数据析取模块负责从源数据库提取能用于决策支持的数据。析取过程也是将源数据加工成信息的过程，是选择与转换数据的过程。由于源数据量大、渠道多、变化频繁，格式与口径也不一致，数据的析取既复杂又费时，一般应将其作为一项日常工作来处理，并尽可能采用程序化的析取工具。

数据库系统的数据字典用于描述与维护各数据项的属性、来龙去脉及相互关系。数据库管理系统是一组管理数据的软件，也是与 DSS 其他子系统交互的接口。数据库系统的数据查询模块用来解释来自人机对话及模型库等子系统的数据请求，通过查阅数据字典确定如何满足这些请求，并详细阐述向数据库管理系统的数据请求，最后将结果返回对话子系统或直接用于模型的构建与计算。

在 DSS 数据库系统方面，近年来引入了数据仓库（Data Warehouse）技术，特别是用于一些大型的分析类 DSS。数据仓库是以面向主题的多维数据结构对组织的数据进行集成管理的技术，它从各种运行中的信息系统析取、净化、转换和装载数据，按主题维、时间维、属性维等多维结构对分散的源数据做关联组织，集成于数据仓库中，提供以分析或决策问题为主线索的数据查取、在线分析处理（OLAP）等功能。数据仓库的数据组织、查取和利用方式都是围绕某一具体问题来进行的，因此它能对企业的管理分析与决策提供有力的支持。

4. 模型库子系统

模型是以某种形式反映客观事物本质属性，揭示其运动规律的描述。为了把握客观事物的变化规律，人们需要一种能普遍适用于表示和认识事物内在联系及与外部关系的手段，而模型就是能较好地满足这一需要的重要手段之一。决策或问题的求解首先要表达问题，掌握事物的特征与变化规律。DSS 设立模型库子系统就是为了通过模型来实现对问题的动态描述，探索令人满意的问题解。

模型库子系统是构建和管理模型的计算机软件系统，它是 DSS 中最复杂、最难实现的部分。DSS 用户依靠模型库中的模型进行决策，因此认为 DSS 是由"模型驱动"的。

模型库子系统主要由模型库、模型库管理系统、模型字典等部分组成。

（1）模型库和模型字典

模型库是模型库子系统的核心部件，用于存储决策模型。客观世界中的问题对象是千差万别、数不胜数的，不可能为每一个问题创建一个对应的模型，因此实际上模型库中主要存储能让各种决策问题共享或专门用于某特定决策问题的模型基本模块或单元模型，以及它们之间的关系。使用 DSS 解决具体问题时生成的模型，如有再用价值，也可存放到模型库中。

如果将模型库比作一个成品库，则存放的是"成品的零部件和框架"；而模型字典即是这些"零部件和框架"的描述，说明它们的功能、用途、使用事项等。

用单元模型构造的模型可分为模拟方法类、规划方法类、计量经济方法类、投入产出方法类等，其中每一类又可分为若干类，如规划方法类又可分为线性规划或非线性规划、单目标规划或多目标规划等。

模型按照经济内容可分类为以下几类。

预测类模型：如产量预测模型、消费预测模型等；综合平衡模型：如生产计划模型、投入产出模型等；结构优化模型：如能源结构优化模型、工业结构优化模型等；经济控制类模型：如财政税收、信贷、物价、汇率等对国家经济的综合控制模型等。

模型基本单元在模型库中的存储方式主要有子程序、语句、数据及逻辑关系四种方式。逻辑方式主要用于智能决策支持系统。

以子程序方式存储，是常用的原始存储方式，它将模型的输入/输出格式及算法用完整的程序表示。其缺点是不利于修改，也会造成各模型相同部分的存储冗余。

以语句方式存储，是指用一套建模语言以语句的形式存储对应于模型各部分的语句集合。该方式与子程序方式有类似性，但更加面向用户。

以数据方式存储，其特点是把模型看成一组用数据集表示的关系。这种存储方式便于利用数据库管理系统来操作模型库，使模型库和数据库能用统一的方法进行管理。

（2）模型库管理系统

模型库管理系统的主要功能是模型的利用与维护。模型的利用包括决策问题的定义和概念模型化,从模型库中选择恰当的模型或单元模型构造具体问题的决策支持模型以及运行模型;模型的维护包括模型的联结、修改与增删等。模型库子系统是在与 DSS 其他部件的交互过程中发挥作用的。与数据库子系统的交互可获得各种模型所需的数据,实现模型输入、输出和中间结果存取的自动化;与方法库子系统的交互可实行目标搜索、灵敏度分析和仿真运行的自动化等。更主要的交互是与人机对话子系统之间的交互。模型的使用与维护实质上是用户通过人机对话子系统加以控制和操作的。

5. 方法库子系统

方法库子系统是存储、管理、调用及维护 DSS 各部件要用到的通用算法、标准函数等方法的部件,方法库中的方法一般用程序方式存储。它通过描述外部接口的程序向 DSS 提供合适的环境,使计算过程实行交互式的数据存取,从数据库选择数据,从方法库中选择算法,然后将数据和算法结合起来进行计算,并以直观清晰的呈现方式输出结果,供决策者使用。方法库子系统由方法库与方法库管理系统组成。方法库内存储的方法程序一般有:排序算法、分类算法、最小生成树算法、最短路径算法、计划评审技术、线性规划、整数规划、动态规划、各种统计算法、组合算法等。

5.2.3 决策支持系统的分类

DSS 的应用领域广泛,系统架构、实现技术也是多种多样的,新型的 DSS 相继问世,因此根据不同的分类标准,DSS 的类型也是不同的,以下介绍几种典型的分类。

1. 根据决策资源的分类

根据 DSS 中的决策资源以及工作方式,可以分成面向数据的 DSS 和面向模型的 DSS 两种基本类型。面向数据的 DSS 适用于有大量数据的决策环境,如金融、证券、通信、流通等行业。这类系统模型处理功能较弱,但具有强大的数据管理功能。主要进行大量数据的存储和快速处理,复杂条件的数据检索和多功能、多角度的数据分析,如股票信息分析软件包就是一款面向数据的 DSS。

面向模型的 DSS 具有强大的模型库管理系统,主要用于模型分析。例如,财务计划系统就是典型的面向模型的 DSS,它具有许多常用的财务数学模型,用户可以通过简单的命令进行模型操作,从而找到解决问题的方案。如果用户需要的模型系统里没有,也可以使用建模语言生成所需要的模型,然后再运行此模型。

2. 根据决策的活动类型分类

根据决策的活动类型不同,常常需要采用不同的形式。在动态活动中采用的 DSS 应可以根据实际发生的情况临时改动,如防汛指挥部门所面临的决策是动态的和具有突发性的;在常规活动中使用的 DSS 更注重顽健性和抗干扰性,如银行贷款申请是一种基于规则的决策。

根据 DSS 决策的活动类型,可将 DSS 分为动态型 DSS 和常规型 DSS。动态型 DSS 的特征是:用户可以根据问题的特征描述快速生成 DSS,一个应对特定汛情问题的 DSS 必须帮助用户在几小时或更短时间内建立一个模型,使决策者很快能够用它进行模拟。常规型 DSS 的特征是:从大量的经验中抽取决策规则,对经常发生的活动进行决策,需要更长时间来开发。

3. 根据决策模式分类

根据决策模式,可以将 DSS 分为以下六类。

(1) 面向文本的 DSS

面向文本的 DSS 主要使用文本数据来进行决策支持。这类系统主要提供文本形式的内容，目的是帮助用户方便地得到有关决策的信息。现在更多的公司利用网站的形式，提供图文并茂的页面和更丰富的链接信息，并通过站内检索、文本挖掘工具等，帮助用户更好地做出决策。

(2) 面向数据库的 DSS

在面向数据库的 DSS 中，数据是以结构化的形式存储的。过去常使用关系数据库作为 DSS 的核心，近年来，随着数据存储成本的降低以及处理能力的增长，企业中的数据量大量增长，定型的数据库处理往往难以满足需要，因此采用了数据仓库解决方案，将日常大量事务数据结果处理后分类存储，并提供对数据的在线分析和操作功能，让用户更方便地获得有助于决策的信息。

(3) 面向表计算的 DSS

这类 DSS 用工作表作为其输出界面，其数据存储和检索功能、模型构造和模型管理功能都隐含在表的界面之中。其操作简单、功能强大，可用于各种决策问题，很受用户欢迎，如 Excel、Lotus 等都获得了极大的市场，被广泛使用。

(4) 面向求解器的 DSS

求解器是为解决某类特定问题而开发的程序，如 Excel 中的决策树求解器、模拟求解器等，可进一步扩充表计算软件的功能。在一些 DSS 生成器中，求解器可以有多种，用户也可以用某种语言来定义，如 SAS 中的过程部分，用户就可以用定义求解器。

(5) 面向规则的 DSS

面向规则的 DSS 是将规则做成系统内部的表现形式，通过计算机存储和检索，可以帮助用户快速决策。这类 DSS 经常被用于专家系统中。

(6) 混合型 DSS

Turban 曾提出了一种"混合型"DSS，他提议将传统的使用定量计算模型的 DSS 和专家系统相结合，使单纯依赖算法和过程的 DSS 具有知识的推理能力和学习能力，从而提高决策能力。混合型 DSS 在结构上增设了知识库、推理机和问题处理系统，人机对话部分还加入了自然语言处理功能。

5.2.4 智能决策支持系统

1. 智能决策支持系统的基本概念

DSS 为人们解决半结构化决策问题提供了有力的支持。但 DSS 主要依靠定量的计算，而很多非结构化决策问题无法构建数学模型。此外，人机对话方式与大多数不熟悉系统的使用者尚存在一定的距离。这两个因素限制了 DSS 的应用效果。与此同时，人工智能领域在研究人的知识开发与利用上取得了不少成果，这些成果能弥补 DSS 的不足。

人工智能应用的两大分支是专家系统（Expert System，ES）和人工神经网络（Artificial Neural Network，ANN）。

(1) 专家系统

专家系统是以计算机为工具，利用专家知识及知识推理等技术来理解与求解问题的知识系统。在结构上增设了知识库、推理机与问题处理系统，人机对话部分还加入了自然语言处理功能。专家系统的弱点是：知识获取困难。因为它是人工地把各种专家知识从人类专家的头脑中或其他知识源转换到知识库中，费时低效；对于动态和复杂的系统，由于其推理规则是固定的，难以适应变化的情况；专家系统不能从过去处理过的事例中继续学习，这使知识获得变得更加困难。

（2）人工神经网络

人工神经网络通过采用物理可实现的器件或采用计算机来模拟生物体中神经网络的某些结构与功能，就其性质看，神经网络属于基于案例学习的模型，它模拟人的神经元结构，构造人工神经元，吸取了生物神经网络的部分优点。人工神经网络在结构上由许多很小的处理单元相互连接而成，局部或部分的神经元损坏后不影响全局的活动，其连接权值和连接结构都可以通过对样本数据的学习而得到。

与专家系统相比，人工神经网络具有良好的自组织、自学习和自适应能力，因而特别适用于处理复杂问题或开放系统，这正好可以弥补专家系统的不足。人工神经网络的弱点是：人工神经网络的知识分布在整个系统内部，对用户而言是个黑箱；而且人工神经网络对于得出的结论不能做出合理的解释。因此，将人工神经网络技术与专家系统集成，取长补短，是人工智能技术发展的一个方向。

2. 智能决策支持系统的结构

根据人工智能技术应用于 DSS 的程度和范围的不同，可以构成不同的智能决策支持系统（IDSS）结构。较完整的 IDSS 结构是在传统三库 DSS 的基础上增设知识库与推理机，以更好地解决非结构化决策问题；在人机对话子系统中加入自然语言处理系统，以方便用户更灵活地使用。在四库之间插入问题处理系统而构成的四库系统结构如图 5-5 所示。

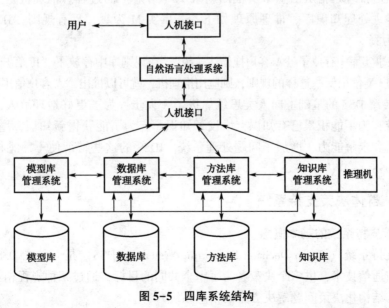

图 5-5　四库系统结构

（1）智能人工接口

四库系统的智能人机接口接受用自然语言或接近自然语言的方式表达的决策问题及决策目标，由自然语言处理系统通过语法、语义结构分析等方法转换成系统能理解的形式，这较大程度地改变了人机界面的性能。人机交互过程中和运行后，系统则以决策者能清晰理解的或指定的方式输出求解进程与结果。

（2）问题处理系统

问题处理系统处于 IDSS 的中心位置，是联系人与机器及所存储的求解资源的桥梁，主要由问题分析器与问题求解器两部分组成。

问题分析器分析经过自然语言处理系统处理的决策问题的结构化程度，对结构化问题选择或构造模型，用传统的方法来求解；对半结构化决策问题，通过参数估计输入相应的参数，使其转化为结构化决策问题；对于非结构化决策问题，则由知识库和推理机来求解。

问题求解器是 IDSS 中最重要的部件，它既要识别与分析问题，设计求解方案，还要为问题求解调用四库中的数据、模型、方法等资源，对非结构化问题还要触发推理机做推理。

（3）知识库子系统和推理机

知识库子系统由知识库管理系统、知识库及推理机三部分组成。

①知识库管理系统。其功能主要有两个：一是回答对知识库知识增、删、改等知识维护的请求，二是回答决策过程中问题分析与判断所需知识的请求。

②知识库。知识库是知识库子系统的核心。知识库中存储的是那些既不能用数据表示，也不能用模型方法描述的专家知识和经验，即决策专家的决策知识和经验知识，同时也包括一些特定问题领域的专门知识。

知识库中的知识表示是为描述世界所做的一组约定，是知识的符号化过程。对于同一知识，可有不同的知识表示形式，知识的表示形式直接影响推理方式，并在很大程度上决定着一个系统的能力和通用性，是知识库系统研究的一个重要课题。知识库包含事实库和规则库两部分。

③推理机。推理是指从已知事实推出新事实（结论）的过程。推理机是一组程序，它针对用户问题去处理知识库。推理原理如下：若事实 M 为真，且有规则"IF M THEN N"存在，则 N 为真。

例如，在事实库中存放了"A 客户拖债达 4 级"，在规则库中存放了"IF 客户 X 拖债达到 3 级，THEN 客户 X 信用低"这样的规则，则应用推理机，就可以推出"A 客户信用低"的结论。

IDSS 在传统 DSS 的基础上向人类思维靠拢了一大步：为了更好地理解人，增设了自然语言处理系统；为了能积累已有知识，增设了知识库；为了能获得新知识，增加了推理机；为了提高分析和求解能力，增加了问题处理系统。IDSS 的这些特征使不熟悉机器的人也能方便地使用 DSS。

5.2.5 群体决策支持系统

1. 群决策支持系统的基本概念

群决策支持系统（Group Decision Supporting System，GDSS）是一种在 DSS 基础上利用计算机网络与通信技术，供多个决策者为了一个共同的目标，通过某种规程相互协作地探寻半结构化或非结构化决策问题解决方案的信息系统。

2. 群决策支持系统的特点

与传统的会议决策或传递式群体决策相比，GDSS 有以下一些特点。

①不受时间与空间的限制。

②能让决策者相互之间便捷地交流信息与共享信息，减少片面性。

③决策者可克服消极的心理影响，无保留地发表自己的意见。

④能集思广益，激发决策者思路，使问题的解决方案尽可能趋于完美。
⑤可防止小集体主义及个性对决策结果的影响。
⑥可提高决策群体成员对决策结果的满意程度和置信度。
⑦群体越大，效果越显著。

从理论上讲，GDSS对群体决策是非常有益的手段，但它涉及的面很广。GDSS要面对不同风格与偏好的个人，要综合决策科学、人工智能、计算机网络、运筹学、数据库技术、心理学及行为科学等多种学科的理论、方法与技术，实用系统研究与开发的难度非常大。

3. 群体决策支持系统的类型

根据决策问题所在组织的环境、人员空间分布、决策周期的长短等因素，GDSS大致可以有以下4种。

（1）决策室

决策者面对面地集于一室在同一时间进行群体决策时，GDSS可设立一个与传统的会议室相似的电子会议室或决策室，决策者通过互连的计算机站点相互合作完成决策事务。这是相对较简单的GDSS。

（2）局域决策网

多位决策者在近距离内的不同房间（一般是自己的办公室）里定时或不定时做群体决策时，GDSS依靠计算机局域网环境，决策者通过联网的计算机站点进行通信，相互交流，共享网络服务器或中央处理机的公共决策资源，在某种规程的控制下实现群体决策。主要优点是可克服定时决策的限制，就是说，决策者可在决策周期内时间分散地参与决策。

（3）虚拟会议

利用计算机网络通信技术，使分散在各地的决策者在某一时间内能以不见面的方式进行集中决策。在实质上与决策室相同，它的优点是能克服空间距离的限制。

（4）远程决策网

远程决策网充分利用广域网等信息技术来支持群体决策，它综合了局域决策网与虚拟会议的优点，可使决策参与者异时异地共同对同一问题做出决策。这种类型的DSS在某些领域的应用是很有前景的。

4. 群体决策支持系统的组成

GDSS在计算机网络的基础上，由私有DSS、规程库子系统、通信库子系统、共享的数据库、模型库及方法库、公共显示设备等部件组成，如图5-6所示。

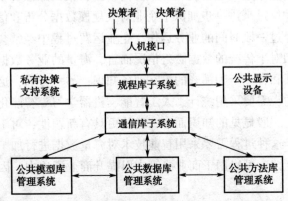

图5-6 一种较有代表性的群体决策支持系统结构

①与个人 DSS 相比：GDSS 必须建立在一个局域网或广域网上，在构件上增设了规程库、通信库、共享的公共数据库、模型库及方法库等。

②GDSS 以一定的规程展开：如以正式会议或虚拟会议的方式运行，会议由一个主持人及多个与会者，围绕一个称为"主题"的决策问题，按照某种规程展开。

③人机接口：接收决策群体的各种请求，这些请求有主持人关于会议要求与安排的发布请求，与会者对数据、模型、方法等决策资源的请求等。

④通信库子系统：相当于会议的秘书处，是系统的核心，它存储管理主题信息、会议进程信息及与会者的往来信息，负责这些信息的收发，以及沟通与会者之间、与会者与公共数据库之间的通信。

⑤公共显示屏信息：也由通信库子系统传送至各参会者的站点。

⑥规程库子系统：存储管理群体决策支持的运作规则及会议事件流程规则等。例如，决策者请求的优先级别规则、决策意见发送优先级别规则及各种协调规则等。

5.3 商务智能

"智能"这个词，很长时间以来更多出现在计算机、机器人以及自动化等工程领域，而和商务联系在一起称为"商务智能"（Business Intelligence，BI）也就是近 20 年的事。从广义上来看，商务智能指的是在商业运作中，采集、集成、分析和表达海量业务信息，并进一步为商业决策提供支持的方法、技术和应用。

5.3.1 商务智能的概念

1. 商务智能技术的发展

近年来，商务智能的概念和方法的提出以及迅速发展，与信息技术的发展密切相关。随着信息技术的发展，计算机在企业中得到广泛应用，生产、采购、营销、人力资源、财务等各个部门都通过计算机系统以及数据库系统来保存、加工和整理数据，特别是 20 世纪末网络技术的发展和移动通信技术的兴起，使数据库的自动化采集程度越来越高，数据的数字化程度也越来越高，数据采集的成本和加工的成本越来越低。这些对企业运作的影响是深远的，特别是一些大规模业务数据分析模型和软件的采用，大大加强了企业从历史数据中汲取和归纳知识的能力，并反过来进一步加深了企业对大规模数据分析和信息处理方法的使用。

在这个背景下，经过一段时间的业务运作，企业运营过程中经常会保留大量甚至海量的业务数据。一方面，相对于传统的数据匮乏情况而言，海量的业务数据中隐藏着业务运作规律，以及反映市场特征和客户行为模式的潜在商务知识；另一方面，这种潜在隐藏的知识和规律并不是显而易见的，需要采用统计、人工智能、机器学习等智能化方法挖掘得到。这样挖掘得到的结果相对于一般显见的知识而言，往往更具有新颖性；对于企业决策而言，具有更大的边际价值。由于这种过程需要采用智能技术对海量数据进行加工和分析，而且所得到的新颖知识也具有智能性，可以用于商业决策中以提升商业竞争力，因此，将这个过程称为商务智能。

由于从技术层面上看，是采用智能技术在海量数据中挖掘得到隐藏的新颖知识，因此很多时候也称为"知识发现"。

2. 商务智能的定义

虽然经历了多年的发展，但商务智能相对于信息系统的其他学科而言，还是一个很新的领域，而且其内涵和外延还在不断演化中。一个比较全面和普遍接受的定义是：商务智能是在计算机软硬件、网络、通信、决策等多种技术的基础上出现的用于处理海量数据的一项技术，是一种基于大量信息的提炼和重新整合过程，其基本功能是让企业内部员工和企业外部的客户、供应商和合作伙伴，实现对信息的访问、分析和共享。它有助于提高企业的运作效率，建立有益的客户关系，提高企业的竞争力，帮助企业从现有的信息和数据中提炼更多的价值，并实现知识共享和知识创造。

其他具有代表性的定义如下：

定义一：商务智能是通过获取与各个主题相关的高质量和有意义的信息来帮助人们分析信息、得出结论、形成假设的过程。

定义二：商务智能是运用数据仓库、在线分析和数据挖掘技术来处理和分析数据的技术，它允许用户查询和分析数据库，进而得出影响商业活动的关键因素，最终帮助用户做出更好、更合理的决策。

定义三：商务智能是通过利用多个数据源的信息以及应用经验和假设，来促进对企业动态性的准确理解，以便提高企业决策能力的一组概念、方法和过程的集合。它通过对数据的获取、管理和分析，为企业组织的各种人员提供信息，以提高企业战略和战术决策能力。

定义四：商务智能是指通过资料的萃取、整合及分析，支持决策过程的技术和商业处理流程，其目的是使使用者在决策时尽可能得到更多的协助。

尽管上述这些定义的表达和侧重不尽相同，但这些定义也体现出某些共性，它正是商务智能的本质，即对海量商务信息的搜集、管理、分析整理和展现的过程，目的是使企业的各级管理与决策者获得知识或洞察力，是企业智能化决策的重要手段和工具。

5.3.2 商务智能的应用及发展趋势

1. 商务智能的应用

商务智能的实际应用非常广泛，下面仅举几个例子，更多的应用请读者参看中国商业智能网（http://chinabi.net/）。

（1）商务智能在金融、银行系统中的应用

金融和银行系统是应用管理信息系统中最早也最成熟的领域，在互联网时代也是最早网络化的领域。而且由于银行和金融系统对数据质量的要求高，因此经过长时间的运作，银行和金融机构中通常都拥有大量的且相对比较完整、可靠和高质量的数据，为系统化的数据挖掘和商务智能分析提供了便利条件。例如，运用分类分析方法对贷款偿还进行预测，运用回归分析方法对收益率进行预测，运用聚类和分类方法对目标市场客户进行分类和归类，运用关联规则分析方法对金融欺诈进行分析等。

（2）商务智能在营销与客户关系系统中的应用

零售业管理信息系统积累了大量的销售数据，顾客购买历史记录，货物进出、消费和服务记录等，特别是在电子商务时代，网上购物活动使得数据可以得到自动加载和更新，所以零售业领域商务智能得到快速应用和发展。利用零售业管理信息系统积累的大量数据进行商务智能分析，为进一步的营销提供决策支持，成为提升企业竞争力的关键要素。在营销领域，商务智能被称为客户关系管理，主要的应用有利用聚类和分类分析方法识别顾客购买行为，利用关联规则分析发现顾客的购买模式，利用序列分析发现顾客的购买趋势，利用分类分析方法对顾客忠诚度进行分析，等等。通过这些方法可以进一步改进服务质量，并可以进一步提升零售推荐服务的价值。

（3）商务智能在电信管理系统中的应用

电信业是继互联网后又一高速发展的新经济产业，电信业已经从单纯的语音通话服务演变为提供综合电信增值服务，如语音、传真、寻呼、移动电话、图像、音频、电子邮件、Web 数据传输等。电信业的发展使得有线网络和无线网络逐渐融为一体，从而绽放出更大的能量。

电信系统以其高水平的数据加工和高速的数据传输特点，成为海量数据存储和加工两方面最大的领域之一，也为商务智能的开展提供了良好的基础。电信行业的迅速扩张和激烈竞争，也越来越有必要利用商务智能分析手段来准确理解商业行为、确定优势模式、捕捉盗用行为、识别优质客户，以更好地利用资源。主要应用包括利用聚类分析方法对盗用和异常模式进行分析，利用序列分析方法对通信模式进行分析，利用关联规则方法对客户行为模式进行分析等。

2. 商务智能的发展趋势

商务智能从概念到方法都在变化中，在信息技术得到前所未有应用的今天，仍然无法对商务智能的全景做归纳。但是，可以从目前的一些需求来对商务智能在不久的将来的发展趋势做一个大尺度的推测，即以下两方面将是商务智能发展的重点。

（1）商务智能技术指标

商务智能的发展面临的一个"瓶颈"就是缺乏技术标准。各大主流商务智能厂商，如 IBM、Oracle、SAS、Business Objects 等都不断推出自己的商务智能系统，所采用的技术标准差异很大，虽然各有优势，但没有一家的技术标准得到普遍认可。这也造成了商务智能虽然得到企业界的认可，所有的企业都将布局商务智能系统作为下一个努力目标，但在实施层面，却不得不选取千差万别的技术方案。这样一方面造成了企业间的商务智能系统无法有效连接和沟通，另一方面也造成企业内部的商务智能系统开发成本过高。因此，必须逐渐形成统一的商务智能的技术标准。

（2）移动商务智能

商务智能的概念虽然在 20 世纪 80 年代末就在学术界提出，但是真正被业界所接受和广泛认同，还是在 20 世纪末。进入 21 世纪以来，基于互联网的商业智能技术和方法已经得到了大规模的发展，商务智能和数据挖掘方法都是基于在互联网环境下的海量数据而提出的。但是，随着这几年移动通信技术的发展和功能扩充，移动网络已经逐渐成为与传统互联网并驾齐驱的大网络环境，而且在移动网络上的服务和数据类型逐渐丰富。此外，通过底层协议，移动网络和传统互联网也实现了无缝融合。这种态势已经而且还将更为明显地影响商务运作方式。

在新的技术环境下，传统应用于互联网环境下的商务智能和数据挖掘方法就需要改造和扩展，以适应移动网络环境下的实时性、广泛性等特点。移动商务智能将会成为商务智能发展的重点。

5.4 知识管理

5.4.1 信息化管理的高级阶段

在信息化进程中，企业从早期建立 MIS（管理信息系统）、实行 EDI（电子数据交换）、实施 MRP、MRP Ⅱ（制造资源计划）到实施 ERP（企业资源计划）、CRM（客户关系管理）、BPR（业务流程再造），经历了新技术带来的喜悦，但也经历了高投入低回报的"数字鸿沟"、"ERP 黑洞"的梦魇。

商务智能的出现和发展，使企业信息化上升到一个新的高度，带来新的理念，也有力地提高了企业的竞争力。商务智能通过对所获的数据信息进行综合，形成知识，但人们却仍感到知识的匮乏，这是因为信息不等于知识，信息量越大，人们从信息海洋中及时获得自己所需的那部分知识，并把已有的知识转化为自己的知识的难度也越大。正是在这种背景下，人们提出了知识管理的问题，并逐渐深化了对它的认识。

知识管理（Knowledge Management）是企业信息化发展的更高阶段，是信息资源管理与人力资源管理的高级融合，代表了管理信息系统和信息资源管理的发展方向。

早在 20 世纪 80 年代，美国学者马奇安德（D. A. Marchand）和霍顿（F. W. Horton）就提出信息化管理有五个发展阶段，即物的控制、自动化技术的管理、信息资源管理、商业竞争分析与智慧、知识管理。知识管理被认为是管理信息系统和信息资源管理的高级阶段。如果说当时他们的观点还仅仅是一种理论上的预测，那么今天随着知识经济的兴起，管理信息系统和信息资源管理向知识管理的延伸和发展已成为一种具体的实践活动。

如果说管理信息系统是将数据转化为信息，并使信息为组织设定的目标而服务，那么知识管理是将相关信息与具体商务环境和员工的认知能力结合起来，把信息转化为知识，通过知识的创造和应用来提高组织的应变能力和创新能力，通过知识的整合和传播创造客户价值，实现企业目标。

可以从以下三个方面说明知识管理是在管理信息系统基础上发展而来的。

（1）管理对象上的拓展

知识管理的对象不只是编码化信息，还包括对非编码化信息的载体——人的管理。

组织中典型的知识传播要经历一个从隐式（人脑内部的）和显式的（获取和封装成可复用、可检索的形式）到全部显式的又返回隐式的过程，其他人通过整个组织系统学习和使用知识，人是这个流程的核心。

知识管理认为对人的管理既可以提供广泛的知识来源，又可以建立良好的组织方式用以促进知识的传播：一方面，促进非编码化知识编码化，有利于知识共享；另一方面，强调有利于个人非编码化知识共享的组织方式，促使知识载体——人与人之间充分的交流，通过人际互动，使得知识广泛传播。知识的充分共享保证了组织的创新能力，适应了知识经济时代的要求。

知识管理对知识流、知识的自组织更感兴趣，试图找出一个能理解知识如何积累、如何倍增的关系，使少数人的专长扩展为整个组织掌握的知识。知识生产已经成为一个庞大的社会化部门，它渗透于人类社会活动的各个领域，成为技术决定因素、生产发展的支配力量和社会发展的有利手段。知识管理以知识生产途径为研究目标，提倡以试验化的方式来研究知识，促进知识的增长。

(2) 管理方式和技术的改进

知识经济时代是信息、知识极度膨胀的时代。信息和知识的收集、处理、存储的低效率是极其危险、无法容忍的，运用高效信息技术和新型的管理方法使那些在知识获取方面受到物理限制的人能够对知识加以利用，成为知识管理的目标。知识管理不仅要处理大量的信息和知识，而且对于减少信息的膨胀应有所作用。

①知识管理深化了对包括计算机技术、通信技术等先进的信息技术的要求。在以计算机和通信技术为基础的知识经济时代，知识管理在信息技术的使用上有进一步的深化，表现为在信息向知识演进的处理上，利用数据仓库、数据挖掘、人工智能技术获取信息中隐含的知识；在知识的存储和传播上，利用大型数据库技术、新型检索技术、智能代理、搜索引擎以及网络技术、组件技术，保证知识的充分共享。知识管理使用信息技术建立有效的知识管理系统，帮助知识从已知者向未知者传递。例如，以新型网络技术、检索技术以及群件技术为特征的LOTUS，把"知识管理"作为其产品的新标签。LOTUS NOTES 工作流软件的目标就是帮助组织成员共享和利用他们的专业知识，帮助组织提高"创新、反应能力、生产率以及技术技能"，"帮助他们自身适应组织管理活动"。

②知识管理强调系统化的研究方法，要求把信息与信息、信息与活动、信息与人结合起来，在系统化的空间中发现信息与环境的普遍联系，以有利于知识的发掘、传播和利用。信息的系统化处理保证了知识的创造、共享和使用，转化成的集体智慧和创新能力保证了组织适应知识经济时代的要求。

③知识管理引入了新的组织管理模式，扩大了默认知识的共享范围，使组织成为人们获得知识的重要来源，成为一个学习和知识创新的系统。比如，发达国家的先进企业在首席执行官与信息主管之间设立知识主管（CKO）。信息主管把工作重点放在技术和信息的利用上，知识主管把工作重点放在推动创新和培育集体创造力上。知识主管在企业经营活动中的主要职责在于为实现显性和隐性知识共享提供有效途径。

④知识管理引入了经济学的研究方法。知识作为稀缺资源，需要利用经济学的方法加以合理配置。要求新型的知识管理者不仅要有信息技术方面渊博的知识，还必须熟悉竞争中各种资源的运用规律，并拥有发展、战略、预算方面的知识。

(3) 管理目的的深化

知识管理在管理目的上也是对管理信息系统和信息资源管理的深化，主要表现如下：

①传统的管理信息系统和信息资源管理只向管理者或业务人员提供信息，知识管理不再局限于此，而是对用户的需求系统分析，向用户提供全面、完善的解决方案，用户可以直接学习这些知识，而无须再对信息进行加工。

②知识管理通过对知识的管理，为组织带来了新型的管理方式，提高了组织的创新能力、生产率、反应能力和技术技能。现代化管理与知识管理融为一体。创新是保持长久竞争优势的主要源泉，是知识经济的支撑。组织成员的知识交流、技术协作是创新的主要来源。查找、复用知识资产是提高生产率、反应能力和技术技能的法宝。

管理人员的共同悲哀是"我们不知道我们知道些什么"。人们不断创建业绩而不能借鉴获得的教训、利用最好的实践成果和已有的专门知识。知识管理向个人提供工具发现和挖掘业已创造的团体知识,而且知识管理技术可以帮助组织检测出微弱的信号,并根据需要调动人力和信息资源对不确定事件做出有效反应,获得最大效益。

5.4.2 知识管理内涵

知识是人们通过实践对客观事物及其运动规律的认识,是被人们理解和认识并经头脑重新组织和系列化的信息,是经验、技能的总结。在反复实践和认识的过程中,人脑通过对相关概念的判断、组合和推理,形成对事物本质的认识,构成头脑中的知识,可称为主观知识,也称隐性知识;如果经过各种载体表达出来,则称为客观知识,也称为显性知识。

知识管理,简单地说,就是以知识和知识活动为核心的管理,包括对知识的识别、获取、开发、传递、使用和存储。

1. 知识管理的目标

知识管理的目标是使企业实现显性知识和隐性知识的共享,并最大限度地激发企业雇员的智力资源,促进知识创新。在具体的操作细节层面,可以从知识管理的过程和企业知识结构两个角度来分析企业知识管理的具体目标。

(1) 过程维度的目标

从知识管理的过程来看,企业知识管理必须实现下述目标:

①从企业战略和员工个人目标出发,保证新知识的有效开发和已有知识的改进提高;

②通过知识传递或知识拥有者的重新配置,保证新的知识被传播到企业的其他部门及转移给新的员工;

③在整个企业能够较容易获取知识的基础上,确保企业的知识安全。

(2) 结构维度的目标

从知识结构来看,企业知识管理也同样要实现相应的目标:

①要使知识载体的内容在不断改变的环境中保持新颖和正确,应用最优秀的知识;

②要使知识载体的配置在企业经营过程的特定环境中达到最优化,在最佳位置应用知识;

③要根据用户的需要和可能的使用方式,改进知识载体的形式,应用最佳形式的知识;

④使知识的可获得性与企业的知识需求相适应,在需要的时候应用知识。

2. 知识管理的作用

(1) 管理中遇到的问题

作为企业中高级管理人员、知识型工作者,您是否经常遇到这样的问题:

①以前自己撰写过或见过别人整理的一份非常有价值的报告和资料,在需要的时候却找不到了;

②随着一位关键员工的离职或休假,同重要合作伙伴或客户的良好关系受到损害,联系甚至被迫中断,同时也失去了非常宝贵的实践经验;

③新员工加入某项目组,因没有相关背景资料而很难上手,也不能充分借鉴前人的经验和智慧;

④在项目的开发和进展过程中,员工需要向具有某种专长的专家咨询,却不知企业内部谁有这样的专长。

(2) 知识管理的作用

借助知识管理理念和适当的工具可非常有效地解决这些问题。知识管理能够从以下各方面提高企业竞争能力和对市场的适应能力：

①通过数字化和知识化将大量无序信息有序化，为员工提供知识共享的环境，提高其工作效率和创新能力，改善服务质量；

②提供适当的工具和环境，辅助员工同相关客户和工作伙伴进行直接或间接的交流；

③增加企业知识储备，将个人知识和信息提升为组织知识；

④分析外部环境的机会和挑战，获取相关资料，相应调整企业战略；

⑤从现有数据挖掘有用知识、增强企业商务智能；

⑥通过知识地图将知识和人联系起来，帮助人们获得知识来源，降低知识扭曲；

⑦方便企业的后继者轻松获取前人积累的知识，以此为基础不断创新，实现企业的可持续发展和创新。

3. 知识的获取

"知识的获取"就是从某处获取已经存在的知识。对一个企业来说，也许就意味着从现有文件中获取知识，或者是将隐含的知识搜集整理存入知识库，或者是找到外部的关于工艺、技术的专业技巧以及市场情报，然后再取得知识。如果这样做，或许就需要招聘专家或是并购具有那种技术的其他企业了。当然，还有其他办法，比如自我培训所需的技巧，或者租借所需的技巧。具体怎么做，在很大程度上取决于企业的商业目标。

4. 知识的共享

知识共享既可以是内部共享，也可以是外部共享。内部共享的主要目标在于促使既有业务能够更好、更快、更经济地运作，通过用更高质量、更现代化、更易接受的工具和投入来装备一线员工，并为顾客增加价值和减少成本。外部知识共享服务是顾客可直接在线（online）获得企业提供的知识。外部知识共享比内部知识共享要承担更大风险，如在信任、版权及知识产权保护方面的愈加复杂化，但同时也为组织提供了更大的获利潜力。在不久的未来，知识共享将从目前主要面对内部员工转向面对企业外部的供应商、商业伙伴，甚至顾客和消费者。

知识共享可以视为由知识收集者与知识共享者的沟通所构成的整体。沟通包括将需要掌握知识的人与掌握知识的人联结起来，以便发展培育知识和使行为知识化的新能力。沟通之所以必要，是因为知识蕴藏于人的大脑、组织内部及与外部的沟通之中，信息通过个人的理解、翻译和创造之后成为知识。

在知识共享中选择应用的信息技术时应满足以下要求：

①对顾客需求负责：应坚持不懈地努力确保所使用的信息技术满足顾客不同的、变化的需求。

②内容结构：在大型知识共享系统中，分类和目录检索有助于使用者快速查询，因此应不断完善和创新分类和目录检索。

③内容质量：制定接纳新知识的标准，以提高内容的价值。

④与已有系统整合：多数知识共享都将目标确定为，尽最大可能将知识共享与组织成员的日常工作紧密结合，因此，把知识共享的相关技术与业已存在的技术进行整合，使其成为实施的关键。

⑤规模扩散：应注意的是，在团队中运转良好的解决方法，可能不适于推广到整个组织或组织以外。

⑥硬件与软件的匹配：确保信息的传输能力和处理能力满足使用者的需要。

⑦保持技术与使用者能力相协调：提高使用者的操作技能，实现人机的最佳匹配和使用者间的技能平衡。

5.4.3 知识管理体系

知识管理体系总体上分为知识管理理念和知识管理系统两大部分，如图 5-7 所示。

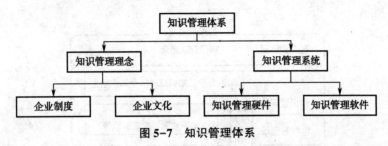

图 5-7 知识管理体系

知识管理理念分为企业制度和企业文化两个方面，其中，企业制度包括确立企业的知识资产和制定员工激励机制，从而加强管理者对知识管理的重视，并鼓励员工积极共享和学习知识；企业文化包括企业共享文化、团队文化和学习文化，帮助员工破除传统独占观念，加强协作和学习。

知识管理的硬件对应的是知识管理平台，它是一个支撑企业知识收集、加工、存储、传递和利用的平台，通过互联网、内联网、外联网和知识门户等技术工具将知识和应用有机整合；而知识管理的软件对应的是知识管理系统，它是一个建立在管理信息系统基础之上的实现知识的获取、存储、共享和应用的综合系统，通过文件管理系统、群件技术、搜索引擎、专家系统和知识库等技术工具，使企业显性知识和隐性知识得到相互转化。

1. 企业知识管理系统构建

首先来看一个例子。M 车间是一个设备维修车间，20 世纪 80 年代从老企业调入年龄在 40 岁左右的技术工人，都有相当的经验。现在，那批工人都退休了。现在招来的年轻人大都技术生疏。车间设备维修的工作经验主要积累在老师傅的头脑中，如果老专家们退休，这些宝贵的财富就会被"带"走、被"遗忘"。面临这种情况，车间王主任一直觉得很头疼，签下的项目单子做不了，这可怎么办？王主任分析了造成这个局面的原因，完全是过去几十年没有做好"传、帮、带"，甚至连经验知识都没有认真、系统地总结出来。可仔细想来，要做到这些，谈何容易？但这个问题必须解决。一次偶然的机会，王主任接触了知识管理，了解到专家头脑中的隐性知识也可以管理，这对王主任触动很大，也使他豁然开朗。王主任也明白，要在企业中推行知识管理，不但需要员工们懂得知识管理的理念，而且要通过知识管理系统来使之变为现实。但如何实现企业的知识管理系统，这是王主任最关心的问题。

（1）知识管理系统内涵

知识管理系统（Knowledge Management System, KMS），是知识管理实现的基础，是知识管理实施的技术支撑体系，是一个对知识进行创造、捕获、整理、传递、共享，进而创造出新知识的完整的管理系统。

KMS 不同于前面章节介绍的各种 MIS。MIS 系统注重工作效率，而 KMS 对业务过程进行了更深层次的思考，KMS 更关注组织文化的构建和员工学习与创新能力的培育。

一般而言，知识管理系统分为两部分：一是知识管理系统的"操作平台"，它如同计算机上的操作系统，是需要导入知识管理系统的所有企业都必须建立的平台；二是知识管理的"应用软件"，企业可以根据自己的需求，进行适当的选择和建设，其应用就如计算机上的应用软件，比如需要进行文字处理的，就装上 Word，需要进行图表处理的，就装上 Excel。

（2）知识管理系统软件架构

知识管理系统（KMS）是在管理信息系统应用整合的基础上建立和发展起来的，具体框架如图 5-8 所示。

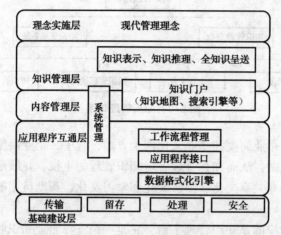

图 5-8　KMS 架构框架

①理念实施层。当 KMS 系统的研究领域超出了纯技术层面，延伸到组织结构、组织文化、业务流程重组和知识管理等管理科学以及相互复合关系时，就要求在设计 KMS 体系结构时，充分运用知识管理理念，从理念上理解知识是可以被管理的，从而在具体实施中充分考虑信息技术、管理技术、人和组织的集成模式，建立起相应的知识管理结构和知识运营机制。

②知识管理层。知识管理层的目标应该满足：将正确的知识在正确的时间传递给正确的人。具体可通过知识管理技术如知识的表示、推理和呈送机制来保证上述目标的实现。

③内容管理层。内容管理层是提供应用程序所能解读的信息或者是简报数据等，与知识管理层共享门户系统，提供知识地图和个性化按需访问等功能。

④应用程序互通层。处理应用程序和应用程序间整合的部分。其中，数据格式化引擎保证数据能够在不同应用程序间被解读和加工，工作流程管理控制着各个应用程序间的信息传递与处理程序，把各个不同系统间的执行过程有效地互联起来。

⑤基础建设层。这是 KMS 网络及数据传输的基础。在这层中，网络的硬件及通信协议成为信息传递的底层，数据安全措施成为应用程序整合前的必要条件。

（3）知识管理系统规划

与任何大型信息系统实施一样，高层的支持对于知识管理系统实施的成败是十分关键的。由于大部分企业或者组织中都没有专门的部门负责知识管理，在实施过程中，高层管理人员必须既要支持系统的实施，又要考虑成立新的知识管理部门。高层的支持必须是竭尽全力的,这种支持来自高层对于知识管理的正确认识以及知识管理对企业价值的认知。

在系统的构成方面,面对越来越多的技术可能性应当慎重考虑。软件模块的功能并非越多越好,应当经过仔细的考虑和筛选,使得系统具有三个特性:实用性、友好性和可拓展性。

所谓实用性,就是要保证员工能够从使用该知识系统中获益,而不是给企业提供一个中看不中用的"花瓶"。

所谓友好性,就是系统应该是容易使用,容易学习的,用户对系统没有畏难情绪,是系统能够迅速推广的一个重要条件。

所谓可拓展性,就是系统要能够适应企业业务的变化。知识管理系统往往是随着企业需求的增加而扩大的。它需要能随着它所支持的业务一起成长。在系统设计中,往往从一个核心的需求开始,逐步扩大其规模和功能。

基于以上考虑,知识管理系统根据其模块的组合,提供知识管理的各种功能。在实际的应用中,有的企业注重实现个体间的知识共享,因此,知识管理系统需要有良好的知识整理和知识传播的能力;有的企业注重协同性知识工作,通过思想的碰撞产生新的知识管理信息系统;有些企业则把重点放在对知识的捕捉、操作与定位上,侧重进行与知识相关的信息管理;另外一些企业着眼于建设、开发智力资本,提供自由的、不受限制的、简单易行的对话功能,以提高企业中知识活动的有效性;还有一些企业注重创造一种学习环境,从而使得员工能够保持对新知识的关注。

企业的知识管理系统能以多种形式、采用多种工具来构成。关键是要根据企业业务的需求来规划和设计。图 5-9 所示为一个知识管理系统的基本用途。

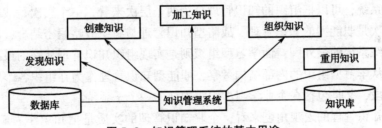

图 5-9 知识管理系统的基本用途

请注意,这里所列举的仅仅是知识管理系统中面向应用的功能和模块,一个实际的系统,必然还有许多其他的软件,例如安全管理、中间件、统一的用户界面等。对于这些与应用系统密切相关的功能,可以用一个多层次的概念框架来整合它们。

2. 企业知识管理体系构建的关键要素

国外对知识管理理论的研究日臻成熟,关注的焦点从理念的认识转移到应用研究方面,企业知识管理体系研究已成为国外知识管理研究的发展趋势之一。许多著名的公司已经建立了自己的知识管理体系,利用"知识资源"来获得竞争优势,巩固其行业领袖地位。

国内外企业知识管理体系的比较:

① 在知识管理体系的目标确定与构建方面,外开发的知识管理体系有明确的构建理念、知识管理目标、功能强大的知识管理系统和先进的 IT 技术支持;而国内的知识管理体系缺乏自己的构建理念,着重开发知识管理软件工具来实现知识管理目标。

② 在知识管理体系的运作中,国外企业将知识管理体系与企业整体战略进行整合,在制

定激励机制和培养共享文化的基础上，选择适当的技术工具进行系统建设与实施，以最终达到知识管理的目标；而国内企业往往缺乏对企业制度的制定和企业文化的培养，急于进行硬件建设和软件开发，难免使实施效果大打折扣。

综上，实现成功的知识管理体系的关键因素是：

①制定企业知识管理战略，建立知识创新激励机制，营造知识共享的企业文化氛围；
②设置知识主管一职，专门负责企业知识管理工作；
③与企业的业务流程相结合，调整企业知识结构；
④建立企业知识管理系统，管理知识生产、交换、整合和内化；
⑤对知识管理体系制定评价方法和原则，以期改进。

3. 学习型组织建设

《第五项修炼》的作者彼得·圣吉认为，未来成功的企业必将是"学习型组织"，因为变动时代唯一持久的竞争能力，是有能力比你的对手学习得更快、更好。

所谓学习型组织，是指通过培养弥漫于整个组织的学习气氛，充分发挥员工的创造性思维能力而建立起来的一种有机的、高度柔性的、扁平的、符合人性的、能持续发展的组织。这种组织具有持续学习的能力，具有高于个人绩效总和的综合绩效。

从学习型组织的含义和前面介绍的知识管理的含义不难发现，学习型组织理论和知识管理理论实际上是从两个不同的视角指向同一个目标：核心竞争力。前者侧重组织学习，后者侧重知识运营，而知识管理系统是学习型组织的基础。

知识管理的出发点就是把知识看作组织最重要的资源，把最大限度地获取和利用知识作为提高企业核心竞争力的关键。它本身是一个包括知识的获取、转化、共享、创新和应用诸环节在内的大系统，可以把组织的知识管理分为两个层次来看，一个层次是战略型的知识管理，另一个层次是职能型的知识管理。战略型知识管理与组织战略紧密结合，涵盖组织各个层面，处于组织系统的最外围；而学习型组织则是实现组织知识管理战略的最有效的组织形式。但同时，从学习型组织的内部结构考察，职能型知识管理作为在组织各个层面具体运用知识管理的手段，又是包括在企业学习型组织内部的一个子系统。

从战略型知识管理的宏观角度来看，企业知识管理的实质是把知识作为最重要的资源，把知识和知识活动作为企业的财富和核心，对组织知识进行科学的管理，从而促进知识在组织内部的流动，形成知识流的良性循环。由于知识与学习的不可分割的关系，知识若要在组织内有效流动，必然要借助学习手段，通过个人学习、团队学习、组织学习三个层次，使组织的知识不断地得到共享、重组、创新，从而扩大组织的知识基础，提高组织成员及组织本身实现目标的能力，获得绩效的改善。

总之，组织通过学习机制来实现战略型知识管理的目标。组织学习通过组织行动理论的重建，修正组织固有的缺陷，从而使组织目标的设置更具合理性，并改变组织行动者的行动；同时，组织学习可以加速组织的知识共享，提高组织的转换能力，从而改变组织的知识技术基础。这两种改变都要求组织的制度重新建立和组织的活动重新安排，结果导致企业组织进行转型，成为一种新的组织形态。

在这种新的组织形态中，知识的有效流动是核心目标，学习氛围、学习机制、组织沟通等作为必要的辅助手段来实现这一目标，即组织演变为学习型组织。换句话说，建立学习型组织为企业进行知识管理提供了必要的组织环境及保障措施，使知识管理如鱼得水，可以更好地发挥其作用。

从职能型知识管理的微观角度看，在学习型组织内部，组织机构、人力资源、知识管理和技术研发四个子系统对于加强和支持学习机制子系统是十分必要的；反过来，学习机制子系统也与其他四个子系统相互渗透。它们对创建和维持学习型组织是必不可少的。

本章案例

《纸牌屋》你学不会

凭借一部片子咸鱼翻身，这样的桥段在当下热播美剧《纸牌屋》身上重演，反转剧主角是美国一家视频公司 Netflix，它的武器则是大数据。

首次进军原创剧就走红，Netflix 不仅成为娱乐圈里的谈资，也成为数据革命的代表。无论是《纽约时报》、《洛杉矶时报》，还是最近一期的《经济学人》，严肃媒体都在重要版面研究《纸牌屋》成功之道。获得如此密集关注，并非没有道理。《纸牌屋》不仅是 Netflix 网站上有史以来观看量最高的剧集，其也在美国及 40 多个国家大热。Netflix 产品创新副总裁托德·耶林（Todd Yelin）称，其表现甚至"比我们最大胆的梦想都要好"。

事实是，美国"白宫甄嬛传"、导演大卫·芬奇（David Fincher）和老戏骨凯文·史派西（Kevin Spacey），这些噱头只是用以吸引眼球的皮毛。最抓人心的是，Netflix 根据数据技术推导出《纸牌屋》的关键要素，喜欢 BBC 剧、大卫·芬奇和凯文·史派西的用户存在交集，这是多么酷的一件事。

中国的乐视网一直关注 Netflix 的发展路径。"值得研究的是 Netflix 如何从后端数据推导出前台生产。"乐视网副总裁何凤云说。这种做法与旧传统是背道而驰的，以美国著名的有线电视网络媒体公司 HBO 为例，它对导演强烈的个性抱以完全的信任，全权委任导演去制片、编剧、挑选演员。而在中国，几大视频网站在自制剧时都有自己的选片团队，由他们为观众选择与确定导演，挑选剧本。

多年前，依赖于种种技术，Netflix 对数据的记忆能力已经炉火纯青。当一位用户通过浏览器登录 Netflix 账号，Netflix 后台技术将用户位置数据、设备数据悄悄地记录下来。这些记忆代码还包括用户收看过程中所做的收藏、推荐到社交网络等动作。在 Netflix 看来，暂停、回放、快进、停止等动作都是一个行为，每天用户在 Netflix 上将产生高达 3 000 多万个行为，此外，Netflix 的订阅用户每天还会给出 400 万个评分，300 万次搜索请求，询问剧集播放时间和设备。没错，这些都被 Netflix 转化成代码，当作内容生产的元素记录下来。其首席内容官泰德表示，所有这些数据都意味着，Netflix 公司已经拥有"可寻址的观众"。

早年间，Netflix 利用上述数据提供一项推荐引擎业务。比如，数千万用户能在一个个性化网页上对影片做出 1~5 的评级，这些评级构成了一个巨大数据池，如今这个数据池容量已超过近百亿条。根据数据池，Netflix 使用推荐算法来识别具有相似品味的观众，然后对这一群体做出相关内容的精准推荐。

Netflix 要将巨大的数据池变为生产力并非易事。多年来，为了提高算法精准，它持续地举办大型比赛，来提高自己的数据挖掘能力。2005 年年底，Netflix 曾开放一数据集，并设立百万美元的奖金（Netflix prize），征集能够使其推荐系统性能上升 10% 的推荐算法和架构。这个数据集包含了超过 48 万个匿名用户对大约近 2 万部电影做的大约 10 亿次评分。

Netflix 一直在寻找与自身匹配的数据挖掘工具。据一位前 Netflix 云数据库架构师的博客回忆，在2010年Netflix完成了两次迁移，其一是将Netflix的数据中心迁移到了Amazon AWS之中，其二是将Oracle数据库迁移至Simple DB。而到了2011年，又从Simple DB迁移到Cassandra，利用Cassandra提供的路由配置，集群可以被部署在多个大洲。忘掉上述专业术语，一个小故事足以说明它们的意义。法国电影《不要告诉任何人》在美国的票房收入惨淡，只有600万美元。可Netflix的工程师并不相信这个数字，他们通过上述数据挖掘技术，找到了不易察觉的点击量，而这些才是被隐藏的事实。2011年时，Netflix决定播放《不要告诉任何人》。如Netflix预测的一样，这部电影在播放后立即在最受瞩目的节目中排到第四位。

然而，投资人并不看好Netflix的这些努力。投资人表面上相信Netflix的数据库是个大宝藏，但财务报表的数据呢？2013年万圣节，Netflix董事长兼CEO里德·哈斯廷斯接到一位投资人电话，后者告知哈斯廷斯，他将从二级市场收购Netflix 10%的股份。投资人坚持认为Netflix气数已尽，这位投资人的计划是，进入Netflix董事会再建议哈斯廷斯卖掉Netflix。

早期，Netflix是北美家喻户晓的在线影片租赁提供商，它的主营业务是通过邮寄方式租赁DVD的模式赚取利润。然而，在互联网时代，这个盈利模式逐渐式微。于是，Netflix将主营转向在线流媒体播放，其商业模式是付费用户通过PC、TV、iPad及iPhone收看电影、电视节目。但在逐步放弃高利润率的DVD业务，彻底转型低利润率的流媒体业务后，Netflix却遭遇营收增速放缓、成本费用激增的困境。2012年第三季度，尽管财报中营收和每股收益均超出分析师预期，股价却依然暴跌。美国知名专栏作家撰文称"Netflix被收购或许才是投资者最理想的选择"。

里德·哈斯廷斯别无选择。他决定反击投资人的短视，用事实告诉资本市场，数据不是花架子，而是地道的生产力。Netflix利用数据挖掘能力计算出可以赢的办法，1亿美元买下一部早在1990年就播出的BBC电视剧《纸牌屋》的版权，请来导演大卫·芬奇（David Fincher），并由老戏骨凯文·史派西（Kevin Spacey）担当男主角。

乐视网副总裁何凤云介绍，1亿美元买下的《纸牌屋》总共2季26集，计算下来单集成本约为400万美元，远远高于美国一般电视剧的单集制作成本——150万~200万美元，也只有《广告狂人》、《斯巴达克斯》这类热播美剧才能达到200万美元左右。算下来，对于Netflix而言，只有新增100万一年期合约付费用户才能收回上述成本。

Netflix并非没有计算过豪赌的回报，这样做不仅可以带来新增用户，更为重要的是，它为Netflix开拓了上游市场，走上了自制剧之路。在《纸牌屋》之后，还将有四部自制剧在2013年登录Netflix。这意味着，Netflix可以逐步降低对版权费用日趋高涨的好莱坞剧的依赖。Netflix的故事，对于中国视频网站而言着实励志。它们与Netflix所面临的境遇相似。在美国国内，好莱坞的独家授权费用越来越高，版权成本上升导致资本开支加大。同时，内容竞争越来越激烈，尽管在流媒体播放领域Netflix仍占据市场首位，但面临着HBO（美国家庭电视广播网）、Amazon（亚马逊）、YouTube的竞争，它们都在加大内容投入。由于版权价格提升，国内知名的视频网站们，诸如优酷土豆、搜狐视频、乐视网、爱奇艺，近两年也纷纷打造自制剧。

据乐视网高级副总裁高飞透露，虽然2013年上半年版权价格曾达冰点，但是现在又很快回升，从一线卫视购买电视剧，平均购买价格每集几十万，意味着买下一整部剧不下千万。在此局面下，拿下《纸牌屋》中国地区的互联网独家播放权的搜狐视频，不得不上调版权采购预算，其2012年的版权采购成本为5 000万美元，但2013年这一预算上调到8 000万美元。"但我们拍一个自制剧，成本基本上也就三分之一，甚至不到这个数。"高飞说。

关键是如何制作自制剧。国内视频网站意识到数据的重要性，也积累了大量数据。比如乐视网通过分析用户收看时间，在2014年推出午间自制剧场。"但真正细致到使用数据来决定导演、演员，中国还没有哪家公司敢说他们能做到这点。"何凤云说。

此外，即便是有了数据，中国的流媒体公司还不敢像Netflix那样将宝押在一部剧上，因为中国的付费市场尚未成熟，目前还主要依赖广告盈利，无法完全将用户需求作为中心。"Netflix选择了这个项目，投巨资去做，就是博一个必须赢。"乐视网高级副总裁高飞对《中国企业家》说，"期待中国市场也可以通过付费收视足以覆盖成本，但这要寄希望于未来大屏幕电视以及电视平台产品和服务的成熟，以及付费市场的快速成长。"

除此以外，一位视频行业的人士指出，在中国基于用户数据做出分析的同时，还要考虑广电审核的要素，一些领域与题材类型都要稍微收拢，"不是没法依赖数据，而是不能完全依赖数据，我们选择数据时，也一定要结合中国国情。"

（案例来源：http://blog.vsharing.com/liguohua/A1689715.html）

讨论：1. 中国目前能制作出类似《纸牌屋》的电视剧吗？说明理由。
2. 中国流媒体公司是否也可以运用大数据分析来获得市场份额？

本章小结

本章重点介绍了当前管理信息系统的高级应用，包括数据仓库与数据挖掘技术、决策支持系统、商务智能和知识管理。

1. 数据挖掘技术在人们长期对数据库技术进行研究和开发的基础上，广泛应用到商业数据的存储、查询和访问中，使数据库技术进入一个更高级的阶段，进一步促进信息的传递及决策价值。

2. 决策支持系统（DSS）是管理信息系统领域中一个备受关注的理论分支，本章重点介绍了管理信息系统智能决策方面的影响作用及应用。

3. 商务智能在商业运作中，通过采集、集成、分析和表达海量业务信息，进一步为商业决策提供支持的方法、技术和应用，进一步体现了未来管理信息系统的发展方向和目标。

4. 本章最后将内容扩展到了信息管理的更高层面——知识管理，比较详细地介绍了知识管理的内涵、作用和实施。

本章习题

1. 简述数据仓库与数据挖掘的定义，并说明二者之间的关系。
2. 数据挖掘的方法有哪些？
3. 什么是商务智能？举例说明。
4. 数据仓库的主要思想和作用是什么？
5. 数据挖掘有哪些主要模式？
6. 知识管理有什么作用？实施有什么难度？

7. DSS 的定义是什么？它的基本结构是什么？
8. 什么叫 IDSS 和 GDSS？

本章实践

参看教材第 8 章，完成实验项目三：ERP 采购管理。

第6章

管理信息系统开发概述

学习目标

1. 了解信息系统的生命周期及信息系统开发的一般过程；
2. 理解信息系统开发与组织变革之间的关系；
3. 理解各种信息系统开发方法的利弊及适用场合；
4. 掌握几种信息系统开发方式的适用情况及利弊。

教学要求

1. 对于管理类专业学生，教学重点应放在开发过程、开发方法和开发方式上，而不是系统实现的技术细节；
2. 在本章学习的基础上，可结合课后案例开展讨论。

导入案例

铁路货车维修信息系统的规划与开发

铁路货车是载货的重要工具，全路44多万辆国有铁路货车和参与铁道部营业线运营的近11万辆企业自备车承担了国民经济中70%左右的货运周转量。铁路货车无固定配属，全线通用；无固定修理地点，维修费用统一清算。

由于铁路货车维修信息具有较高的复杂性，加之长期以来货车维修信息采用电话、表格、铅笔等落后的管理手段，使得我国以车为单位的车辆技术设备情况基本上是个空白。这是因为货车技术设备情况是依靠车辆清查而获得的，由于货车数量多，分布广，车种、车型复杂，而且车辆设备类型在维修过程中不断地进行加装改造，因此，以车为单位的车辆技术设备情况单纯依靠手工方法是无法完成的。在历史上曾几次试图解决这一管理问题，总因缺少先进的技术手段而以失败告终。

1992年年初，铁路运营管理系统被列为国家"八五"重点科技攻关项目，取名为"铁路货车实时信息系统"，后根据铁道部的总体设计定名为"铁路运输管理信息系统"，简称为 TMIS。在 TMIS 建设的过程中，涉及全线货车维修的管理信息系统（CMIS）也于 1992 年开始建设。另外，受全国信息化建设热潮的影响，许多线路段都自行摸索并开发了一些小型、主要针对本单位使用的信息系统，为本单位培养了一批信息技术人才。

由于铁路各级车辆部门应用的一些信息系统大多数是孤立开发的，未能顾及系统间的联系和信息的共享，为了实现全线货车维修信息的动态实时管理，有必要在全线建立分层次的网络系统，这样，原系统的规模就必须扩大。另外，1998 年年底，机构改革已经基本结束，改革后货车处 7 个人要完成原来改革前近 30 个人的工作任务。由于每天要看的报表相当多，还要录入大量基层单位（如车辆局）报来的数据，并进行统计，因此，铁道部开始进行新一代的 CMIS 系统的规划和开发。

货车维修信息系统的最终目标是考核每个员工的生产率；中间目标是在确保修车质量的情况下控制成本，并能对每辆车的修车成本进行核算，能对统一更换全线货车的某一种部件的投入进行测算；最基本的目标是了解故障发生规律，以利于寻找减少故障发生的方法，为零部件的技术创新和产品创新提供依据。新的系统实现了线路段、车辆局和铁道部就货车维修业务的三级联网，下级部门将数据按时上传，上级部门按时自动生成汇总结果，并能对结果进行相应分析，从而将货车处的管理人员从数据处理中解脱出来，可以花更多的时间用于决策思考。

2000 年 7 月，北京铁路局组织各方面的专家对该项目一期工程的第一阶段进行阶段评审，结论是：从采用技术的先进性、业务流程的合理性、数据的基础性、系统的综合性、应用的简便性等五个方面考察，该系统在全线属于领先水平，专家组一致同意通过评审。

讨论：结合上述案例，讨论任何一个管理信息系统的开发能否一步到位。

从铁路货车维修信息系统，可以看到一个新的系统开发过程的诸多因素。建立这个新系统需要分析现有信息系统存在的问题，调查人们在信息系统方面的需要，选择合适的技术路线，并且对业务过程进行流程再造。管理工作应该监督系统建立工作并且估计新系统的投资及收益。新系统的建设体现了一个有计划的组织变动过程。

本章描述了新系统是如何进行设计、开发以及安装的，介绍了组织变化的类型及业务流程再造的问题，介绍了信息系统开发的主要方法以及信息系统开发的主要方式。

6.1 系统开发的一般过程

假如你的上司要求你用 Web 化的模式从公司销售人员那里获得信息，你该如何着手？你将做些什么？你是否仅凭埋头苦干就期望能提出合理的解决方案？如何知道你的方案是否适合公司的要求？你是否会想到可能有一种系统方法能够按照上司的要求设计出一个好的解决方案？这就是解决问题的过程，称为系统方法。当用系统方法解决问题并将其应用在开发信息系统解决方案以解决管理问题时，这种方法称为信息系统开发。系统开发是指针对组织的管理问题而建立一个信息系统的全部活动。

6.1.1 信息系统的生命周期

任何一个系统都有发生、发展和消亡的过程，新系统是在老系统的基础上产生、发展、老化、淘汰,最后又被更新的系统所取代,这个系统发展更新的过程称为系统的生命周期。

生命周期的概念从 20 世纪 70 年代被使用以来,已成为控制和管理工程项目开发的重要理念。在管理信息系统开发初期,最常用的方法就是生命周期法。它将信息系统比作生物的一个生命周期,有产生、成长及消亡等各个不同的阶段。每个阶段都有特定的工作内容,完成本阶段的工作以后才能进入下一阶段。生命周期法把信息系统的生命周期分为五个阶段,即系统规划、系统分析、系统设计、系统实施及系统维护与评价,如图 6-1 所示。

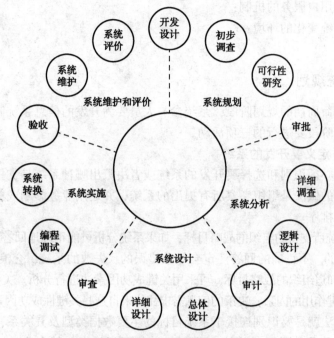

图 6-1 信息系统生命周期示意图

1. 系统规划

在系统开发生命周期的规划阶段,系统参与人要为开发的信息系统制订一个可靠的计划,主要进行三个方面的工作。

①初步调查,定义要开发的系统;
②确定项目范围,制订开发计划;
③初步调查,进行可行性分析。

2. 系统分析

系统分析的任务是对原有系统存在的问题进行分析,主要涉及两方面的工作。

①详细调查,收集定义需求;
②建立系统逻辑模型。

3. 系统设计

系统设计阶段是在系统分析阶段提出的逻辑模型的基础上,科学合理地进行物理模型的设计,生成系统物理设计的规格说明书,其中包括系统的功能结构图设计、系统物理配置方案设计、代码设计、数据存储设计、输入/输出设计、处理流程图设计等。

4. 系统实施

系统实施阶段的主要工作包括:

①编写程序代码；
②编写并实施测试条件；
③编写详细的用户说明书；
④为系统用户提供培训。

5. 系统运行维护与评价

系统维护是系统开发工作的最后阶段。主要包括三个任务：
①设立为系统用户服务的机制；
②提供支持系统变化的环境；
③系统评估。

6.1.2 系统规划

在系统开发生命周期的规划阶段，系统参与人员要为开发的信息系统制订一个可靠的计划。下面是在规划阶段要进行的三项活动。

1. 初步调查，定义要开发的系统

系统分析人员必须识别和选择要开发的系统或者决策出哪种系统是支持企业战略决策所需要的。企业典型的做法是组织考察所有提出的系统，并运用业务影响或关键成功因素来对这些系统进行优先排序。

首先，分析系统所支持的组织的战略目标，如果系统分析员能正确地回答，则说明所开发的系统是必须要开发的。不正确的回答注定会导致错误的、失败的系统，会浪费组织大量的人、财、物资源。要想知道组织的战略目标，可采用关键成功因素法进行分析。关键成功因素是一种对组织的成功起关键作用的因素，决策的信息需求往往来自这些关键性成功因素。

关键成功因素法就是要识别连接于系统目标的主要数据类型及其关系，它所使用的工具是树枝因果图（也称鱼骨图），如图6-2所示。由图可以看出，某企业的一个目标是提高产品竞争力，图中矩形框中标注的是影响该目标实现的关键因素，横线上所注的是影响这些因素的子因素。企业可从此图找出最关键的影响因素。

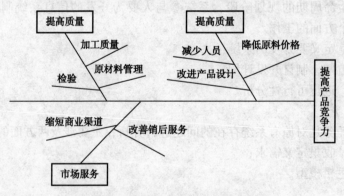

图6-2 提高产品竞争力的树枝因果图

2. 确定项目范围，制订项目计划

系统开发人员必须定义项目的范围，并且为项目开发编写项目范围说明书。确定项目范围时，要明确定义高层系统的需求，该范围常常提出系统的最基本的定义，通常在书面的项目范围文件中定义。设定项目范围非常重要，最重要的原因是它能帮助系统开发人员和组织消除范围蔓延和功能蔓延。范围蔓延指的是项目范围增大到超出原计划所设定的范围。功能蔓延指的是组织会不断要求开发者增加一些最初需求所不包含的功能。

一个完整且详细的项目计划是整个系统开发工作开始的重要标志。项目计划定义系统开发中全部要完成的活动,以及这些活动所涉及的谁在什么时间做什么事情的问题,包括所有要实施的活动以及完成这些活动所需的人力、时间和成本。项目计划是保证准时交付一个完整的、成功的信息系统的指导性力量,一般而言,完成系统开发工作需要一个项目经理,他是这个项目计划和管理方面的专家,他定义和开发项目计划,并跟踪计划以保证所有关键项目里程碑准时完成。项目里程碑表达的是某些活动完成的关键日期。例如,完成计划阶段可能就是一个项目里程碑事件。

3. 初步调查,进行可行性分析

可行性分析又称为可行性研究,是指当前组织内外部具体环境和现有条件下,分析某个项目投资的研制工作是否具备必要的资源及其他条件。要做到这一点,必须认真了解用户的要求及现实环境,探索若干种可供选择的主要方案,并对每种方案的可行性进行仔细论证。

对于建立信息系统来说,主要从以下三个方面进行可行性分析:

① 技术可行性;
② 经济可行性;
③ 运行可行性。

除了上述三个方面考虑之外,还可以从人员可行性、进程可行性、环境可行性等方面进行论证。

可行性分析的结论:如果可行性分析的结果论证系统完全不可行,一般会放弃该系统的开发;反之,完全具备立即开发的可行性即会进入下个阶段;若某些条件不具备,则待条件满足后,重新进行可行性论证。

6.1.3 系统分析

一旦企业确定了开发哪些系统,就可以进入系统分析阶段了。系统开发生命周期的分析阶段指最终用户和信息技术专家共同工作,为目标系统收集、理解和表达业务需求。这一阶段有如下两个主要的工作内容。

1. 详细调查,收集定义需求

业务需求指的是一份详细的员工需求,为保证系统开发成功,系统必须满足这些需求。业务需求引导和驱动着整个系统。一般而言,业务需求的收集类似于进行一项调查,可以采用面谈、现场参观、问卷调查、联合应用开发会议(Joint Application Development,JAD)等方法进行。其中 JAD 方法是目前采用比较多,也是效率较高的一种方法。此方法有时需要系统用户和信息技术专家花几天时间在一起定义或回顾系统的业务需求。

一旦定义了全部的业务需求,就要将它们按业务的重要性进行优先序排列,并且以正式的可充分理解的文件确定下来。系统用户对需求定义文件签字认可。签字表明系统用户批准所有的业务需求。一般来说,项目计划最重要的里程碑之一就是系统用户对业务需求的签字。

如果对业务需求掌握得不明确或不充分,那么,在评价业务需求时要考虑的关键事情之一就是确定误差的代价。在分析阶段,发现一个错误并进行修正的代价相对而言是较少的,因为实际必须做的事情只是修改一些文字材料和浪费一些人力。而如果在后续的阶段发现一个错误,修改起来的代价就会变得难以置信的巨大,因为不得不修改实际系统。一般地,系统开发生命周期中修改错误的成本将会随着发现错误的推迟呈现指数阻尼正弦曲线增长趋势。

2. 建立逻辑模型

在对现有的系统进行充分详细调查的基础上,进行组织机构功能分析、企业业务流程分析、数据流程分析,建立要开发新系统的逻辑模型,形成综合型的系统分析报告,并提交开发领导小组和用户审核,待确认无误后进入下一阶段(系统设计)的工作。

6.1.4 系统设计

系统开发生命周期设计阶段的主要目标是构建一个如何运行计划的技术性蓝图。在分析阶段,最终用户和信息技术专家一起从逻辑观点出发形成拟开发系统的业务需求。也就是说,在分析阶段产生的业务需求文档没有考虑支持系统的技术或技术框架,当进入设计阶段时,项目小组要从物理或技术的观点考虑系统。即接受分析阶段产生的业务需求,并且定义设计阶段中的支持技术框架。以下是在设计阶段将要做的主要工作。

1. 设计技术框架

技术框架定义了系统运行所需的硬件、软件和通信设备。大部分系统运行在由雇员使用的工作站和运行应用软件的服务器所组成的计算机网络上。通信上要求可以访问因特网和允许最终用户连接远程服务器。在选择最终技术框架之前,应该探究几种有代表性的不同的技术框架。一般来说,企业所选的技术框架有如下几种。

①非集中式架构。
②集中式架构。
③分布式架构(C/S 和 B/S)。

(以上架构请参看本教材第 2.2 节相关内容。)

2. 设计原则:先总体设计,后详细设计

系统设计是建立在系统分析的基础上的,主要工作包含两个方面的设计:总体设计和详细设计。总体设计是把任务分解成若干基本的、具体的任务:

①将系统划分成模块;
②决定每个模块的功能;
③决定模块的调用关系;
④决定模块的界面,即模块间信息的传递。

详细设计是为各个具体任务选择适当的技术手段和处理方法。详细设计包括代码设计、数据库设计、输入设计、输出设计、人机对话设计、处理过程设计等。这两部分的设计工作结束后,给出最终的物理模型和系统设计报告,与前几个阶段一样要提交用户审核,审核无误后进入下一个(系统实施)阶段的开发。

6.1.5 系统实施

系统开发生命周期中的实施阶段是指将系统分配给所有的系统用户,然后用户开始使用系统完成每天的工作，这一阶段包含以下主要活动：

1. 编写程序代码

一旦建立了技术蓝图，就应该立即着手建立支持系统的数据库和编写系统所要求的代码。这些任务通常由信息技术专业人员承担，设计和建立数据库以及编写所有的软件代码可能需要花费几个月甚至更长的时间。

2. 编写并实施测试条件

生命周期的测试阶段是要验证系统能否运行和是否满足所有在系统分析阶段定义的业务需求。测试是关键的一个阶段，是系统能否顺利运行的前提条件。为了完成一个彻底的测试，必须对测试条件进行细化。测试条件是对系统必须完成的步骤连同每一步的设想结果所进行的详细描述。测试者将执行每项测试条件，并且为了验证系统功能的正确与否，要将设想的结果与实际结果进行比较。一个典型的系统开发工作具有几百个或几千个测试条件，必须测试和验证所有这些测试条件，才有可能降低整个系统运行风险。当系统测试开始的时候，必须进行不同类型的测试，一般包括4种测试类型：单元测试、系统测试、集成测试和用户接受测试。单元测试指测试系统的独立单元或代码段；系统测试是检测支持系统功能所编写的单元和代码段是否正确地集成到整个系统；集成测试是检验独立的系统能否在一起顺利工作；用户接受测试是确定系统是否满足业务需求并能使系统用户正确工作的测试。

3. 编写详细的用户说明书

当安装系统时，必须向用户提供一套详细说明如何使用系统的用户说明书。

4. 为系统用户提供培训

联机培训和现场培训是两种主要的形式。联机培训是在因特网或利用CD-ROM进行的。系统用户可以在任何时间以自己的进度利用自己的计算机进行。这种培训方式较为灵活和方便。现场培训是由专门的老师在现场对系统用户进行一对一的辅导。这种培训方式对系统用户深度掌握系统非常有效。

为了确保项目实施，合适的项目实施方法是必不可少的。当实施一个新的系统时，可以采取并行实施、直接实施、引导实施和分段实施方法。并行实施指的是同时使用新老系统，直到确定新系统能够正确地工作；直接实施是完全丢弃旧系统并立即使用新的系统；引导实施是仅让一小组人使用新系统直到认为新系统能正常工作，然后再将企业的人加入新系统中；分段实施是分阶段实施新系统直到确定新系统已经能够正常工作，然后再实施新系统的剩余阶段。

6.1.6 系统维护与评价

1. 系统维护

所谓系统维护，是指为了保证系统正常运行而对系统进行的修改与完善。为了清除系统运行中发生的故障和错误；为了使系统适应用户环境的变化，满足新提出的需要，要对原系统做某些局部的更新，这些工作都称为系统维护。系统维护的目的是保证系统正常可靠地运行。

系统维护工作在整个系统生命周期中常常被忽视。人们往往热衷于系统开发，当开发工作完成以后，多数情况下开发队伍被解散或撤走，而在系统开始运行后并没有配备适当的系统维护人员。这样，一旦系统发生问题或环境发生变化，最终用户将无从下手，这就是有些信息系统在运行环境中长期与旧系统并行运行，不能转换，甚至最后被废弃的原因。

系统维护是面向系统中各个构成因素的，根据维护对象不同，系统维护的内容可分为以下4类。

(1) 系统应用程序维护

系统的业务处理过程是通过应用程序的运行而实现的，一旦程序发生问题或业务发生变化，就必然引起程序的修改和调整，因此系统维护的主要活动是对程序进行维护。

(2) 数据维护

业务处理对数据的需求是不断发生变化的，除了系统中主体业务数据的定期正常更新外，还有许多数据需要进行不定期的更新，或随环境和业务的变化而进行调整，以及数据内容的增加、数据结构的调整。此外，数据的备份与恢复等，都是数据维护的工作内容。

(3) 代码维护

随着系统应用范围的扩大，应用环境的变化，系统中的各种代码都需要进行一定程度的增加、修改、删除，以及更新。

(4) 硬件设备维护

主要就是指对主机及外设的日常维护和管理，如机器部件的清洗、润滑，设备故障的检修，易损部件的更换等，这些工作都应由专人负责，定期进行，以保证系统正常有效地工作。

系统维护的重点是系统应用软件的维护。按照软件维护的不同性质，划分为下述4种类型。

(1) 纠错性维护

由于系统测试不可能揭露系统存在的所有错误，因此，在系统投入运行后频繁地应用过程中，就有可能暴露出系统内隐藏的错误。诊断和修正系统中遗留的错误，就是纠错性维护。

(2) 适应性维护

适应性维护是为了使系统适应环境的变化而进行的维护工作。

(3) 完善性维护

在系统的使用过程中，用户往往要求扩充原有系统的功能，增加一些在软件需求规范书中没有规定的功能与性能特征，以及对处理效率和编写程序的改进。为了满足这些要求而进行的系统维护工作就是完善性维护。

(4) 预防性维护

系统维护工作不应总是被动地等待用户提出要求后才进行，应进行主动的预防性维护，即选择那些还有较长使用寿命，目前尚能正常运行，但可能将要发生变化或调整的系统进行维护，目的是通过预防性维护为未来的修改与调整奠定更好的基础。

根据对各种维护工作分布情况的统计结果，一般纠错性维护占21%，适应性维护工作占25%，完善性维护达到50%，而预防性维护以及其他类型的维护只占4%，可见系统维护工作中，一半以上的工作是完善性维护。

2. 系统的评价

一个花费了大量资金、人力和物力建立起来的新系统，其性能和效益如何？是否达到了预期的目的？这是用户和开发人员双方都很关心的问题，必须通过系统评价来回答。

系统评价的目的是估计系统的各种资源是否得到充分利用、经济效益是否理想，指出系统的长处与不足，为以后的改进和扩展提出意见。对新系统的全面评价是在新系统运行了一段时间后进行的，以避免片面性。系统评价工作通常由开发人员和用户共同进行。

信息系统的评价是一项难度较大的工作，它属于多目标评价问题，目前大部分的系统评价还处于非结构化的阶段，只能就部分评价内容列出可度量的指标，不少内容还只能用定性方法做出叙述性的评价。以下就系统性能、系统经济效益以及系统定性效益三个方面提出信息系统的评价指标。

（1）系统性能指标

①系统完整性：系统设计是否合理，功能是否达到用户的要求；

②人机交互的灵活性与方便性；

③系统响应时间与信息处理速度满足管理业务需求的程度；

④输出信息的正确性与精确度；

⑤单位时间内的故障次数与故障时间在工作时间中的比例；

⑥系统结构与功能的调整、改进及扩展，与其他系统交互或集成的难易程度；

⑦系统故障诊断、排除、恢复的难易程度；

⑧系统安全保密措施的完整性、规范性与有效性；

⑨系统文档资料的规范、完备与正确程度。

（2）系统经济效益指标

系统经济效益衡量的是系统运行所带来的效益与系统投入成本之间的关系。系统运行所带来的效益分为直接经济效益和间接经济效益。

系统投入成本包括系统投资额和系统运行费用两部分。投资额包括系统硬件、系统软件的购置、安装；应用系统的开发或购置所投入的资金；企业内部投入的人力、材料等支出；系统维护所投入的资金。系统运行费用包括消耗性材料费用（如存储介质、纸张与打印油墨等）、系统投资折旧费、硬件日常维护费等，系统所耗用的电费、系统管理人员费用等也应计入系统运行费用。由于信息系统的技术成分较高，更新换代快，一般折旧年限取 5~8 年。

①直接经济效益。

直接经济效益指企业运行管理信息系统之后，使用计算机管理所节约的开支与企业在管理信息系统实施过程中一次性投资（包括软件、硬件投资）的折旧和运行费用相比较的结果。管理信息系统的应用，增加了投资和一些费用，但可以减少管理人员数量，这就减少人力资源成本；通过实现管理现代化，节约物资消耗，降低成本消耗，减少库存资金，节约管理费用，还能够堵塞资金漏洞等。

②间接经济效益。

间接经济效益指企业在运行管理信息系统之后，在提高管理效率方面和数据集中管理方面，以及在建立网络系统之后数据的共享和数据传递的及时性、准确性方面，可以实现实时、定量的管理等方面，提高企业竞争力而带来的效益的评价。其主要表现在由于整体管理工作水平的提高所带来的综合经济效益，这类综合性的效益往往要经过一段时间才能反映出来，而且越是向高级阶段发展，这类效果就越显著，并能对企业产生根本性的战略性的影响。

由于成因关系复杂，计算困难，只能做定性的分析，所以间接经济效益也称为定性效益。间接效益难以估计，但其对企业的生存与发展所起的作用往往要大于直接经济效益。

一般信息系统所产生的间接经济收益可体现在以下几个方面。

①对组织为适应环境所做的组织结构、管理制度与管理模式等的变革会起到巨大的推动作用，这种作用一般无法用其他方法实现。

②能显著地改善企业形象。对外可以提高客户对企业的信任度，对内可以提高全体员工的自信心与自豪感。

③可使管理人员获得许多新知识、新技术与新方法，进而提高他们的技能素质，拓宽思路，进入学习与掌握新知识的良性循环。

④系统信息的共享与交互使部门之间、管理人员之间的联系更紧密，这可以增强他们的协作精神，提高企业的凝聚力。

⑤提高企业对市场的适应能力。由于用计算机提供辅助决策方案，因此，当市场情况变化时，企业可及时进行相应决策以适应市场。

⑥对企业的规章制度、工作规范、定额与标准、计量与代码等的基础管理产生很大的促进作用，为其他管理工作提供有利的条件。

6.2 系统开发与组织变革

6.2.1 系统开发是有计划的组织变动

信息系统是一个兼有技术和社会因素的社会技术系统。一个新的信息系统的开发涉及的不仅是添置新的软硬件设备，还包括在工作岗位、技能、管理以及组织结构等多方面的变动。从社会技术系统的角度来看，在采用一项新技术时，必须同时考虑到使用技术的人。设计一个新的信息系统的同时，也在进行着组织的重新设计。

管理信息系统的开发过程是一种有计划的组织变动，更通俗地说，新的系统意味着新的工作方式。各项工作任务的完成速度、监控的频度和强度，谁应该拥有哪些信息等，都应该在新系统的开发过程中重新确定。系统对组织的这种影响在建设现代信息系统时尤其深刻，因为现代信息系统会深深地作用于组织的许多方面。系统的开发者必须清楚新系统将如何作用于整体组织，特别要注意组织在决策过程中可能发生的冲突及变动。开发者还应该考虑在新系统的影响下，各职能部门应如何变化以及这些变化能否为组织所接受。

有些系统也许在技术上是成功的，但在组织上是失败的，因为忽视了系统所具有的社会性和政治性。因此，应该确保一个组织的主要成员参与到设计过程中，并且允许他们对系统的最终形式发表意见。

6.2.2 组织变化的类型

信息系统是组织变化的强大工具，它能够促成不同程度的组织变革，范围可以是渐进式的，也可以是很深远的。图6-3显示了四种风险收益各不相同的组织变化，即自动化、业务流程合理化、业务流程再造和异化。

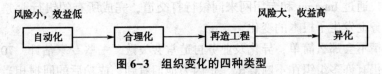

图 6-3　组织变化的四种类型

1. 自动化

自动化是指利用计算机来提高完成某项业务的效率。这是信息技术所引起的组织变化的最初的形式，如民航订票系统、会计记账系统、生产统计系统等。

2. 流程合理化

合理化是将标准的业务操作程序做进一步的精简和改进，消除明显的"瓶颈"，使自动化的效率更高。自动化往往使原有的业务流程产生新的"瓶颈"，或显得有些烦琐。

3. 业务流程再造

业务流程再造也叫业务流程再设计，这是组织变动中更有力的一种类型。为降低费用，提高服务与工作质量，扩大信息技术带来的效益，需要对原有的提供产品和服务的业务过程进行分析简化和重新设计。为避免大量的纸面上的重复性工作，需要消除或合并一些业务步骤。所谓业务过程，是指为提供某项业务成果而必须完成的一系列逻辑相关的任务。例如，开发一项新产品、完成一笔订货、支付一笔保险赔款等。表 6-1 列出了信息技术的能力及其对组织的影响。

表 6-1　信息技术的能力及其对组织的影响

信息技术的能力	对组织的影响
事务处理	可将无结构的处理转换成日常管理的例行事务
跨地域	快捷、方便地跨地域处理业务
自动化	取代或减轻手工处理任务，提高效率
分析计算	可完成复杂的分析计算过程且准确
信息处理	可将大量的细节信息用于处理一项业务过程
处理顺序	能改变许多任务的处理顺序，可并行完成多项任务
知识处理	能获取和传播知识与经验，并形成组织的知识管理构架
跟踪	能对系统的状态和输入/输出信息进行跟踪
不需要中介	能直接连接原来需经由内部和外部中介的沟通才能完成的部门的处理任务

利用信息技术，组织可以对它们的业务过程进行反思，优化并提高这些业务过程的执行速度和服务质量。业务再造活动对工作流程进行的重组，合并了一些工作任务，减少了浪费、重复性工作，有时甚至取消了某些工作岗位。显然它比工作流程合理化更进一步，它要对工作流程重新进行组织。

4. 异化

异化是组织改变更彻底的一种类型，它是从根本上重新考察组织的业务和组织本身，重新定义了组织的业务，也重新规划了组织。例如，银行可以完全放弃对它所有分支机构中出纳员业务的自动化、合理化以及业务的再造，转而去考虑是否可以改变他们的业务方式，取消所有的分支机构，集中精力去寻求更廉价的资金来源，如国际贷款，然后通过信息系统，让所有最终用户通过 Internet 和专用网来同银行打交道，完成所有的银行业务。这时银行已从组织上和业务上发生了根本的变化。

当然，事情不会那么简单，异化及业务再造常会失败。一些专家估计，70%的尝试是失败的。之所以仍有许多组织在不断尝试，是因为他们看到，成功后的回报相当诱人。

6.2.3 业务流程再造

1. 业务流程再造的概念

业务流程再造（Business Process Reengineering，BPR）是重新考虑、重新设计企业的业务过程，使企业在成本、质量、速度以及服务方面得到显著的提高，这种改造是完全而彻底的。因此，可以说 BPR 是对促进企业创新和改进企业业务流程的战略综合。BPR 可以使企业成为市场中一个更强大而成功的竞争者。

通过考察企业过程的发生、发展和终结，确定、分析、分解整个企业过程，重构与企业过程相匹配的企业运行机制和组织机构，实现对企业全过程的有效管理和控制。BPR 创建全新的组织机构，打破以专业分工理论为基础的职能部门管理框架，建立以过程工作小组为单元的管理模式，形成扁平式管理机构，压缩了管理层级，提高了管理效率，增强了组织柔性，而且节约了中间管理层所产生的巨额费用。图 6-4 所示是一个 IBM 信用公司业务流程再造的典型案例。

为了推销产品，IBM 公司设立了信用公司，这样可以贷款给客户，让他们来购买自己的产品。开始时的贷款工作流程如图 6-4（a）所示。某一地方销售代表在有业务到来时，先打电话给公司总部的经办员，经办员记录下电话，填写书面申请单，送到楼上的信用部。信用部设有专人将其录入计算机中审查信用情况，再将结果以书面形式送给商务部。商务部的人员将数据录入计算机中，然后拟定贷款合同，送给核价部。核价部的估价员再把数据录入自己的计算机中，计算客户应承担的利率，然后将其写在纸上，连同其他文件送到文书组。最后，再由文书组的专人汇总所有资料，形成报价函，送到特别专递公司，递送给地方销售代表。这个过程平均需要 6 天时间，有时甚至是 2 个星期。在此期间，顾客与销售代表不停地催问，有时不耐烦的顾客会转向其他公司。

后来，两位经理经过摸索和试验，改革了工作流程，用一个称为交易员的人代替原流程中的专业人员（信用审核员和估价员），而把那些专门人员做的工作交给计算机处理，在计算机中装入顾客信用系统、标准化的申请表、具有基本条款的合同样本与利率测算程序等，还可装入有关的专家系统，这样一个人就可以完成所有的工作，并把处理时间缩短为 4 个小时。两位经理测试过，真正有效的工作只需要 90 分钟。再造后的流程如图 6-4（b）所示。

然而，通过表 6-2 可以看出，BPR 的潜在回报率有多高，其失败的风险和对组织环境的破坏力就有多大。对业务流程做巨大的改变以大幅度提高企业的效率并非一件易事。例如，很多企业应用具有交叉功能的企业资源计划（ERP）软件，实现生产、分销、财务和人力资源管理等业务流程的重组、自动化和整合，虽然许多公司从此类 ERP 重组项目中获得了可喜的成果，但也有不少企业遭受了惨败或没有实现预期的改进目标。

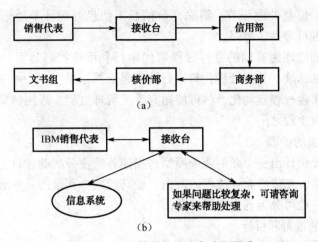

图 6-4　IBM 信用公司业务流程再造
(a) 原来的工作流程；(b) 再造后的工作流程

表 6-2　业务流程再造与流程改进的不同

对比项目	流程改进	流程再造
变化程度	小步改进	剧烈变革
流程的变化	业务流程的改进版本	崭新的业务流程
起始点	现有的业务流程	推倒重来
变化的频度	一次性或连续性	周期性的一次性变化
时间要求	短	长
典型的范围	狭窄，单项职能	宽，跨职能
视野	过去和现在	未来
参与	自下而上	自上而下
实现路径	组织文化	组织文化，组织结构
主要工具	统计控制	信息技术
风险	中等	高

2. 业务流程再造的原则

业务流程再造应当遵循以下几个原则：

①以过程管理代替职能管理，取消不增值的管理环节。以前的管理大部分采用的是职能管理，而不是过程管理。职能管理是一种用静态的眼光来看待管理问题的方法，优点是相对简单、容易划分职责范围；缺点是其中包含较多不增值的环节，并且对外界用户来说并不友好。过程管理是一种动态的管理，优点是节省外部用户的时间，没有不增值的环节；难点是管理相对复杂一些，需要支持的技术要多一些。

②以事前管理代替事后监督，减少不必要的审核、检查和控制活动。事后监督是一种被动的管理方式，是当问题出现后的一种补救措施；事前管理是一种主动管理，事先要预测可能发生的问题，采取预防措施。

③取消不必要的信息处理环节，消除冗余信息。信息处理环节越短，信息的作用就越大，信息的真实性和可靠性也越强。

④以计算机协同处理为基础的并行过程取代串行和反馈控制过程。要提高信息处理效率，加快信息处理的速度，并行处理代替串行处理是必然结果。

⑤以信息技术实现过程自动化，尽可能抛弃手工管理过程。采用信息技术实现过程自动化是加快流程的有效手段之一。

3. 业务流程再造的步骤

业务再造活动要设计出一个新的业务模型，描述各项业务活动各自的功能，分析各业务部门之间的相互关系，完成原业务流程的改造，使其能减少冗余的业务活动，使业务活动更加有效。业务再造一般可分为五个主要步骤。

（1）拓展业务的视野和目标

高层管理人员应在战略高度拓展业务的视野，提出组织的目标。实现这个目标往往要考虑业务过程的再设计。对于企业来说，应当去寻找一些核心的企业流程来重新设计，从而取得最大的潜在利润与战略价值。

（2）确定再造的业务过程

企业应该确定少数几个可能有较大回报的业务过程作为再造的候选对象。这些业务过程可能含有过多的数据冗余，可能需要多次地将一些信息重新输入计算机，可能要花大量时间去处理各种例外的和特殊的情况，总之，有许多改进的余地。还要分析这些业务过程归哪个部门主管，需要哪些部门的配合才能完成，还要做哪些改变等。

（3）理解并评价已有业务过程的执行效果

最好能进行定量的评估。例如，如果业务再造的目标（目的）是减少新产品开发所耗费的时间和成本，那么，就应对原工作过程的时间和成本进行评估。

（4）找出利用信息技术的机会

设计系统的传统方法一般是先弄清业务职能和业务过程的各种信息需求，然后考虑怎样用信息技术支持这些信息需求。显然，这样的系统设计是建立在已有的业务过程基础上的。而那些业务过程又被许多长期存在的假设前提所限定，一旦这些前提被信息技术推翻，原有的业务过程就完全有可能被重新设计成更理想的方式。表6-3给出了信息技术向这些传统假设挑战的例子。

表6-3 信息技术对传统假设的挑战

传统假设	信息技术	新的选择
需有办公室来储存、传输和接收信息	无线通信	人们可在任何地方传输和接收信息
信息只能在一个地方出现或只能出现一次	共享数据库	人们可在不同地方共享信息、共同完成一个项目
人们必须弄清事情发生的地点	自动识别跟踪技术	事情能告诉人们它在何处发生
要经常查看库存状态，防止发生缺货	远距离通信网与EDI技术	准时交货与无库存供应

(5) 建立新业务过程的原型

新的业务过程应先建立一个实验的原型系统，然后不断完善、改进，直到被批准。

经历上述步骤以后，仍然不能确保业务再造的成功，它不像工程设计那样，总有一些明确的规则和参数，只要正确地遵循它们，就能得到预期的结果。事实上，大多数业务再造项目都没能取得重大的效果。据美国一些这方面的专家估计，约有70%的项目是不成功的。再造工程存在的问题是组织变革的大问题中的一部分。组织变革对信息系统的开发成功是非常重要的，其实质是引进所有可能的创新，包括引进信息系统这样一个复杂的变革过程。它所遇到的问题不会像工程技术项目那样内容直观明了。业务过程的再造，或者说一个新的信息系统的建立，不可避免地会引起原有的工作岗位、工作人员、所需的技能、工作流程和各部门原有的隶属关系发生变化，直接或间接地影响到一些人和部门的权、责、利，对这种未来变化的担心和害怕，会滋生抵触和消极情绪，严重时甚至会发生有意的对抗，这些都会成为实行变革的阻力。

4. 业务流程再造适用的情况

进行业务流程再造是一项涉及面广、阻力多、难度大的工作，因此，企业是否实施业务流程再造，需要慎重考虑。一般来说，以下四种类型的企业有实施业务流程再造的必要：

① 企业濒临破产，不改革只能倒闭。

② 企业竞争力下滑，企业需要调整战略和进行重构。

③ 企业领导认识到BPR能大大提高企业竞争力，而企业又有此扩张的需要。

④ BPR的策略在自己相关的企业获得成功，影响了本企业。

总之，企业应把实施业务流程再造看作提高自身竞争力的一个机会、一种手段，通过实施业务流程再造来提高自己的业绩，加大竞争优势。BPR是一种管理思想，是对现有组织从思想观念、业务流程、组织结构等方面进行彻底的、根本性的变革，以获得巨大的效益。它可以独立于IT，但IT的应用使BPR的实现更加有效。BPR的实施，不仅需要全面考虑其实施的可能性，还需要组织决策者的学识、胆识和毅力。

6.3 信息系统开发的方法及方式

6.3.1 信息系统开发的方法

信息系统依据其规模、技术复杂程度、外部环境和需要解决问题的不同而有所不同。在信息系统建设的长期实践中，针对这些不同的系统和不同的开发背景发展了不同的系统开发方法。应当特别指出的是，没有任何一种方法能适用于所有类型的系统，相反，有些类型的系统至今仍缺少有效的开发方法。

1. 传统的结构化方法

早期的编程并没有什么方法可言，用户的要求是通过交谈和询问收集的，事后根据谈话写成的文字也很难理出头绪。程序代码复杂而难以理解，逻辑流程像面条一样互相缠绕在一起。这样的程序被称作"意大利面条"式的程序，它们几乎无法维护。

为了解决这些问题，到20世纪70年代，产生了"自顶向下"和"结构化"的方法。所谓自顶向下，是指从抽象的高层向具体的低层逐层展开；所谓结构化，是指把复杂的事务和活动分解成一系列小的步骤,每一步都建立在上一步的基础上。将这两种思想广泛地用于系统开发的各主要阶段,形成了结构化分析、结构化设计和结构化编程等一系列能改善开发人员之间的沟通、提高程序的可读性的开发方法与工具。尽管这些方法与工具都是面向过程而不是面向数据的,它们却一直被使用了 30 多年。现在所使用的大部分软件仍然是用这种传统的自顶向下的结构化方法开发出来的。

(1) 结构化分析

1) 业务流程分析

业务流程分析可以帮助分析人员了解业务的具体处理过程,发现和处理系统调查工作中的错误和疏漏,修改和删除原系统的不合理部分,对原系统的业务流程进行优化。常用的分析工具是业务流程图(Transaction Flow Diagram,TFD)。TFD 是一种描述系统内各单位、人员之间业务关系、作业顺序和管理信息流向的工具,利用它不仅可以描述"数据"的流程,同时也可以描述"物流"和人的活动,比较容易为用户所理解,所以,在系统分析中常作为同用户交流的工具。

业务流程图基本符号尚无统一的标准,常用的符号如图 6-5 所示。

图 6-5 业务流程图常用符号

订单处理业务流程如图 6-6 所示。顾客将订货单交给业务员检验后,不合格的订单要由顾客重新填写;合格的订单交给发货员确定发货量并产生发货单。发货单交给仓库管理员,该仓库管理员查阅库存明细账,如果有货,则出库给发货员,发货员根据订货单发货给顾客;如果缺货,则用缺货通知单通知采购部门采购。

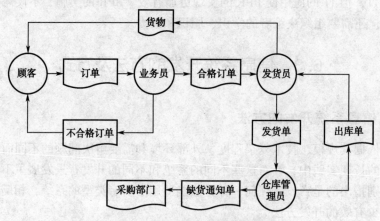

图 6-6 订单处理业务流程图

2) 数据流程分析

面向数据流的分析方法是结构化分析方法中最为流行的一种方法,具有明显的结构化特征。结构化分析广泛地用于自顶向下定义系统的输入、处理过程和输出。它用一种图示的方法建立起信息流动的逻辑模型,这种工具即数据流程图(Data Flow Diagram,DFD)。

数据流程图是一种能全面地描述信息系统逻辑模型的主要工具，它可以用少数几种符号综合地反映出信息在系统中的流动、处理和存储情况，是系统分析结果的表达工具。它是系统设计的重要参考资料，也是系统设计的起点。

数据流程图用四种符号来描述数据流入、流出和在系统内被转换的过程。常用数据流程图的基本符号如图 6-7 所示。

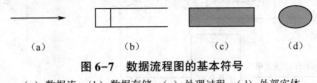

图 6-7　数据流程图的基本符号
（a）数据流；（b）数据存储；（c）处理过程；（d）外部实体

①数据流。数据流用带箭头的线条表示数据在处理过程、数据存储和外部实体之间的流动。数据流代表着一种手工和计算机产生的文件、报告或其中的部分数据，有一个与所代表的内容相适应的名字注在箭头的旁边。在数据流程图中，数据流符号用于连接其他三种基本符号。在连接时应当注意，数据流不能从外部实体直接连接到外部实体，不能从数据存储直接连接到数据存储，也不能从数据存储直接连接到外部实体，其中至少有一个端点必须与加工符号连接。本质上，数据流代表一个或多个数据项。

②数据存储。数据存储表示系统内需存储保留的数据。它既可以表示计算机形成的数据存储，如计算机文件、数据库，又可以表示手工形成的数据存储，如装订好的纸质账册以及报告、缩微胶片等。当然，数据流程图并不关心数据存储的物理特征，而只关心逻辑模型、逻辑意义上的数据存储环节，即系统信息处理功能需要的、不考虑存储物理介质和技术手段的数据存储环节。每个数据存储都应当有编号和名称，写在数据存储符号中。

使用数据存储时需注意：数据存储不能直接和数据存储相连，也不能直接和外部实体相连，数据存储只能通过数据流符号和处理过程连接起来，表示存储处理过程的结果或向处理过程提供数据。

③处理过程。处理过程用以描述对输入数据进行加工处理的逻辑功能。每个处理过程都应该有一个由动宾词组（例如"打印成绩单"、"计算工资"等）或动名词（例如"退货管理"、"出库管理"等）构成的名字和一个能够与其他处理过程相互区分的编号。

处理过程接收输入数据，进行处理后产生输出结果。一个处理过程可以有一个或多个输入的数据流、一个或多个输出的数据流，不能只有输入数据流而没有输出数据流，也不能只有输出数据流而没有输入数据流。

④外部实体。外部实体是系统输入数据的提供者或系统输出信息的接收者。它可能是组织外部的顾客、供货方、政府机构，也可能是组织内部的雇员或组织的其他部门，还可能是一个与本系统有数据传递关系的其他系统。

图 6-8 给出了某企业订货管理系统的数据流程图。该 DFD 中有两个外部实体，即库房管理人员及供货单位。库房管理人员要向系统提供缺货信息，处理过程 P1 将根据缺货信息和订货合同信息，向供货单位发催货通知。P2、P3、P4 处理如图 6-8 所示。

数据流程图中每一个过程都可以分解成更详细的下一层的 DFD，这样逐层分解下去直到最详细的底层为止。系统分析人员可以借助数据流程图，减少与用户沟通时的困难与误解，还有助于进行子系统的划分。

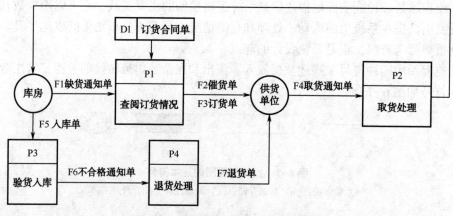

图 6-8 订货管理系统的数据流程图

3) 数据字典和处理过程说明

结构化系统分析还要用到的工具是数据字典和处理过程说明。

数据字典定义了数据流程图中的数据流和数据存储的内容，使系统开发者能准确地知道每个数据流和数据存储中具体包含了哪些数据。数据字典同时也提供了每一个数据项的含义与格式。

处理过程说明描述最底层的数据流程图的每个处理过程中的处理逻辑，描述了如何将输入的数据流加工成输出的数据流，通常描述处理过程的工具有决策树、决策表及结构表示法。

结构化系统分析的结果将提交一套结构化的说明书，其中包括描述系统功能的数据流程图，描述数据流和数据存储的数据字典，描述处理过程的说明书，输入/输出文档以及安全、控制、运行和转换方面的其他要求。

（2）结构化设计

结构化设计是一种自上而下逐层展开的设计方法。它包括一整套规则和技巧，通过增加程序的清晰度和简明性来达到减少编程、调试和维护工作量的目的。设计时首先考虑主要的功能，然后将主要功能分解成下层的子功能，再对子功能进行分解直至最底层。结构化的系统分析的结果是结构化说明书。

结构化设计的结果可以用结构图来表示。结构图是一个自顶向下的图，表示出每一层次的设计，如图 6-9 所示。

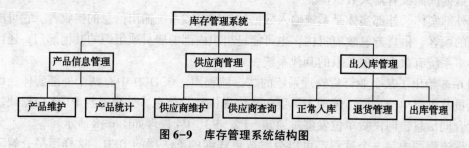

图 6-9 库存管理系统结构图

（3）结构化编程

结构化编程是结构化设计方法在编程中的延伸，同结构化设计一样，也遵循模块化和自顶向下的原则。结构化编程还通过让控制尽量简明的方式来组织和编写程序，减少甚至消除程序中向前和向后的跳转，达到使程序更加容易理解和更加容易修改的目的。

结构化设计产生的结构图中，每个方框代表了一个复合程序模块，它可以分解成多个模块，每个模块只完成一个或很少几个功能。最好每个模块都能相互独立。互相连接时，尽量使每个模块只有一个入口和出口。共享数据的模块也应该尽量减少。

模块之间不应该有隐含的关联，那样会引起"波纹效应"，即一个模块的修改会影响到其他模块，产生意外的结果。减少和消除这些有害的隐含关联，也就减少了错误扩散的途径。

每个模块的大小应该便于管理，以一个人能方便地读懂它的功能为原则。模块内的指令流也应该保持自上而下的顺序，避免任意转移。许多"结构化语言"就取消了 GO TO 之类的无条件转移语句。

(4) 结构化方法的优点及缺点

结构化方法的优点主要表现在以下几个方面：
① 阶段的顺序性和依赖性；
② 从抽象到具体，逐步求精；
③ 逻辑设计与物理设计分开；
④ 质量保证措施完备；
⑤ 适合大型信息系统的开发。

尽管结构化方法已经产生 30 多年了，但只有很少的组织使用过这种方法。一项调查发现，在被调查的组织中，只有 15%～20% 的组织自始至终坚持结构化的分析与设计方法。综合来看，结构化方法主要存在以下缺点：
① 预先定义需求困难；
② 未能很好地解决系统分析到系统设计之间的过渡；
③ 该方法文档的编写工作量极大；
④ 开发周期长，系统难以适应环境的变化；
⑤ 开发成本较大。

结构化方法是一种线性化的方法。分析、设计与编程的每一阶段都要在上一阶段完成之后才能开始。

2. 原型法

原型法是针对生命周期法的主要缺点而发展出来的一种快速、廉价的开发方法。它不要求用户提出完整的需求后再进行设计和编程，而是先按用户最基本的需求，迅速而廉价地开发出一个实验型的小型系统，称作"原型"。然后将原型交给用户使用，通过用户的使用启发出用户的进一步需求，并根据用户的意见对原型进行修改，用户再对改进后的系统提出新的需求。这样反复不断修改，直至完成一个满足用户需求的系统。与生命周期法相比，原型法的用户需求是动态的，系统分析、设计与实现都是随着对一个工作模型的不断修改而同时完成的，相互之间并无明确的界限，也没有明确的人员分工。系统开发计划就是一个反复修改的过程。

(1) 原型法的开发步骤

原型法的开发流程如图 6-10 所示，具体可以归纳为四个步骤。

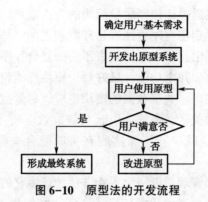

图 6-10 原型法的开发流程

①初步确定用户最基本的需求；
②据此快速开发一个原型系统；
③将原型交付用户使用，启发用户提出新的要求；
④按新的要求改进原型，然后再交付给用户试用。
反复更迭第③、④两个步骤，直到满足用户的所有要求。

（2）原型法的适用场合与局限性

原型法适合于需求不确定和解决方案不明确的系统的开发（如决策支持系统），完整的用户需求和解决方案可以通过原型与用户反复交互来导出。原型法还适用于开发信息系统中的最终用户界面（用户接口）。当用户事先说不清系统界面的具体要求，或者虽然说明了要求，开发者却把握不准时，使用原型法特别有效。用户和开发人员喜欢用原型法的原因主要如下：

①其加强了开发人员和用户之间的沟通；
②开发人员可以更好地确定用户需求；
③用户在系统开发中扮演了更为积极的角色；
④减少了开发人员和用户在系统开发上花费的时间和精力；
⑤实施更为容易，因为用户知道会发生什么。

这些优点使原型法得以缩短开发周期，削减开发费用，提高用户的满意度，尤其是提高最终用户的满意度。

尽管原型法有上述优点，但它仍然不能代替结构化设计的方法，不能代替严谨的正规文档，也不能取代传统的生命周期法和相应的开发工具。第四代开发工具虽然能使原型的生成与修改变得更为快捷，但是仍然克服不了原型法的一些重大的局限性。

首先，原型法不适于开发大的系统。除非做了彻底的需求分析，否则，人们至今尚不知道应该如何生成大系统的原型。如果能把大系统分解成一系列的小系统，就可以用原型法对每个小系统进行有效的开发，但是这种分解工作是十分困难的，一般也需要先做彻底的需求分析。

其次，开发原型法时，测试和文档工作常常容易被忽略。开发者总是倾向于把测试工作简单地推给用户，这使测试工作进行得不彻底，将给系统留下隐患。开发者也容易忽略正式文档的编写，他们认为编写文档太费事，系统又太容易改变，即使做了文档，也会很快地失效。由于缺乏有效的完整的文档，系统运行后很难进行正常的维护。

最后，原型法的另一个缺点是运行的效率可能会比较低。最原始的原型结构不一定是合理的，以此为模板多次改进后的最终系统会保留这种结构的不合理性。用户一般都意识不到重新进行编码的必要性，而满足于系统已经具有了所需要的功能。当系统运行于大数据量或者是在多用户环境中的时候，运行的效率往往会降低。这种结构不合理的系统通常也是难以维护的。正确的方法是将其重新编写，但这要付出额外的代价。

3. 快速应用开发方法

快速应用开发（Rapid Application Development，RAD）与原型法有同样的目标，即对用户需求做出快速反应，但它范围更广泛。RAD 被用来描述在非常短的时间内创造可运行系统的过程，包括使用可视化编程及其他工具来建立图形化用户接口、主要系统组件的重复原型、自动化生成程序代码及使用者与信息系统专家间的密切合作。简单的系统一般由事先建造的组件组合而成，流程不需要顺序处理且开发的关键部分可以同时发生。RAD 的基本逻辑就是用户的参与程度越高，尤其是在早期阶段，系统开发就越快。由于该方法强调用户参与，以及开发速度上的特点，使得它极其具有吸引力。

在 RAD 中，除了要明确用户需求外，还需要有 CASE 工具、原型技术、一支能突击完成任务的队伍，以及一套能快速实现用户要求的形式化软件开发技术。RAD 使用更简练的形式方法学，并通过重用软件构件更快地得到应用系统。

（1）RAD 的要素

RAD 有 4 个要素，即管理、人员、方法和工具。

①管理：管理者，尤其是高层管理者，更喜欢采用新的方式做事的试验者，或者是能很快知道如何使用新方法的早期采用者。

②人员：比起由单个小组开展所有的系统开发的生命周期活动，RAD 认识到由几个专门小组完成工作会更为有效。这些小组的成员精通完成指定任务所需的方法及工具。因此，RAD 比传统生命周期要快。

③方法：基本的 RAD 方法是 RAD 生命周期。RAD 生命周期包括需求计划、用户设计、构建及完成四个阶段，并且除了构建阶段，用户都起了主要作用。

④工具：RAD 工具主要包括第四代编程语言、配合原型开发和代码生成的 CASE 工具。

由此可以看出，RAD 的主要贡献在于通过基于计算机的工具和专门项目小组，加快系统投入使用的速度。

（2）RAD 成功的关键因素

RAD 成功的关键因素包括以下几个方面：

①制订明确且大胆的目标。

②对每一个"步骤/重复周期"设置时间表和期限。在 RAD 项目中，大多数过程是"有时间限制的"，应为项目完成和其中的活动步骤设置时间期限。在这个时间期限内，任何不能交付的特征或功能都应该被删除或推迟到将来的发布中。

③RAD 支持工具。RAD 工具应该为开发人员提供使用基于构件的架构来加快开发过程，支持 RAD 的需求获取，能使开发人员方便地在原型中添加和删除功能，相关的活动要在无须大量重新编写代码的情况下完成。此外，RAD 工具还应该支持使用第三方构件来实现用户需求。

实施 RAD 方法应保证多个开发人员能在同一个应用程序平台上工作，并且这些开发人员能够在他们的团队中扮演很多角色。例如，一个开发人员为正在讨论的应用程序创建了构架，并设计了用户界面和后台代码，而同一个资源可能还在被用于开发测试计划，用于测试应用程序，书写文档，并最终培训用户。

④管理层的支持和有力的开发团队。管理层的支持是 RAD 成功的保障。另一个关键环节是在 RAD 流程中使用"混合"小组，每个小组由 5~6 人组成，包括系统开发人员、用户及其他有决定权的人。

4. 面向对象方法

结构化方法是面向过程的方法，它的侧重点在于数据转换过程，而不是数据本身。人们逐步认识到，数据的处理过程是不稳定的、变化的，而数据本身却相对地比较稳定，也更有价值。一个部门产生的数据可以供给许多部门共享，只是它们各自对数据的处理方式不同而已。例如，产品质量数据可以被生产部门、研究部门、销售人员、高层管理人员，甚至顾客们分别用各自的方式加以利用，就连产生数据的部门自身，也要不断地用各种经常变化的方式使用这些数据。当业务过程发生变化时，改变的往往是对这些数据的处理方法，而不是这些数据本身。显然，采用面向数据的开发方法，可以使系统更加精简，更加灵活，更加易于修改，更能够对企业的经常变化做出快速反应。

面向对象系统开发方法（Object-Oriented Method，OO 方法）是从 20 世纪 80 年代末各种面向对象的程序设计方法（如 Small talk、C++等）逐步发展而来的，随着应用系统日趋复杂、庞大，面向对象方法以其直观、方便的优点获得广泛应用。

（1）面向对象方法的基本思想

面向对象方法认为，客观世界是由各种各样的对象组成的，每种对象都有各自的内部状态和运动规律，不同的对象之间的相互作用和联系就构成了各种不同的系统。

当设计和实现一个客观系统时，如能在满足需求的条件下，把系统设计成由一些不可变的（相对固定）部分组成的最小集合，这个设计就是最好的。因为它把握了事物的本质，因而不会被周围环境（物理环境和管理模式）的变化及用户无休止的需求变化所左右。而这些不可变的部分就是所谓的对象。面向对象方法具有以下四个要点。

①客观世界是由各种对象组成的，任何事物都是对象，复杂的对象可以由比较简单的对象以某种方式组合而成。

②对象是由属性和方法封装在一起构成的统一体，属性反映了对象的信息特征，如特点、值、状态等，而方法则是用来定义改变属性状态的各种操作。

③所有对象都可划分成各种类，按照子类与父类的关系，可把若干个对象类组成一个层次结构的系统，通常下层的子类完全具有上层父类的特性，这种现象称为继承。

④对象彼此之间仅能通过传递消息互相联系，而传递的方式是通过消息模式和方法所定义的操作过程来完成的。

（2）面向对象方法的开发过程

面向对象的系统开发可分为三个阶段：面向对象分析（OOA）、面向对象设计（OOD）及面向对象系统实现（OOP）。

①面向对象分析。这一阶段主要采用面向对象技术进行需求分析，对问题领域进行分析，明确问题是什么，以及为了解决问题需要做些什么，即在繁杂的问题域中抽象地识别出对象以及其行为、结构、属性、方法等。

②面向对象设计。这一阶段要解决的问题是把分析阶段确定出来的对象和类配置起来，以实现系统功能，并建立系统体系结构，即对分析的结果做进一步的抽象、归类、整理，并最终以规范的形式将它们确定下来。

③面向对象系统实现，即采用面向对象的程序设计语言将上一步整理的范式直接映射（即直接用程序语言来取代）为应用程序软件。具体操作包括：选择程序设计语言编程、调试、试运行等。前面两阶段得到的对象及其关系最终都必须由程序语言、数据库等技术实现，但由于在设计阶段对此有所侧重考虑，故系统实现不会受具体语言的制约，因而本阶段占整个开发周期的比重较小。

（3）面向对象方法的特点

面向对象开发方法具有以下几个特点：

①系统开发人员通过面向对象的分析、设计及编程，将现实世界的空间模型平滑而自然地过渡到面向对象的系统模型，使系统开发过程与人们认识客观世界的过程保持最大限度的一致。

②利用面向对象开发方法得到的信息系统软件质量高、系统适应性强，在内外环境变化的过程中，系统易于保持较长的生命周期。

③在开发过程中，分析与设计更加紧密难分，程序设计比重越来越小，系统测试简化，可维护性好，易改进，易扩充，开发模型越加注重对象之间交互能力的描述。

（4）运用面向对象技术的障碍

虽然面向对象技术及编程的需求越来越大，但面向对象的软件开发技术仍处于不成熟阶段，要让大多数公司采用，还需要做大量的验证。尽管人们曾提出过几种面向对象方法，但目前还没有公认的标准。许多公司在试用这种方法时犹豫不决，还因为这需要人员的广泛培训并抛弃原有的传统方法。

5. CASE 工具法

计算机辅助软件工程（Computer Aided Software Engineering，CASE），有时也被称为计算机辅助系统工程，是一种自动化或半自动化的系统开发环境，目的是减少重复工作量。通过将许多常规化的开发工作自动化和强化设计，可使开发者解脱出来，将精力集中到更需要创造力的工作中。CASE 工具能够方便地产生清晰的技术文档，并使团体的工作更加协调一致。程序员通过相互审阅和修改已经完成的工作文件，使合作变得更加容易。CASE 工具及其开发出的系统已被证明更为可靠，所需的维护也更少。多数 CASE 工具都是以微机为基础，并有很强的图形能力。

CASE 工具提供了自动绘图功能，用以产生图表、流程图，并支持屏幕及报表生成器、数据字典、高效报表工具、分析校验工具及代码和文档生成器。多数 CASE 工具是以一种或多种流行的结构化设计方法为基础的。一些 CASE 工具已经开始支持面向对象的开发，并且具有了支持建立客户机/服务器模式应用的能力。CASE 工具一般是通过以下几种途径来提高生产率和质量的：

①支持一种标准的开发方法和设计原则，使设计和整个开发过程更具有整体性；
②改进用户和技术专家之间的交流，以使大型开发团体和软件工程能更有效地协调；
③通过设计库将系统设计的各个部分联系在一起，对其进行快速处理；
④自动消除分析与设计中的冗余及错误。

为了更有成效，与传统的手工开发方式相比，使用 CASE 工具时，开发组应更加强调组织纪律，而不能单凭个人方式行事。工程项目的每一位成员都应遵循一套统一的通用命名规则、标准以及开发方法。缺少这一原则，分析员与设计者在开发过程中就会固执于原有的系统开发方法，并将旧方法与 CASE 工具混在一起。这样做事实上只会降低开发效率，因为老方法与新工具之间是不兼容的。好的 CASE 工具都强调通用方法及标准的作用，因此，如果缺乏开发的组织纪律，只会阻碍这些工具发挥作用。

尽管 CASE 工具在系统开发的一些方面提供了便利，它能够加快分析和设计的速度，利于重新设计，但它并不能做到系统设计的自动化，并且无法使业务上的需要自然而然地得到满足。系统设计者仍需了解一个公司业务上的需要以及业务是如何运作的。系统分析和设计工作仍然要依靠分析与设计者的分析技能。

6.3.2 系统开发的方式

信息系统的开发是一项复杂而艰巨的软件产品生产过程，如何确保软件系统的质量，始终是软件行业的一个课题。先进的开发技术与恰当的生产工具不但能明显提高开发效率、降低成本，而且能保证软件系统的质量。常用的系统开发方式主要有利用软件包开发、最终用户开发以及信息系统的资源外包。

1. 利用软件包开发

软件包是预先编制好的、能完成一定功能的、供出售或出租的成套软件系统。它可以小到只有一项单一的功能，也可以是由多个模块组成的复杂系统。现在市场上各种专用的软件包日益增多，利用软件包实现组织的信息系统已经成为一种可行的开发策略。因为软件包已经完成了设计、编码和测试工作，又有完整的文档供培训和维护使用，所以用它来开发信息系统，会大大缩短开发时间。大多数软件包都是用来完成许多组织都将用到的一些公共事务的，销售量的增加使软件包的购买费用下降，一般都低于自行开发的费用。

（1）使用软件包开发的适用情况

在下列情况下可以优先考虑使用软件包开发系统的策略：

①需要开发的系统功能是多数组织都要用到的一些通用功能。比如，工资管理、人力资源管理、财务管理、应收应付账款管理等。因为这类软件包很多，有比较宽的选择余地，成本也不会很高。

②缺少组织内部的开发人员。不是每个组织都有足够的内部信息技术专业人员可以承担系统开发任务的，这时就可以考虑全部或部分地选用软件包来开发自己的信息系统。

（2）利用软件包开发的优点

利用现成的软件包开发信息系统有许多明显的优点。

①缩短开发时间。系统设计与测试的工作量一般会占系统开发全过程的 50% 以上。软件包的供应商在提供软件包的时候已经把设计说明书、文件结构、处理关系、事务定义和报告输出等的设计问题解决了。软件包在上市以前都经过了充分的测试，已经消除了绝大多数技术问题。所以用户能在较短的时间内迅速地将系统投入运行。

②可以得到比较好的维护。供应商不仅提供长期的系统维护，还提供优惠的定期更新和系统升级服务。这对于因为缺少内部专业技术人员而无力维护的组织来说无疑会有很大的帮助。

③能减小组织内部对系统开发的阻力。系统开发过程是一个组织变革的过程。改变组织

中人们的工作习惯、改变部门之间的制约关系,都会遇到阻力。在传统的系统设计过程中,设计人员为了说服用户接受新系统的运行模式,常常会同用户产生矛盾,有时还不得不做出一些让步和折中,这都会增加系统开发的阻力,降低系统的效能。如果利用软件包来开发,情况就会有所不同。软件包是由供应商在总结了大多数同类业务以后,站在较高的位置上设计出来的,有较大的普遍性和适应性。组织决定采用软件包以后,就不需要再与最终用户讨论,而是要求用户直接接受它。从心理上讲,用户也更容易接受一个第三方提出来的新的工作模式,当新模式具有较强说服力的时候更是如此。组织的管理层在做出开发决策的时候,由于软件包的成本相对比较明确,开发过程的管理也比较简单,很容易被组织的决策层所接受。开发阻力的减小意味着成功率的提高。

(3) 利用软件包开发的缺点

尽管软件包的采用已经很普遍,但是这种方法仍有若干缺点:

① 功能较为简单。市售的软件包主要是为满足某一特定功能而设计的。每个组织在开发系统时常常有多个功能目标要实现,软件包不具备的功能就需要用其他方法另外开发,将不同的方法联合使用。

② 难以满足特殊要求。软件包能够满足不同组织的通用要求,但难以满足各自的特殊要求。为解决此矛盾,软件包的开发商不得不根据用户的具体情况提供修改软件包的手段和方法。为适应用户特殊需求而对软件包做必要的修改和补充称作软件包的客户化。少数开发商可以向用户提供部分源代码,允许用户根据自己的需要对软件包的部分功能进行修改。显然这会破坏原来软件包的功能完整性,所以,开发商一般不再提供对改后软件的技术服务和支持,这使用户处于两难的境地。更多的开发商会提供多种可选的功能,以尽可能地满足用户的特殊需求。

③ 实施的费用随客户化工作量的增大而急剧上升。软件包的安装及客户化都是十分耗资耗时的,当客户化工作量较大时,所耗费的成本将大大超过购买软件包的成本,使原来的预算被突破。

(4) 选择软件包开发要考虑的因素

为了避免软件包的上述缺点,必须对软件包进行仔细的评价和选择。选择软件包时需要考虑下述因素:

① 功能。如用户的功能要求哪些能够满足,哪些需要修改,哪些根本就不支持。

② 灵活性。如哪些可以客户化,修改是否方便,供应商是否能替客户修改。

③ 友好性。如是否容易使用,要多大的培训量。

④ 软硬件环境要求。包括网络环境。

⑤ 对数据库和文件结构的要求。如所需数据库和文件结构能否满足用户的需要,能否允许用户的非标准数据输入。

⑥ 安装维护的承诺。如安装转换的难度如何,维护是否方便,什么样的专业人员、系统分析员、数据库专家才能胜任维护工作,供应商提供什么程度的服务,能否及时地得到软件包的升级和更新。

⑦ 文档的完整。如技术说明书及使用说明书是否完整,是否容易使用。

⑧ 供应商的状况。如信誉、背景、历史、规模及服务承诺。

⑨ 价格。尤其要注意一次购买后的后期费用(客户化、实施、安装、维护等)。

(5) 利用软件包开发系统的步骤

利用软件包开发系统时，也要经历与生命周期法类似的步骤，只是每个阶段的工作内容稍有一些不同，最大的不同是系统设计的指导思想。利用软件包开发系统，不能像传统的设计那样尽量地把系统设计得与组织相匹配，相反，通常是要重新设计组织和业务流程，让它们尽量与软件包的要求相吻合。下面列出各步骤的一般内容：

①系统分析。明确原系统的问题和需求，提出解决方案，比较不同的开发策略，确定是否应该利用软件包开发，选择软件包的供应商，评价并选择软件包。

②系统设计。裁剪用户的需求，以适应软件包的功能；培训技术人员，完成客户化设计和新的业务流程设计。

③编程、调试、转换。安装、修改、设计程序接口、做文档、切换、测试、培训用户。

④运行与维护。改错与升级。

2. 最终用户开发

最终用户开发是指系统的最终用户在没有或只有很少技术专家正式协助的条件下，自行完成系统开发的一种开发策略。

(1) 最终用户开发的可行性

随着系统开发工具的不断改革与发展，应用程序的编写变得越来越容易，这促使一些最终用户尝试自行完成一系列应用系统的开发。虽然第四代工具产生的代码效率比较低，但是近年来硬件系统的迅速发展已经明显地克服了这一缺点，使得用户自行开发在技术上变得更加可行。

最终用户常常会自行开发一些局部的小的应用系统，开发速度快，但不太正规。开发速度快的原因是用户十分清楚自身的需求，了解原系统的问题，他们可以把常规的系统分析工作几乎完全省略。系统设计工作由于不需要与专业技术人员反复交流，也会大大加快进度，同时还避免了交流可能带来的误解。用户开发最直接的好处是减少开发中用户可能产生的阻力和开发计划拖期现象的发生，增加了用户的满意度。

(2) 最终用户开发的风险及对策

最终用户开发的风险是缺乏正规化的控制而引起的。由于缺乏独立的、充分的系统分析过程，用户自己的目标不一定符合组织的目标，用户做的需求分析不够完整全面。由于缺乏标准和严格的文档，系统界面及数据代码的一致性和统一性就难以保证。严重的时候会使系统数据难以与其他部门共享，还会使系统将来的扩充与升级变得非常困难。用户开发的系统内会产生一些私人的信息系统，它们没有被记入文档，只供个别人使用。当这些人离开以后，这些系统很难移交给继任者。

3. 信息系统的资源外包

如果一个企业不想用自己的资源建立并且运行一个信息系统，那么它可以去雇用一个专门提供这类服务的专业公司或机构来完成这项工作。将一个企业计算中心的运营、远程通信网的管理和应用软件的开发全部交由外部专门机构负责的做法称为信息系统的资源外包。

信息系统在现代企业中有着重要的地位，许多大企业花在信息技术上的投资将占到总投资的1/2。管理者已不再把信息系统的费用当作运营费用，而是把它们看作一种投资。随着系统功能的不断增强，所需要的费用也迅速上升，企业的管理者们一直在寻求控制这些费用的办法，资源外包就是可供选择的方法之一。

许多组织发现，资源外包的投资效益更佳。资源外包服务的提供者都是一些专业机构，它们可以用相同的知识、技术和能力，同时为许多不同的客户提供信息服务，从而获得"规模经济效益"，降低所收取的服务费用。

并非所有的组织都可以从资源外包中获得利益，如果不能充分理解和管理外包的缺点，则可能给组织带来严重的问题。很多组织低估了确认和评估信息技术服务提供商、转换至新的服务提供商、监控服务提供商以确保其履行合约义务等活动产生的相关费用，而这些"隐藏费用"可能会降低外包可能带来的利益。

(1) 资源外包的优点

资源外包的优点可以归纳如下。

①经济。靠资源外包的"经济规模效益"，一般可使用户节约15%~30%的费用。

②服务质量好。用户可以用相同的和较低的成本获得更好的服务。

③可预见性好。资源外包合同有明确的服务费用，便于做预算。

④灵活。随着业务的成长，不需要对组织的信息系统做重大的改变，只需要调整资源外包的费用和能力就能满足需要。

⑤使原来的固定成本变成可变成本。用户可以按接收信息服务的多少来付费。

⑥更有效地利用人才。用户可以让原来用于运行内部信息系统的那些高级专业技术人员去做一些更有价值的工作，充分发挥他们的潜能。

⑦盘活资产。有些资源外包协议可以规定，用户把他们的计算机系统及相关的硬件设备连同信息系统的开发与服务，一揽子委托给外部的专业机构，外部机构可以利用这些设备向更多的客户提供服务，同时向这些设备的提供者支付一定的款项。

(2) 资源外包的缺点

①资源外包的缺点也是很明显的，任何一个公司都不希望将自己的战略信息转入他人之手，而资源外包有可能使管理失控。为了避免将命运交给外部机构，就必须很好地把握资源外包的范围、条件与时机。

②信息安全难以保证。

(3) 资源外包的适用情况

当一个内部系统运行得很好时，一般是没有必要转向资源外包的。确实需要资源外包时，应该考虑是否要做适当的保留。对企业竞争力有重大影响的战略性的应用系统，如工程设计、生产计划等，不宜采取资源外包；对公司战略目标影响较小的系统，如工资计算等，就可以考虑资源外包。选择资源外包的另一个因素是系统失效后的危害程度，一旦系统中断，会给企业带来严重后果的系统不宜资源外包，如民航订票系统就不能资源外包；而类似于保险赔付、食堂用餐结算系统等，就很适合资源外包。有些组织把资源外包当作更新旧系统，跟上技术发展的一种策略，在资源外包的过程中同时完成系统升级与更新。

对资源外包的系统要加强管理，特别是授权信息安全、考核、后台备份等工作，不应该完全交由外部人员来承担。组织内部继续保有一定数量的系统专业人员是必要的。

表6-4列出了本节介绍的各种系统开发方式的特征和优缺点。在管理实践中经常遇到这样的挑战：难以找到一种系统开发策略既符合组织的信息结构，又符合组织的战略计划。最终用户开发、使用软件包、资源外包都是短期的解决办法，都会产生许多没有联系的应用，这些应用很难集成为全公司的信息结构。所以，组织要仔细地评价其所使用的开发策略的远期影响。

表 6-4　各种系统开发方式的比较

系统开发方式	特点	优点	缺点
应用软件包	商业软件包可以解决企业内部开发软件的困难	减少了设计、编程、安装和维护工作量；开发通用业务能节约时间和成本；降低对内部信息系统资源的需求	可能会满足不了组织特殊的需求；可能不会很好地完成某些功能；客户化量大时会急剧升高开发成本
最终用户开发	由最终用户使用第四代软件开发工具完成；快速但不正规；信息系统专家作用小	用户控制开发；节约开发时间及成本	有时不能满足系统的质量标准
资源外包	系统建设和运行由外部组织完成	可以降低成本；内部资源不能用或者技术过时的组织仍然能够建成系统	容易失控；依赖于外部组织的技术指导

本章案例

上海三菱的 ERP 成功之路

1. 上海三菱电梯的企业背景

上海三菱电梯有限公司是 1987 年由上海机电实业公司、中国机械进出口总公司、日本三菱电机株式会社、香港菱电工程有限公司 4 家合资成立的电梯制造企业，总投资 2 亿美元，注册资本 1.16 亿美元，其中中方控股 60%，外资 40%。共有人员 1 700 多人，在全国有 18 个分公司，主要生产经营各类电梯、自动扶梯，提供电梯的安装、维修和保养等服务。公司 2000 年共销售电梯 9 100 多台，收入超过 30 亿元。

开业 14 年来，已向社会各界提供了电梯 5 万多台（其中自有技术的产量占一半），约占国内电梯生产总量的 1/5。随着国内外市场的发展，公司的销售额不断增长，生产规模年年扩大。

2. 上海三菱电梯的信息化历史状况

1987—1990 年年初，上海三菱共有 4 台电脑，由 4 名计算机人员负责，主要用于一些简单的计算应用等。当时计算机部还归于开发部门的情报组，只是次要的点缀，企业的计算机应用属于采用自动化替代手工处理，用计算机模拟人工的单项应用的阶段。20 世纪 90 年代初，三菱公司的技术、生产、计划、管理部门开始逐步投入少量的计算机，根据各自部门的需求自行编制程序，用于工资管理、电梯配件管理等，应付日趋增长的业务工作。1992 年，公司内各主要部门在部门内部形成独立的小规模计算机系统，便于部门内部数据的交流与共享。但对于不同的部门，由于没有统一的规划，系统之间网络不通，数据格式不同，甚至用软盘拷贝的数据也不能在不同的部门使用，造成数据输出/输入重复的情况非常严重。这些应用虽然对生产制造与管理起到了一定的作用，但矛盾与问题也频频出现。

从 1993 年开始，上海三菱电梯正式开始了信息化系统的探索。

3. ERP 实施背景

公司在合资初期制定的生产规模为年产电梯 2 000 台，根据日本三菱的经验，年产量

2 000 台是手工管理的极限。上海三菱从最初的年产 870 台到 2 000 台只花了三年的时间，面对如此迅速的发展，生产管理与计划的制定成为企业进一步发展壮大的"瓶颈"。电梯是定制化程度非常高的产品，即使是看上去相同的两个电梯，也会存在功能的不同，比如，是否具有消防功能、内部的装潢、基站（电梯在没有乘客的情况下所在的楼层）的大小、速度等。因此，电梯的生产要完全根据订单来设定具体的参数，先根据订单分解各种规格的装配部件，然后再合并相同规格的部件，投入生产，最后根据订单选出相应的部件，组合进行装配。整个制造过程分分合合，稍有差错就可能造成缺件、规格不匹配或生产过量造成浪费。如果在生产过程中计划发生了变更，就很有可能带来一系列的延迟和混乱。另外，电梯的包装与发货也是极易出错的环节，需要十几个甚至几十个包，在手工管理的情况下，电梯的不同部件是分开包装的，一部电梯发货时漏发、错发的频率非常高，造成重复工作多、周期长、客户满意度低。

在这种情况下，公司领导决定借鉴国外先进的管理思想，对生产制造进行统一管理，计算机小组由技术编制调整为管理编制，成立信息管理部，同时抽调 2 名骨干技术人员和 1 名熟悉生产制造的业务人员学习研究 MIS，参观其他企业的应用实例。当时大部分企业的 MIS 系统以自我开发或合作开发为主，起点低，有的甚至没开始用就已经过时了，对企业的整体帮助并不是很大。因此，三菱公司从一开始就否定了自我开发的方案，希望能够借助外部软件的成熟技术和管理思想，提高公司信息化的起点。1993 年，MRP II 的思想随着一些商业化软件如 BPCS 的进入逐渐在国内流行起来，三菱公司认为 MRP II 可以很好地解决公司目前存在的问题，于是开始了长达三年的需求调查与 MRP II 选型过程。

4. ERP 选型

对于 ERP 软件选型，三菱公司一开始主要是将注意力放到国外软件产品上，特别是 SSA 公司的 BPCS（商业计划和控制系统），这是当时国内企业采用比较多的软件。BPCS 在推销自身软件的同时，让企业接受比较先进的管理思想，对三菱的中高层领导进行了培训，在选型过程中还陆续地接触了其他一些公司，虽然最终由于各种各样的原因三菱没有采用这些产品，但是在与他们接触的过程中接受了很多先进的理念，这奠定了三菱以后成功的思想基础。

直到 1995 年 SAP 进入中国市场，三菱公司对 SAP 一见倾心，主要是因为 SAP 在欧洲有非常成功的 ERP 实施经历。ERP 思想先进，软件本身功能强大，而且 SAP 具有经验丰富的咨询顾问以及良好的实施队伍，不仅可以帮助三菱解决提出来的棘手问题，还可以提醒三菱关注他们所忽视的一些重要问题。虽然当时 SAP 尚未正式进入中国市场，但迫切的三菱就提前与 SAP 合作，开始了标准化培训和基础数据的准备工作。

选型的过程中要考虑的问题不仅仅是软件本身的问题，实际上还应该包括实施和维护这两方面内容。从软件方面来看，知己知彼是非常重要的，三菱在选型的初期充分调查了企业内部的需求，总结出了 183 个典型的问题作为评判依据。但到后来才发现，这些问题中的绝大多数都是 ERP 的标准功能，其实企业应该调查那些标准功能提供不了的特殊需求作为判断标准，才能选择企业真正需要的软件。同时，在选型中就应该考虑实施和维护过程中可能出现的问题，向软件提供商提出来，以确认是否有比较好的解决方案。

对软件提供商本身的选择也是非常重要的。首先，从企业发展来看，所需要的系统提供商越少越好，否则会给集成带来很大的困难，因此软件提供商有没有能力提供整个企业的解决方案很重要，如果三菱公司的 ERP 用了 SAP 的，但 SAP 没有开发 CRM、SCM 的能力，使三菱不得不去购买其他厂商的系统，那么集成性肯定没有现在的好。其次，要考察该软件提供商在相关行业上的经验，隔行如隔山，对于软件提供商也一样的。最后，软件提供商一旦选定，企业都希望是一种长期的合作关系，因此软件提供商应该具有稳定发展的能力，这对实施咨询人员的稳定性、技术的可持续性也有一定的影响。

三菱认为选型过程中最好要同与软件商没有利益关系的第三方一起客观评价软件的功能、开放性、适用性等，最后选定软件。另外，绝对不做第一个"吃螃蟹"的人，无论软件还是硬件，都不采用最新研发出来的产品，企业不能拿自己做试验，企业要时刻保障自己的利益。

5. ERP 实施组织的建立

(1) 领导小组的保证

早在 1993 年三菱公司准备在企业中推行计算机管理项目时，就成立了由总裁、总工程师、部门经理等组成的信息化领导小组，并抽调专职人员负责信息管理方面的事务。在 ERP 实施过程中，又重新对领导小组进行了调理，由技术和管理能力都非常强的总工程师负责在企业内全面推行，使得领导层对整个项目有非常清晰的认识。

ERP 实施过程中会将原来组织的很多惯例打破，因此会有很大的阻力，必须要有高层领导在实施过程中给予支持。只有首先说服领导者，实现真正的"一把手工程"，有最高领导人的行政命令和组织上的保证，下面的工作才能够顺利地进行。三菱公司在这个方面是很幸运的，因为它有一个非常支持这个项目的领导班子，他们以远瞻的眼光看到了很多其他企业没有意识到的信息化发展的前景，给三菱公司在 ERP 实施各方面提供了大力的支持。

(2) 工作小组的建立

企业实施 ERP 的工作小组，一般来说，由企业信息化主管部门以及最终实际应用业务的部门共同组成，但不同的企业可能完全不一样。

首先，项目人员的确立是重要的一步。对于 ERP 第一期的模块，每一块都要有人熟悉，后期的项目人员可以再培训，项目人员要是不到位，项目都得等一等。在项目人员的选择上，三菱提出下面这几个要求：熟悉管理理论、熟悉企业管理流程、计算机要好、英语要好、有责任心。任何人都不可能是十全十美的，所以，在项目组织中要考虑到如果某个人不合适，要有其他人来互补。比较科学的做法是，ERP 实施要和应用部门配合起来，形成项目小组。

另外，在项目小组成立之初就建立完善的、规范化的规章制度，保证项目小组工作的顺利开展。比如规定应用部门领导必须负责项目进度和实施情况的汇报，对本部门应用人员的管理，同时还明确规定应用部门参与项目人员的具体职责，并将编写系统使用手册的任务交给应用部门的人员，避免后期再培训的繁重任务，这样就使部门的培训在很大程度上依靠本部门参与项目的人员来进行了。

最后，公司还对参与项目的关键人才给予精神和物质上的激励，如关键的实施人员的级别待遇和工资待遇往往高于其他部门相同人员，住房分配优先考虑，工资待遇适当提高。这样，虽然他们的待遇和一些专业公司的实施顾问无法相比，但由于一些精神奖励和成就感，往往使这些专业人才留了下来，避免了实施队伍的不稳定，保证了项目的顺利进行。

(3) 模块小组的建立

除了整体的项目负责部门外，上海三菱公司还设立了模块小组，模块小组人员基本上按照职责分成应用组长、关键用户以及信息部门人员三种，组织结构的"一把手"原则便体现在 ERP 模块小组的组成上。对于这个应用部门的参加者，上海三菱考虑到了一系列的要求，首先，这个人要对部门熟悉，在部门中要有威信，因为只是进入了小组还不够，如果此成员只是想着小组要我做什么我就做什么，小组参与者的主观能动性就很难保证，所以组织里要突出项目成员"一把手"原则；另外，成员要搞清楚的是，企业的计算机系统不是供应商让他们做，而是企业自己要做，不是核心小组或信息部门做来用的，而是应用部门要用的，位置一定要摆正，企业各部门送来的人一样要具备这样的观念。

对结构进行层层"一把手"的设立，不但使企业领导者，还使模块小组里的成员对项目实施都十分投入。企业大笔的资金投进去了，如果失败了，仅仅就是决策的企业领导的责任吗？作为项目小组主导，部门领导也要负责任。上海三菱公司定下规矩，模块做不成，小组负责人要担 70%的责任。但如果到最后没做好，即使承担责任，也挽回不了企业的损失，上海三菱公司又立下规矩，项目小组成员平时要定期汇报项目进度，这个工作还必须是小组中的部门"一把手"去做，当领导问到模块的进度问题时，这个回答的人不是机房的技术人员，而应该是部门"一把手"。上海三菱公司用这个办法成功地防止了部门"一把手"在模块小组中只是挂个名的问题。如果没有全力投入和参与到 ERP 的实施中来，模块实施者是根本谈不出进度问题的，而且如果进度没做好，要向领导汇报发生问题的原因，这样这个人就感到了 ERP 实施的压力。

6. 实施过程

(1) 人员培训

三菱公司的 ERP 培训可以分为两部分。第一部分的培训是在 MRP II 选型期间，三菱公司借用了供应商及高校的力量对公司中高层领导进行了 3~5 天封闭式的培训，包括计算机基础知识与 MRP II 理念两部分。这个阶段的培训对于增加领导对现代管理理念的接受能力影响是很大的，也使得在后期 ERP 实施过程中，争取领导的理解和支持顺利了很多。在这一阶段，还对普通员工进行了 MRP II 的普及性知识培训。

第二部分的培训是 1996 年与 SAP 签订合作协议后，三菱公司的技术人员与 SAP 中国的新聘员工一起参加了为期 7 周的 SAP R/3 标准模块培训。SAP 在培养自己的咨询师的同时，也培养了三菱公司一批优秀的 ERP 专家，以至于现在 SAP 时常会请三菱公司的员工与他们合作，一起实施 ERP 项目。1996 年年底，根据公司的特殊需求，三菱公司不惜重金，把自己的员工送到国外培训，这同时也是对 IT 员工的一种激励。

在 ERP 实施前期主要是对项目实施小组人员的培训。在实施过程中，则由项目实施小组负责对相关业务部门的员工进行培训，这一阶段的培训主要是由模块小组的组长，即业务骨干来完成的。三菱公司的 IT 员工只负责培训业务骨干，剩下的培训、业务流程的设计与修改、在部门内部的推广等，都是由业务骨干完成的，IT 人员可以更加集中精力于自身的领域。

(2) 初期实施

从 1996 年开始到 1997 年，三菱公司花了一年多的时间整理和准备基础数据，本着由易至难、效益驱动的实施方针，考虑到销售的重要性以及对信息系统需求程度的紧迫性，三菱公司最先上线的是销售模块。到1997年年底，库存、财务等模块也陆续上线。生产计划是所有模块中对基础数据要求最高的，流程也最为复杂的一块，而三菱公司生产的电梯又具有一定的特殊性，如三菱公司的物料编码经过标准化后居然达到了一百多位，任何ERP产品都无法达到，最后三菱公司摸索出了客户化的BOM（物料清单），解决了这个问题。因此生产计划、物料需求等模块只能在R/3的基础上进行二次开发，工作量非常大，耗费的时间也最长，到2001年才正式上线。坚持不放弃是ERP实施中非常重要的一点，三菱与其他企业一样也在实施过程中遇到了各种各样的阻力，如各部门与员工都在考虑信息化对自身利益的影响，产生了抵触情绪；某些领导目光短浅，认识不到信息化对企业长期发展的必要性；信息部门面对过多的阻力产生了退缩情绪等。但随着时间的推移，有些问题慢慢地变得不再是问题了，或者最终还是得到了解决，再实施ERP就不那么困难了。

1998年7月，为了对外地直属的安装维修公司在财务和物资方面进行更好的管理，三菱公司采用专线连接分公司和本部，采用R/3的拓展模块对公司的财务和物资进行实时的信息管理。到这时为止，在SAP R/3上的第一期投入为四十多万美元。

经过第一期的开发，三菱公司对SAP R/3在一定程度上达到了驾轻就熟的程度，对公司后续的需求也就有了更强的实现能力。电梯行业是一个售前、售中、售后服务都同等重要的行业，每个阶段都需要与用户密切沟通。针对这种情况，1999—2001年期间，三菱公司集成R/3系统不同的模块功能，针对电梯行业的特殊性，自行开发了售前集中询报价系统，提高报价的准确性、规范性和透明度，减少了市场的混乱性，同时也缩短了报价的时间；售中阶段开发了合同的跟踪管理系统，降低了生产与配送过程中的出错率；售后服务增加了客户投诉处理系统等应用性非常强的系统，加强了三菱公司处理问题的能力与效率，客户的满意度也在直线上升。

（3）后期调整

当第一、二期的实施完成后，三菱公司的ERP已经初见成效，给各个使用部门带来了很多的方便。但是三菱公司的领导者们用长远的目光看到ERP应该是具有整体性和集成性的系统，独立的模块可用性不是最终的目标。因此，他们明确了将ERP进行到底的想法。在原来的ERP相关模块的基础上，三菱公司结合企业情况又开发了安装、维修、保养等模块，并且开始致力于将ERP模块与其他应用系统如CAD等集成为一个无缝连接的系统。经过管理业务和信息系统的整理补充后，三菱公司的ERP系统最终形成了以生产管理、合同管理和财务监控三大方面为主线的企业管理框架。通过这三条主线，它的ERP系统实现了对企业的全方位的管理。

生产管理这条主线主要以ERP产品中的生产计划模块、物料管理模块、仓库管理模块为主，集成了工程信息系统中的相关模块，并把ERP生产管理的流程从计划职能延伸到车间一层，与数控车床、工作中心、FMS（柔性制造系统）等连接起来实现统一的集成制造系统。合同管理是三菱公司根据自己的产品特色，即按订单生产所制定的特殊的产品管理方式，大体分为售前、售中、售后三个阶段。售前包括项目的预报、项目的询报价以及项目状态跟踪等方面；售中主要是指合同的跟踪，包括应收账款的控制、非常规条款的跟踪与提示两方面；电梯的售后服务包括电梯的安装、保养、维修以及回访等。

随着经济规模的扩大，企业管理难度也大大增加，各地的分公司为适应市场的需要，必须具有足够的经营自主权，同时又需要有效的集中控制。为了适应以上情况，三菱公司最终建立了企业财务监控系统。新的财务系统不再仅仅是记账的功能，而是具有管理分析和监控的功能。它主要由签约前监控、签约中监控、履约时监控三个阶段组成。

(4) 未来展望

总的来说，目前三菱公司的 ERP 还主要应用于操作者，对于高层领导的决策还没有达到实质性的帮助。实际上，操作层的数据完全可以进一步挖掘和提升，为企业管理提供更强有力的工具。三菱公司目前已经购买了 SAP 的数据仓库、企业绩效考评 KPI、平衡记分卡等工具，准备向更高层次的 ERP 应用进军。

(案例改编自复旦大学案例《上海三菱的 ERP 成功之路》)

讨论：
1. 讨论上海三菱公司 ERP 成功的原因。
2. 许多调查表明，使用原型法能够改善用户和系统设计人员之间的沟通关系，但是设计人员却难以管理和控制开发过程。就这一问题进行讨论。

本章小结

本章主要介绍了以下内容：

1. 系统开发的一般过程。了解系统的生命周期及系统开发的一般过程。系统开发的主要活动是系统规划、系统分析、系统设计、系统实施、系统运行和维护。

2. 系统开发与组织变革。建立新的信息系统会引发组织和管理活动的改变，是有计划的组织变革。这种变革可以有四个层次：自动化、合理化、业务再造和异化。而业务流程再造是重新考虑、重新设计企业的业务过程，是对促进企业创新和改进企业业务流程的战略综合。

3. 信息系统开发的主要方法。了解信息系统开发的不同方法、各种方法的利弊及适用场合。包括传统的结构化方法、原型法、快速应用开发方法以及面向对象方法。

4. 信息系统开发的主要方式。了解信息系统开发的主要方式及每种开发方式的适用场合，包括应用软件包法、最终用户开发以及信息系统的资源外包。

本章习题

1. 信息系统开发的生命周期分为哪几个阶段？
2. 系统规划阶段的可行性分析应从哪些方面入手？
3. 系统实施的主要工作内容是什么？
4. 系统实施要做的准备工作有哪些？
5. 系统测试过程分为哪几个阶段？
6. 系统维护工作有什么特点？包括哪些内容？
7. 应用软件维护有哪些类型？
8. 系统评价的目的是什么？
9. 如何对管理信息系统进行评价？
10. 业务流程再造应遵循的原则是什么？
11. 系统开发有哪些方法？各有什么优缺点？

12. 常用的系统开发方式有哪些？

本章实践

参看第 8 章内容，完成实验项目四：ERP 销售管理。

第7章

信息技术展望

学习目标

本章介绍信息技术的最新发展动向,以及信息技术带来的关于信息安全和信息伦理道德的思考。通过本章的学习,要求:

1. 了解信息技术前沿的发展现状及未来趋势,理解云计算、大数据、互联网+、物联网、工业 4.0 等概念,了解新技术对管理信息系统带来的影响;
2. 了解信息安全的现状,了解威胁信息系统安全的因素及保障措施;
3. 了解信息安全的发展对伦理道德和立法的影响。

教学要求

1. 教学中着重介绍目前最前沿的信息技术及重点应用;
2. 通过教学使学生对信息安全有高度的认知;
3. 强化信息世界的道德与立法。

导入案例

设施农业植入物联网"基因"

不论身处何地,只要有通信信号,打开手机 APP 软件轻点界面,卷帘、滴灌、通风、补光、加湿等烦琐的农业操作程序就可轻轻松松一键搞定。这是近日记者在巴彦淖尔市临河区八一乡联丰村设施农业园区看到的令人啧啧称奇的一幕。

1. 干活少了,腰包鼓了

走进青年农民李亮的温室大棚,只见绿油油的藤蔓间挂满了脆生生的黄瓜。靠墙有一条电动轨道,只要把采摘好的黄瓜放在轨道上的箱子里,通过手机遥控轨道,就可以实现自动化搬运。

李亮有 2 个 1.5 亩①的温室,2014 年,他为每个棚投资 3 500 元装配了"温室大棚智能

---

① 1 亩 = 666.67 平方米。

可视物联网控制系统"。提起这套智能系统，李亮滔滔不绝："现在温室大棚种蔬菜可省事儿了，随时随地在手机上查看大棚内温度、湿度等数据和实时图像，即使出远门，也不误事儿，用手机点一点就搞定了。"

如今，李亮不仅从繁重的劳动中彻底解放出来，温室大棚的种植收益也节节攀升，每个大棚年收入达到了 10 万元。

菜农钟砚利是联丰村有名的"黄瓜大王"，种出的黄瓜产量高、品相好。可由于腿有残疾，每天上棚顶开闭卷帘曾经是他最头疼的事。自从安上"温室大棚智能可视物联网控制系统"后，他整个人轻松了许多。

钟砚利指着墙上挂着的智能化控制器，乐呵呵地说："过去收放棉被卷帘都是人工现场操作，上下棚顶费时费力，成本较高。现在，只需轻轻单击手机遥控操作系统，上百公斤[①]重的棉被卷帘就会自动、匀速收放，省时省力省人工。"

有高科技设备做帮手，如今，老钟种植黄瓜如虎添翼。这棚黄瓜占地 1.4 亩，自 2015 年 2 月份采摘上市以来，已销售 5.7 万多斤，8 万多元现金揣进了老钟的腰包。

2. 买得起、用得方便

联丰村菜农口中津津乐道的"智能可视物联网控制系统"，采用网络图像采集模块作为物联网网关，直接将温室大棚所需的各种传感器及控制器数据接入互联网，在应用终端通过手机或电脑显示现场图像及传感器数据，并对控制器发出远程控制指令。

该系统还实现了通过云端任意手机 APP 或电脑任意 Web 浏览器对影响农作物生长的环境传感数据实时监测和大棚设施进行联动自动控制，包括大棚作物的视频图像、空气温湿度、光照度、土壤温度、CO_2 浓度、土壤水分、土壤盐度等，并依据数据进行远程开闭卷帘、通风、补光灯、水泵等的智能控制。

据了解，在保证相关功能的前提下，为了降低成本，让农民买得起、用得方便，该系统的研发公司还独创了物联网专用摄像机，做视频图像采集的同时兼做网关，形成"可视化物联网技术"。还自主研制了多种实用的传感器，开发了手机 APP 和电脑客户端软件，能同时实现传感器数据、视频数据云端存储，形成大数据分析系统，为农产品可追溯系统提供一手可靠数据。

（摘自 http://www.netofthings.cn/ChengGongAnLi/2016-07/8872.html）

7.1 信息技术的新成就

信息技术每天都在革新，新技术的发展为社会进步和人们的工作及生活带来了巨大的影响，特别是近些年兴起的云计算、大数据、互联网+、物联网、工业 4.0 等技术和理念的发展，与管理信息系统的未来发展息息相关。

7.1.1 大数据

1. 大数据定义

麦肯锡全球研究所给出的大数据（Big data）的定义是：一种规模大到在获取、存储、管理、分析方面大大超出了传统数据库软件工具能力范围的数据集合。

---

① 1 公斤＝1 千克。

大数据技术的战略意义不是掌握庞大的数据信息，而是对这些含有意义的数据进行专业化处理。换而言之，如果把大数据比作一种产业，那么这种产业实现盈利的关键，是提高对数据的"加工能力"，通过"加工"实现数据的"增值"。

从技术上看，大数据与云计算的关系就像一枚硬币的正反面一样密不可分。大数据必然无法用单台的计算机进行处理，必须采用分布式架构。它的特色是对海量数据进行分布式数据挖掘。但它必须依托云计算的分布式处理、分布式数据库和云存储、虚拟化技术。

随着云时代的来临，大数据也吸引了越来越多的关注。大数据通常用来形容一个公司创造的大量非结构化数据和半结构化数据，这些数据在下载到关系型数据库用于分析时会花费过多时间和金钱。大数据分析常和云计算联系到一起，因为实时的大型数据集分析需要像映射-归纳一样的框架来向数十、数百或甚至数千的电脑分配工作。

大数据需要特殊的技术，以有效地处理大量的历史数据。适用于大数据的技术，包括大规模并行处理（MPP）数据库、数据挖掘、分布式文件系统、分布式数据库、云计算平台、互联网和可扩展的存储系统。

2. 大数据基本特征

大数据有四大基本特征。

（1）数据量大

大数据最明显的特征是体量大，但仅仅有大量的数据并不一定是大数据，大数据一定要具备统计意义。比如一个人的基因全图谱的数据，是在上百吉字节到太字节数量级，这个数据量不可谓不大，但是它没有太大的统计意义。

（2）多维度

看上去杂乱无章的数据，往往可能将原来看似无关的维度联系起来，对这些数据进行挖掘、加工和整理，就能得到有意义的统计规律。如今百度等数据公司利用大数据的多维度特征，将那些过去看来很难的问题迎刃而解。

（3）完备性

完备性也可以称为全面性。并非所有的时候都可以获得数据的完备性，但是局部数据的完备性还是可以获得的，利用数据完备性可以解决很多问题，比如机器翻译和大选结果预测等。

（4）时效性

大数据的时效性其实不是必需的，但是有了时效性就可以解决很多过去做不到的事情，比如城市智能交通管理就是一个利用大数据时效性的很好例子。

3. 大数据的研究意义

现代社会是一个高速发展的社会，科技发达，信息流通，人们之间的交流越来越密切，生活也越来越方便，大数据就是这个高科技时代的产物。阿里巴巴创办人马云在演讲中就提到，未来的时代将不是IT时代，而是DT的时代，DT就是Data Technology（数据科技），大数据对于阿里巴巴集团来说举足轻重。

有人把数据比喻为蕴藏能量的煤矿。煤炭按照性质，有焦煤、无烟煤、肥煤、贫煤等，而露天煤矿、深山煤矿的挖掘成本又不一样。与此类似，大数据并不在于"大"，而在于"有用"。价值含量、挖掘成本比数量更为重要。对于很多行业而言，如何利用这些大数据是赢得竞争的关键。

大数据的价值体现在以下几个方面：

①对大量消费者提供产品或服务的企业可以利用大数据进行精准营销；

②做小而美模式的中小微企业可以利用大数据做服务转型；

③在互联网压力之下必须转型的传统企业需要与时俱进，充分利用大数据的价值。

不过，"大数据"在经济发展中的巨大意义并不代表其能取代一切对于社会问题的理性思考，科学发展的逻辑不能被湮没在海量数据中。著名经济学家路德维希·冯·米塞斯曾提醒过："就今日言，有很多人忙碌于资料的无益累积，以致对问题的说明与解决，丧失了其对特殊的经济意义的了解。"这确实是需要警惕的。

在这个快速发展的智能时代，困扰应用开发者的一个重要问题就是如何在功率、覆盖范围、传输速率和成本之间找到那个微妙的平衡点。企业组织利用相关数据和分析可以帮助他们降低成本、提高效率、开发新产品、做出更明智的业务决策等。例如，通过结合大数据和高性能的分析，下面这些对企业有益的情况都可能会发生：

①及时解析故障、问题和缺陷的根源，每年可能为企业节省大量资金。

②为成千上万的快递车辆规划实时交通路线，躲避拥堵。

③分析所有库存（SKU），以利润最大化为目标来定价和清理库存。

④根据客户的购买习惯，推送其可能感兴趣的商品信息。

⑤从大量客户中快速识别出"金牌"客户。

4. 对大数据的认知

大数据是互联网发展到现今阶段的一种表象或特征而已，没有必要神话它或对它保持敬畏之心，在以云计算为代表的技术创新大幕的衬托下，这些原本很难收集和使用的数据开始很容易地被利用起来了，通过各行各业的不断创新，大数据会逐步为人类创造更多的价值。

此外，想要系统地认知大数据，必须要全面而细致地分解它，可从三个层面来理解：

第一层面是理论。理论是认知的必经途径，也是被广泛认同和传播的基线。在这里，从大数据的特征定义理解行业对大数据的整体描绘和定性；从对大数据价值的探讨来深入解析大数据的珍贵所在；洞悉大数据的发展趋势；从大数据隐私这个特别而重要的视角审视人和数据之间的长久博弈。

第二层面是技术。技术是大数据价值体现的手段和前进的基石。在这里分别从云计算、分布式处理技术、存储技术和感知技术的发展来说明大数据从采集、处理、存储到形成结果的整个技术路径。

第三层面是实践。实践是大数据的最终价值体现。分别从互联网的大数据、政府的大数据、企业的大数据和个人的大数据四个方面来描绘大数据已经展现的美好景象及即将实现的蓝图。

5. 大数据应用

大数据应用非常广泛，下面仅举几个例子。如洛杉矶警察局和加利福尼亚大学合作利用大数据预测犯罪的发生；Google 流感趋势（Google Flu Trends）利用搜索关键词预测禽流感的散布；统计学家内特·西尔弗（Nate Silver）利用大数据预测美国总统选举结果；麻省理工学院利用手机定位数据和交通数据建立城市规划；梅西百货的实时定价机制，根据需求和库存的情况，该公司基于 SAS 的系统对多达 7 300 万种货品进行实时调价。

6. 发展趋势

趋势一：数据的资源化

何为资源化,是指大数据成为企业和社会关注的重要战略资源,并已成为大家争相抢夺的新焦点。因而,企业必须要提前制定大数据营销战略计划,抢占市场先机。

趋势二:与云计算的深度结合

大数据离不开云处理,云处理为大数据提供了弹性可拓展的基础设备,是产生和处理大数据的平台之一。自 2013 年开始,大数据技术已开始和云计算技术紧密结合,预计未来两者关系将更为密切。除此之外,物联网、移动互联网等新兴计算形态,也将一齐助力大数据革命,让大数据营销发挥出更大的影响力。

趋势三:科学理论的突破

随着大数据的快速发展,就像计算机和互联网一样,大数据很有可能引发新一轮的技术革命。随之兴起的数据挖掘、机器学习和人工智能等相关技术,可能会改变数据世界里的很多算法和基础理论,实现科学技术上的突破。

趋势四:数据科学和数据联盟的成立

未来,数据科学将成为一门专门的学科,被越来越多的人所认知。各大高校将设立专门的数据科学类专业,也会催生一批与之相关的新的就业岗位。与此同时,基于数据这个基础平台,也将建立起跨领域的数据共享平台,之后,数据共享将扩展到企业层面,并且成为未来产业的核心一环。

趋势五:数据泄露泛滥

未来数据泄露事件的增长率也许会达到 100%,除非数据在其源头就能够得到安全保障。可以说,在未来,每个财富 500 强企业都会面临数据攻击,无论它们是否已经做好安全防范。而所有企业,无论规模大小,都需要重新审视今天的安全定义。在财富 500 强企业中,超过 50%将会设置首席信息安全官这一职位。企业需要从新的角度来确保自身以及客户数据的安全,所有数据在创建之初便需要获得安全保障,而并非在数据保存的最后一个环节。仅仅加强后者的安全措施已被证明于事无补。

趋势六:数据管理成为核心竞争力

数据管理成为核心竞争力,直接影响财务表现。当"数据资产是企业核心资产"的概念深入人心之后,企业对于数据管理便有了更清晰的界定,将数据管理作为企业核心竞争力,持续发展,战略性规划与运用数据资产,成为企业数据管理的核心。数据资产管理效率与主营业务收入增长率、销售收入增长率显著正相关。

趋势七:数据质量是 BI(商业智能)成功的关键

采用自助式商业智能工具进行大数据处理的企业将会脱颖而出。其中要面临的一个挑战是,很多数据源会带来大量低质量数据。想要成功,企业需要理解原始数据与数据分析之间的差距,从而消除低质量数据并通过 BI 获得更佳决策。

趋势八:数据生态系统复合化程度加强

大数据的世界不只是一个单一的、巨大的计算机网络,而是一个由大量活动构件与多元参与者所构成的生态系统,是终端设备提供商、基础设施提供商、网络服务提供商、网络接入服务提供商、数据服务使用者、数据服务提供商、触点服务、数据服务零售商等一系列的参与者共同构建的生态系统。而今,这样一套数据生态系统的基本雏形已然形成,接下来的发展将趋向于系统内部角色的细分(也就是市场的细分)、系统机制的调整(也就是商业模式的创新)、系统结构的调整(也就是竞争环境的调整)等,从而使数据生态系统复合化程度逐渐增强。

7.1.2 云计算

1. 定义

云计算（Cloud Computing）是基于互联网的相关服务的增加、使用和交付模式，通常涉及通过互联网来提供动态易扩展且经常是虚拟化的资源。

美国国家标准与技术研究院（NIST）定义：云计算是一种按使用量付费的模式，这种模式提供可用的、便捷的、按需的网络访问，进入可配置的计算资源共享池（资源包括网络、服务器、存储、应用软件等服务），这些资源能够被快速提供，只需投入很少的管理工作，或与服务供应商进行很少的交互。

2. 云计算的特点

云计算使计算分布在大量的分布式计算机网络上，而非本地计算机或远程服务器中，企业数据中心的运行将与互联网更相似。这使得企业能够将资源切换到需要的应用上，根据需求访问计算机和存储系统。

好比从古老的单台发电机模式转向电厂集中供电的模式。它意味着计算能力也可以作为一种商品进行流通，就像煤气、水电一样，取用方便，费用低廉。最大的不同在于，它是通过互联网进行传输的。

云计算特点如下：

（1）超大规模

"云"具有相当大的规模，Google 云计算已经拥有 100 多万台服务器，Amazon、IBM、微软、Yahoo 等的"云"均拥有几十万台服务器。企业私有云一般拥有数百上千台服务器。"云"能赋予用户前所未有的计算能力。

（2）虚拟化

云计算支持用户在任意位置、使用各种终端获取应用服务。所请求的资源来自"云"，而不是固定的有形的实体。应用在"云"中某处运行，但实际上用户无须了解，也不用担心应用运行的具体位置。只需要一台笔记本电脑或者一个手机，就可以通过网络服务来实现需要的一切，甚至包括超级计算这样的任务。

（3）高可靠性

"云"使用了数据多副本容错、计算节点同构可互换等措施来保障服务的高可靠性，使用云计算比使用本地计算机更可靠。

（4）通用性

云计算不针对特定的应用，在"云"的支撑下可以构造出千变万化的应用，同一个"云"可以同时支撑不同的应用运行。

（5）高可扩展性

"云"的规模可以动态伸缩，满足应用和用户规模增长的需要。

（6）按需服务

"云"是一个庞大的资源池，可按需购买；云可以像自来水、电、煤气那样计费。

（7）极其廉价

由于"云"的特殊容错措施，可以采用极其廉价的节点来构成云。"云"的自动化集中式管理使大量企业无须负担日益高昂的数据中心管理成本，"云"的通用性使资源的利用率较之传统系统大幅提升,因此用户可以充分享受"云"的低成本优势,经常只要花费几百美元、几天时间就能完成以前需要数万美元、数月时间才能完成的任务。

云计算可以彻底改变人们未来的生活,但同时也要重视环境问题,这样才能真正为人类进步做贡献,而不是简单的技术提升。

(8) 潜在的危险性

云计算服务除了提供计算服务外,还必然提供了存储服务。但是云计算服务当前垄断在私人机构(企业)手中,而他们仅仅能够提供商业信用。政府机构、商业机构(特别像银行这样持有敏感数据的商业机构)选择云计算服务时,应保持足够的警惕。一旦商业用户大规模使用私人机构提供的云计算服务,无论其技术优势有多强,都不可避免地让这些私人机构以"数据(信息)"的重要性挟制整个社会。对于信息社会而言,"信息"是至关重要的。另外,云计算中的数据对于数据所有者以外的其他云计算用户是保密的,但是对于提供云计算的商业机构而言确实毫无秘密可言。所有这些潜在的危险,是商业机构和政府机构选择云计算服务,特别是国外机构提供的云计算服务时,不得不考虑的一个重要的前提。

3. 云存储

云存储是在云计算概念上延伸和发展出来的一个新的概念,是指通过集群应用、网格技术或分布式文件系统等功能,将网络中大量各种不同类型的存储设备通过应用软件集合起来协同工作,共同对外提供数据存储和业务访问功能的一个系统。当云计算系统运算和处理的核心是大量数据的存储和管理时,云计算系统中就需要配置大量的存储设备,则云计算系统就转变为一个云存储系统,所以云存储是一个以数据存储和管理为核心的云计算系统。

4. 云计算服务形式

从技术上看,大数据与云计算的关系就像一枚硬币的正反面一样密不可分。大数据必然无法用单台的计算机进行处理,必须采用分布式计算架构。它的特色在于对海量数据的挖掘,但它必须依托云计算的分布式处理、分布式数据库、云存储和虚拟化技术。

云计算可以认为包括以下几个层次的服务:基础设施即服务(IaaS)、平台即服务(PaaS)和软件即服务(SaaS)。

(1) IaaS:基础设施即服务

IaaS(Infrastructure-as-a-Service):基础设施即服务。消费者通过 Internet 可以从完善的计算机基础设施获得服务。例如:硬件服务器租用。

(2) PaaS:平台即服务

PaaS(Platform-as-a-Service):平台即服务。PaaS 实际上是指将软件研发的平台作为一种服务,以 SaaS 的模式提交给用户。因此,PaaS 也是 SaaS 模式的一种应用。但是,PaaS 的出现可以加快 SaaS 的发展,尤其是加快 SaaS 应用的开发速度。例如:软件的个性化定制开发。

(3) SaaS:软件即服务

SaaS(Software-as-a-Service):软件即服务。它是一种通过 Internet 提供软件的模式,用户无须购买软件,而是向提供商租用基于 Web 的软件,来管理企业经营活动。例如:阳光云服务器。

5. 云计算的主要技术

①编程模式;

②海量数据分布存储技术；

③海量数据管理技术；

④虚拟化技术；

⑤云计算平台管理技术。

6. 云计算的应用领域

云计算在中国主要行业的应用还仅仅是"冰山一角"，但随着本土化云计算技术产品、解决方案的不断成熟，云计算理念的迅速推广普及，云计算必将成为未来中国重要行业领域的主流 IT 应用模式，为重点行业用户的信息化建设与 IT 运维管理工作奠定核心基础。

（1）医药医疗领域

医药企业与医疗单位一直是国内信息化水平较高的行业用户，在"新医改"政策推动下，医药企业与医疗单位将对自身信息化体系进行优化升级，以适应医改业务调整要求，在此影响下，以"云信息平台"为核心的信息化集中应用模式将孕育而生，逐步取代各系统分散为主体的应用模式，进而提高医药企业的内部信息共享能力与医疗信息公共平台的整体服务能力。

（2）制造领域

随着"后金融危机时代"的到来，制造企业的竞争将日趋激烈，企业在不断进行产品创新、管理改进的同时，也在大力开展内部供应链优化与外部供应链整合工作，进而降低运营成本、缩短产品研发生产周期。未来云计算将在制造企业供应链信息化建设方面得到广泛应用，特别是通过对各类业务系统的有机整合，形成企业云供应链信息平台，加速企业内部"研发—采购—生产—库存—销售"信息一体化进程，进而提升制造企业竞争实力。

（3）金融与能源领域

金融、能源企业一直是国内信息化建设的"领军性"行业用户，中石化、中保、农行等行业内企业信息化建设已经进入"IT 资源整合集成"阶段。在此期间，需要利用"云计算"模式，搭建基于 IAAS 的物理集成平台，对各类服务器基础设施应用进行集成，形成能够高度复用与统一管理的 IT 资源池，对外提供统一硬件资源服务。同时，在信息系统整合方面，需要建立基于 PAAS 的系统整合平台，实现各异构系统间的互联互通。因此，云计算模式将成为金融、能源等大型企业信息化整合的"关键武器"。

（4）电子政务领域

未来，云计算将助力中国各级政府机构"公共服务平台"的建设，各级政府机构正在积极开展"公共服务平台"的建设，努力打造"公共服务型政府"的形象。在此期间，需要通过云计算技术来构建高效运营的技术平台，其中包括：利用虚拟化技术建立公共平台服务器集群、利用 PAAS 技术构建公共服务系统等，进而实现公共服务平台内部可靠、稳定的运行，提高平台不间断服务的能力。

（5）教育科研领域

未来，云计算将为高校与科研单位提供实效化的研发平台。云计算应用已经在清华大学、中科院等单位得到了初步应用，并取得了很好的应用效果。在未来，云计算将在我国高校与科研领域得到广泛的应用普及，各大高校将根据自身研究领域与技术需求建立云计算平台，并对原来各下属研究所的服务器与存储资源加以有机整合，提供高效可复用的云计算平台，为科研与教学工作提供强大的计算机资源，进而大大提高研发工作效率。

7.1.3 互联网+

1. 定义及特征

"互联网+"是两化融合的升级版,将互联网作为当前信息化发展的核心特征提取出来,并与工业、农业、商业、金融业等服务业全面融合。这其中的关键就是创新,只有创新才能让这个"+"真正有价值、有意义。正因为此,"互联网+"被认为是创新2.0下的互联网发展新形态、新业态,是知识社会创新2.0推动下的经济社会发展新形态演进。

通俗来说,"互联网+"就是"互联网+各个传统行业",但这并不是简单的两者相加,而是利用信息通信技术及互联网平台,让互联网与传统行业进行深度融合,创造新的发展生态。

互联网+有六大特征:

一是跨界融合。"+"就是跨界,就是变革,就是开放,就是重塑融合。敢于跨界了,创新的基础就更坚实;融合协同了,群体智能才会实现,从研发到产业化的路径才会更垂直。融合本身也指代身份的融合,客户消费转化为投资,伙伴参与创新等,不一而足。

二是创新驱动。中国粗放的资源驱动型增长方式早就难以为继,必须转变到创新驱动发展这条正确的道路上来。这正是互联网的特质,用所谓的互联网思维来求变、自我革命,也更能发挥创新的力量。

三是重塑结构。信息革命、全球化、互联网业已打破了原有的社会结构、经济结构、地缘结构、文化结构。权力、议事规则、话语权不断在发生变化。"互联网+"社会治理、虚拟社会治理会有很大的不同。

四是尊重人性。人性的光辉是推动科技进步、经济增长、社会进步、文化繁荣的最根本的力量,互联网力量的强大最根本是源于对人性的最大限度的尊重、对人体验的敬畏、对人的创造性发挥的重视。例如UGC(用户生成内容)、卷入式营销、分享经济。

五是开放生态。关于"互联网+",生态是非常重要的特征,而生态的本身就是开放的。我们推进互联网+,其中一个重要的方向就是要把过去制约创新的环节化解掉,把孤岛式创新连接起来,让研发由人性决定的市场驱动,让创业者有机会实现价值。

六是连接一切。连接是有层次的,可连接性是有差异的,连接的价值是相差很大的,但是连接一切是"互联网+"的目标。

2. 实际应用

现在是互联网时代,各行各业都想在网络上占有自己的市场份额。想要占据互联网的市场,首先就要在网络上能够让网民看到信息。这时候是不是需要建设网站来作为载体,让用户能够在互联网上找到我们的网站,从而获取客户流量订单呢?那么怎么样能够让更多的用户看到呢?当用户在百度上搜索我们网站的关键词后,要怎么做我们的网站才能够展现在百度首页呢?这时就需要运用SEO网站优化排名技术了,当然,不要认为SEO(搜索引擎优化)就是简单地把你的网站排名做上来,更重要的是,能够让你的网站有转化,有成交,给你带来效益。这才是SEO核心技术的完美展现。

与传统企业相反的是,在当前"全民创业"时代的常态下,与互联网相结合的项目越来越多,这些项目从诞生开始就是"互联网+"的形态,因此它们不需要再像传统企业一样转型与升级。"互联网+"正是要促进更多的互联网创业项目的诞生,从而无须再耗费人力、物力及财力去研究与实施行业转型。可以说，每一个社会及商业阶段都有一个常态以及发展趋势，"互联网+"提出之前的常态是千万企业需要转型升级的大背景，后面的发展趋势则是大量"互联网+"模式的爆发以及传统企业的"破与立"。

(1) +工业

"互联网+工业"即传统制造业企业采用移动互联网、云计算、大数据、物联网等信息通信技术，改造原有产品及研发生产方式。与"工业互联网"、"工业4.0"的内涵一致。

"移动互联网+工业"：借助移动互联网技术，传统制造厂商可以在汽车、家电、配饰等工业产品上增加网络软硬件模块，实现用户远程操控、数据自动采集分析等功能，极大地改善了工业产品的使用体验。

"云计算+工业"：基于云计算技术，一些互联网企业打造了统一的智能产品软件服务平台，为不同厂商生产的智能硬件设备提供统一的软件服务和技术支持，优化用户的使用体验，并实现各产品的互联互通，产生协同价值。

"物联网+工业"：运用物联网技术，工业企业可以将机器等生产设施接入互联网，构建网络化物理设备系统（CPS），进而使各生产设备能够自动交换信息、触发动作和实施控制。物联网技术有助于加快生产制造实时数据信息的感知、传送和分析，加快生产资源的优化配置。

"网络众包+工业"：在互联网的帮助下，企业通过自建或借助现有的"众包"平台，可以发布研发创意需求，广泛收集客户和外部人员的想法与智慧，大大扩展了创意来源。工业和信息化部信息中心搭建了"创客中国"创新创业服务平台，链接创客的创新能力与工业企业的创新需求，为企业开展网络众包提供了可靠的第三方平台。

(2) +金融

在金融领域，余额宝横空出世的时候，银行觉得不可控，也有人怀疑二维码支付存在安全隐患。但随着国家对互联网金融（ITFIN）的研究越来越透彻，银联对二维码支付也出了标准，互联网金融得到了较为有序的发展，也得到了国家相关政策的支持和鼓励。

从组织形式上看，"互联网+金融"这种结合至少有三种方式。第一种是互联网公司做金融；如果这种现象大范围发生，并且取代原有的金融企业，那么就是互联网金融颠覆论。第二种是金融机构的互联网化。第三种是互联网公司和金融机构合作。

从2013年以在线理财、支付、电商小贷、P2P、众筹等为代表的细分互联网嫁接金融的模式进入大众视野以来，互联网金融已然成为一个新金融行业，并为普通大众提供了更多元化的投资理财选择。对于互联网金融而言，2013年是初始之年，2014年是调整之年，而2015年成为各种互联网金融模式进一步稳定客户、市场，走向成熟和接受监管的规范之年。

互联网供应链金融：该业务与电子商务紧密结合，阿里巴巴、苏宁、京东等大型电子商务企业纷纷自行或与银行合作开展此项业务。互联网企业基于大数据技术，在放贷前可以通过分析借款人历史交易记录，迅速识别风险，确定信贷额度，借贷效率极高；在放贷后，可以对借款人的资金流、商品流、信息流实现持续闭环监控，有力降低了贷款风险，进而降低利息费用，让利于借款企业，很受小微企业的欢迎。

P2P网络信贷：近两年，我国P2P网络信贷市场出现了爆炸式增长，无论是平台规模、信贷资金，还是参与人数、社会影响，都有了较大进步。据统计，2014年，P2P平台数量已经达到1 575家，全年成交金额2 528亿元。P2P规模的飞速发展为中小微企业融资开拓了新的融资渠道,也为居民进行资产配置提供了新的平台。

众筹:众筹这种融资模式具有融资门槛低、融资成本低、期限和回报形式灵活等特点,是初创型企业除天使投资之外的重要融资渠道。我国已成立的众筹平台已经超过100家,其中约六成为商品众筹平台,纯股权众筹约占两成,其余为混合型平台。

互联网银行:2014年,互联网银行落地,标志着"互联网+金融"融合进入了新阶段。2015年1月18日,大股东是腾讯的深圳前海微众银行试营业,并于4月18日正式对外营业,其成为国内首家互联网民营银行。1月29日,上海华瑞银行获准开业。微众银行的互联网模式大大降低了金融交易成本:节省了有形的网点建设和管理安全等庞大的成本、节省了大量人力成本、节约了客户跑银行网点的时间成本等。微众银行的互联网模式还大大提高了金融交易的效率:客户在任何地点、任何时间都可以办理银行业务,不受时间、地点、空间等约束,效率大大提高;通过网络化、程序化交易和计算机快速、自动化等处理,大大提高了银行业务处理的效率。

(3) +通信

在通信领域,"互联网+通信"有了即时通信,几乎人人都在用即时通信App进行语音、文字甚至视频交流。然而传统运营商在面对微信这类即时通信App诞生时如临大敌,因为语音和短信收入大幅下滑,但随着互联网的发展,来自数据流量业务的收入已经大大超过语音收入的下滑,可以看出,互联网的出现并没有彻底颠覆通信行业,反而促进了运营商进行相关业务的变革升级。

重庆市与中国联通公司签订深入推进"互联网+"行动战略合作框架协议。根据协议,中国联通将持续加大在重庆市的投入,重庆将投入150亿元人民币,建设重庆宽带互联网基础枢纽设施,构建"云端计划"互联网基础。中国联通公司将在重庆实施"互联网+"协同制造、普惠金融、现代农业、绿色生态、政务服务、益民服务、商贸流通等七大系列行动。

(4) +交通

"互联网+交通"已经在交通运输领域产生了"化学效应",比如经常使用的打车软件、网上购买火车票和飞机票、出行导航系统等。

从国外的Uber到国内的滴滴打车、快的打车,移动互联网催生了一批打车、拼车、专车软件,虽然它们在全世界不同的地方仍存在不同的争议,但它们通过把移动互联网和传统的交通出行相结合,改善了人们出行的方式,增加了车辆的使用率,推动了互联网共享经济的发展,提高了效率、减少了排放,对环境保护也做出了贡献。

(5) +民生

在民生领域,可以在各级政府的公众账号享受服务,如某地交警可以60 s内完成罚款收取等,移动电子政务会成为推进国家治理体系的工具。

2014年12月,广州率先实现微信城市入口接入,随后深圳、佛山、武汉陆续上线,随着这几个城市的接入,仅3个月已有700万人次享受了微信城市服务。

(6) +旅游

微信可以实现微信购票、景区导览、规划路线等功能。腾讯云可以帮助建设旅游服务云平台和运行监测调度平台。市民在景区门口,不用排队,只要在景区扫一扫微信二维码,即可实现微信支付。购票后,微信将根据市民的购票信息,进行智能线路推送。而且,微信电子二维码门票自助扫码过闸机,无须人工检票入园。

(7) +医疗

现实中存在看病难、看病贵等难题,业内人士认为,"互联网+移动医疗"有望从根本上改善这一医疗生态。具体来讲,互联网将优化传统的诊疗模式,为患者提供一条龙的健康管理服务。在传统的医患模式中,患者普遍存在事前缺乏预防,事中体验差,事后无服务的现象。而通过互联网医疗,患者有望从移动医疗数据端监测自身健康数据,做好事前防范;在诊疗服务中,依靠移动医疗实现网上挂号、询诊、购买、支付,节约时间和经济成本,提升事中体验;并依靠互联网在事后与医生沟通。

百度、阿里、腾讯先后出手互联网医疗产业,形成了巨大的产业布局网,它们利用各自优势,通过不同途径实现改变传统医疗行业模式的梦想。

2013年中国移动医疗市场规模为19.8亿元,同比增长50.0%,预计2017年将达到200.9亿元,4年复合增长率高达78.5%。移动医疗未来两年将高速发展。

(8) +教育

一所学校、一位老师、一间教室,这是传统教育。一个教育专用网、一部移动终端,几百万学生,学校任你挑、老师由你选,这就是"互联网+教育"。

在教育领域,面向中小学、大学、职业教育、IT培训等多层次人群提供学籍注册入学并开放课程,但是网络学习同样可以参加国家组织的统一考试,可以足不出户在家上课学习取得相应的文凭和技能证书。"互联网+教育"的结果,将会使未来的一切教与学活动都围绕互联网进行,老师在互联网上教,学生在互联网上学,信息在互联网上流动,知识在互联网上成型,线下的活动成为线上活动的补充与拓展。

"互联网+教育"的影响不只是创业者们,还有一些平台能够实现就业的机会,在线教育平台能提供的职业培训就能够让一批人实现职能的培训,而自身创业就能够解决就业。李克强总理提出的"大众创业,万众创新",对教育有深远的影响。极客学院上线一年多,就用近千门职业技术课程和4 000多课时帮助80多万IT从业者用户提高职业技能。

2015年6月14日举办的2015中国互联网+创新大会河北峰会上,业界权威专家学者围绕"互联网+教育"这个中心议题,纷纷阐述自己的观点。"互联+"不仅不会取代传统教育,还会让传统教育焕发出新的活力。

第一代教育以书本为核心,第二代教育以教材为核心,第三代教育以辅导和案例方式出现,如今的第四代教育,才是真正以学生为核心。中国教育正在迈向4.0时代。

(9) +政务

2014年6月末,国内政务微信公众号大约有6 000个。而截至2014年11月27日,有数据统计,全国政务微信公众号为16 446个。其中,中央部委及其直属机构政务微信公众号为213个,省(自治区、直辖市)、地市、区县三级地方类政务微信公众号16 233个。到2015年2月6日,国家网信办在石家庄举办的政务新媒体建设发展经验交流会上传出消息,政务微博账号达24万个,政务微信账号已逾10万个。政务微信公众号从数量到影响力,已是一支不容忽视的传播力量。

一些地方政府已经悄然开始了与互联网巨头的合作,力图通过互联网提升政府效率,增加行政透明度,助力向服务型政府转型。

(10) +农业

农业看起来离互联网最远，但"互联网+农业"的潜力却是巨大的。农业是中国最传统的基础产业，亟须用数字技术提升农业生产效率，通过信息技术对地块的土壤、肥力、气候等进行大数据分析，然后据此提供种植、施肥相关的解决方案，大大提升农业生产效率。此外，农业信息的互联网化将有助于需求市场的对接，互联网时代的新农民不仅可以利用互联网获取先进的技术信息，也可以通过大数据掌握最新的农产品价格走势，从而决定农业生产重点。与此同时，农业电商将推动农业现代化进程，通过互联网交易平台减少农产品买卖的中间环节，增加农民收益。面对万亿元以上的农资市场以及近七亿的农村用户人口，农业电商面临巨大的市场空间。

7.1.4 物联网

1. 定义

最初的定义在 1999 年提出，即通过射频识别（RFID）（RFID+互联网）、红外感应器、全球定位系统、激光扫描器、气体感应器等信息传感设备，按约定的协议，把任何物品与互联网连接起来，进行信息交换和通信，以实现智能化识别、定位、跟踪、监控和管理的一种网络。简而言之，物联网就是"物物相连的互联网"。

中国物联网校企联盟将物联网定义为当下几乎所有技术与计算机、互联网技术的结合，实现物体与物体之间、物体与环境及状态信息的实时共享以及智能化的收集、传递、处理、执行。广义上说，当下涉及信息技术的应用，都可以纳入物联网的范畴。

物联网是一个基于互联网、传统电信网等信息承载体，让所有能够被独立寻址的普通物理对象实现互联互通的网络。其具有智能、先进、互联的三个重要特征。

国际电信联盟（ITU）发布的 ITU 互联网报告，对物联网做了如下定义：通过二维码识读设备、射频识别（RFID）装置、红外感应器、全球定位系统和激光扫描器等信息传感设备，按约定的协议，把任何物品与互联网相连接，进行信息交换和通信，以实现智能化识别、定位、跟踪、监控和管理的一种网络。

根据国际电信联盟（ITU）的定义，物联网主要解决物品与物品（Thing to Thing，T2T）、人与物品（Human to Thing，H2T）、人与人（Human to Human，H2H）之间的互连。但是，与传统互联网不同的是，H2T 是指人利用通用装置与物品之间连接，从而使物品连接更加简化，而 H2H 是指人之间不依赖于 PC 而进行的互连。因为互联网并没有考虑到对于任何物品连接的问题，故使用物联网来解决这个传统意义上的问题。物联网，顾名思义，就是连接物品的网时，许多学者讨论物联网时，经常会引入一个 M2M 的概念，可以解释成为人到人（Man to Man）、人到机器（Man to Machine）、机器到机器。从本质上而言，人与机器、机器与机器的交互，大部分是为了实现人与人之间的信息交互。物联网如图 7-1 所示。

2. 关键技术

在物联网应用中有三项关键技术：

（1）传感器技术

这也是计算机应用中的关键技术。大家都知道，到目前为止，绝大部分计算机处理的都是数字信号。自现场通过传感器采集的信号，往往是模拟信号，需要转换成数字信号计算机才能处理。

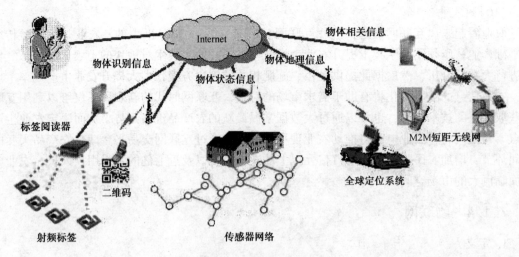

图 7-1 物联网示意图

(2) RFID 技术

RFID 技术也是一种传感器技术，是融合无线射频技术和嵌入式技术为一体的综合技术。RFID 在自动识别、物品物流管理有着广阔的应用前景。

(3) 嵌入式系统技术

这是综合了计算机软硬件、传感器技术、集成电路技术、电子应用技术为一体的复杂技术。经过几十年的演变，以嵌入式系统为特征的智能终端产品随处可见，小到人们身边的 MP3，大到航天航空的卫星系统。嵌入式系统正在改变着人们的生活，推动着工业生产以及国防工业的发展。如果把物联网用人体作一个简单比喻，传感器相当于人的眼睛、鼻子、皮肤等感官，网络就是神经系统，用来传递信息，嵌入式系统则是人的大脑，在接收到信息后要进行分类处理。这个例子很形象地描述了传感器、嵌入式系统在物联网中的位置与作用。

3. 物联网的应用领域

(1) 智能家居

智能家居是利用先进的计算机技术、物联网技术、通信技术，将与家居生活的各种子系统有机地结合起来，通过统筹管理，让家居生活更舒适、方便、有效与安全。

(2) 智能电网

智能电网是在传统电网的基础上构建起来的集传感、通信、计算、决策与控制为一体的综合数物复合系统，通过获取电网各层节点资源和设备的运行状态，进行分层次的控制管理和电力调配，实现能量流、信息流和业务流的高度一体化，提高电力系统运行稳定性，以达到最大限度地提高设备利用率，提高安全可靠性，节能减排，提高用户供电质量，提高可再生能源的利用效率。

另外，典型的应用领域包括智能物流、智能交通、智能医疗、智能农业、智能电力、智能安防、智慧城市、智能汽车、智能建筑、智能水务、商业智能、智能工业、平安城市等。

4. 应用实例

物联网的应用其实不仅仅是一个概念，它已经在很多领域有运用，只是并没有形成大规模运用。典型案例有：

①物联网传感器产品，其已率先在上海浦东国际机场防入侵系统中得到应用。机场防入

侵系统铺设了 3 万多个传感节点，覆盖了地面、栅栏和低空探测，可以防止人员的翻越、偷渡、恐怖袭击等。而就在不久之前，上海世博会也与无锡传感网中心签下订单，购买 1 500 万元防入侵微纳传感网产品。

② ZigBee 路灯控制系统，其功能是将照明采用 ZigBee 无线技术达成无线路灯控制。

③ 智能交通系统（ITS），以现代信息技术为核心，利用先进的通信、计算机、自动控制、传感器技术，实现对交通的实时控制与指挥管理。交通信息采集被认为是 ITS 的关键子系统，是发展 ITS 的基础，成为交通智能化的前提。无论是交通控制还是交通违章管理系统，都涉及交通动态信息的采集，交通动态信息采集也就成为交通智能化的首要任务。

7.1.5 工业 4.0

1. 基本概念

德国政府提出"工业 4.0"战略，并在 2013 年 4 月的汉诺威工业博览会上正式推出，其目的是提高德国工业的竞争力，在新一轮工业革命中占领先机。该战略已经得到德国科研机构和产业界的广泛认同，弗劳恩霍夫协会将在其下属 6~7 个生产领域的研究所引入工业 4.0 概念，西门子公司已经开始将这一概念引入其工业软件开发和生产控制系统。自 2013 年 4 月在汉诺威工业博览会上正式推出以来，工业 4.0 迅速成为德国的另一个标签，并在全球范围内引发了新一轮的工业转型竞赛。

2. 内涵

"工业 4.0"概念包含了由集中式控制向分散式增强型控制的基本模式转变，目标是建立一个高度灵活的个性化和数字化的产品与服务的生产模式。在这种模式中，传统的行业界限将消失，并会产生各种新的活动领域和合作形式。创造新价值的过程正在发生改变，产业链分工将被重组。

工业 4.0 为德国提供了一个机会，进一步巩固其作为生产制造基地、生产设备供应商和 IT 业务解决方案供应商的地位。德国学术界和产业界认为，工业 4.0 概念即是以智能制造为主导的第四次工业革命，或革命性的生产方法。该战略旨在通过充分利用信息通信技术和网络空间虚拟系统实现信息与物理系统相结合，将制造业向智能化转型。

工业 4.0 项目主要分为三大主题：

一是"智能工厂"，重点研究智能化生产系统及过程，以及网络化分布式生产设施的实现。

二是"智能生产"，主要涉及整个企业的生产管理、物流管理、人机互动以及 3D 技术在工业生产过程中的应用等。该计划将特别注重吸引中小企业参与，力图使中小企业成为新一代智能化生产技术的使用者和受益者，同时也成为先进工业生产技术的创造者和供应者。

三是"智能物流"，主要通过互联网、物联网、物流网，整合物流资源，充分发挥现有物流资源供应方的效率，而需求方则能够快速获得服务匹配，得到物流支持。

图 7-2 是典型的工业 4.0 理念下的智能工厂。

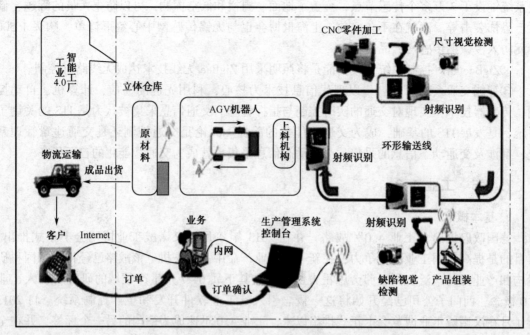

图 7-2 工业 4.0 智能工厂示意图

3. 目标

德国制造业是世界上最具竞争力的制造业之一，在全球制造装备领域拥有"领头羊"的地位。这在很大程度上源于德国专注于创新工业科技产品的科研和开发，以及对复杂工业过程的管理。德国拥有强大的设备和车间制造工业，在世界信息技术领域拥有很高的能力水平，在嵌入式系统和自动化工程方面也有很专业的技术，这些因素共同奠定了德国在制造工程工业上的领军地位。通过工业 4.0 战略的实施，将使德国成为新一代工业生产技术的供应国和市场主导，会使德国在继续保持国内制造业发展的前提下再次提升它的全球竞争力。

工业 4.0 的基本特征：

① 通过价值网络实现横向集成；

② 工程端到端数字集成横跨整个价值链；

③ 垂直集成和网络化的制造系统。

这些特征是制造商在面对变幻莫测的市场能够取得稳固地位的重要因素，同时，使它们的价值创造活动适应变化的市场需求。双重物理网络系统战略中提到的特征将允许制造企业在高度动态的市场中达到快速、准时、无故障的生产。

4. 关键点及商业模式

工业 4.0 有一个关键点，就是"原材料（物质）= 信息"。具体来讲，就是工厂内采购来的原材料，被"贴上"一个标签：这是给 A 客户生产的××产品、×××项工艺中的原材料。准确来说，是智能工厂中使用了含有信息的"原材料"，实现了"原材料（物质）= 信息"，制造业终将成为信息产业的一部分，所以工业 4.0 将成为最后一次工业革命。

商业模式对制造业来说至关重要。那么，在工业 4.0 时代，未来制造业的商业模式是什么？就是以解决顾客问题为主。所以，未来制造企业将不仅仅进行硬件的销售，而是通过提供售后服务和其他后续服务，来获取更多的附加价值，这就是软性制造。而带有"信息"

功能的系统成为硬件产品新的核心，意味着个性化需求、批量定制制造将成为潮流。制造业的企业家们要在制造过程中尽可能多地增加产品附加价值，拓展更多、更丰富的服务，提出更好、更完善的解决方案，满足消费者的个性化需求，走"软性制造+个性化定制"道路。

7.2 信息安全与风险问题

信息技术像一把"双刃剑"，在给人们的工作生活带来便捷的同时，也产生了大量不容忽视的信息安全问题。为了解决这些问题，各国政府及组织主要从两个方面开展研究：一是建立信息系统安全测评的标准；二是发展信息安全措施应对来自组织内外的威胁。

7.2.1 信息安全的内涵

国际标准化组织（ISO）对信息安全的定义是：为数据处理系统建立和采取的技术和管理的安全保护，保护计算机硬件、软件数据不因偶然或恶意的原因而遭到破坏、更改和暴露。可见，信息安全的问题不仅涉及信息本身的安全，也包含构成信息系统的软、硬件的安全，以及信息系统所处的物理环境的安全。

信息安全的本质是保护信息系统中有形和无形的信息资产拥有者的合法权益不受侵害，关系着一个信息系统能否正常工作、发挥效益，为一个企业或组织乃至整个国家提供正常的信息服务。保障信息安全就是要保障信息的保密性、完整性、可用性、可控性及不可否认性。保密性是指阻止非授权主体阅读信息。完整性是防止信息被未经授权的篡改。可用性是指授权主体在需要信息时能及时得到服务的能力。可控性是指对信息及信息系统实施安全监控管理，防止非法利用信息及信息系统。不可否认性则是在网络环境中，信息交互的双方不能否认其在交互过程中发送信息或接收信息的行为。

计算机及网络改变了人们的生活方式、工作方式，乃至整个社会的协作模式，涉及政治、经济、国防、教育等方面，深刻影响着人类社会的发展进程，但也产生了大量新的、不容忽视的信息问题：黑客对网络信息系统的大肆攻击破坏；网络上各种信息真伪难辨，数据的真实性、可靠性难以保证；计算机病毒肆虐，网上信息良莠不齐；不法分子利用网络从事危害社会安全的行为等。

面对信息安全形势的严峻性，要保障信息系统安全，各国政府应重视对信息系统安全标准的研究。

7.2.2 信息安全标准

信息安全标准是确保信息安全系统及信息安全产品在设计、研发、生产、建设、使用测评中解决其一致性、可靠性、先进性和符合性的技术规范、技术支持。研究信息安全标准是必要的，它对于信息安全计划的制定、信息安全策略的实施以及信息安全产品的开发具有指导作用。经典的信息安全标准包括 TCSEC、ITSEC、CC 标准等。

1. 国际通用标准

1996 年，美、加、英、法、德、荷 6 个国家在 TCSEC、ITSEC、CTCPEC 的基础上，提出了信息技术安全评价的通用标准（The Common Criteria for Information Technology Security Evaluation，CC）。CC 综合了国际上已有的评测准则技术标准的精华，提出了信息安全的框架及基本原则。

CC全面考虑了与信息技术安全性相关的所有因素,以"安全功能要求"和"安全保证要求"的形式提出了这些因素。其中特别突出了"保护轮廓"(Protect Profile,PP)的概念,每个轮廓都包括功能、开发保证和评价三个部分。强调将安全的功能和保障相分离,即把安全要求分为规范产品和系统安全行为的功能要求,以及如何正确有效地实施这些功能的保证要求。

CC定义了11个公认的安全功能类,即安全审计类、通信类、加密支持类、用户数据保护类、身份识别与鉴别类、安全管理类、隐私类、安全功能件保护类、资源使用类、安全产品访问类和可信路径或通信类;也定义了7个公认的安全保障需求类,分别是配置管理、分发和操作、开发过程、指导文献、生命期的技术支持、测试和脆弱性;还定义了7个安全确信度等级EAL1~EAL7。

与早期的评估标准相比,CC具有三大优势:

①开放的结构使得CC提出的安全功能要求和安全保证要求在具体的保护轮廓和安全目标中进一步细化和扩展,这样的结构更适合信息技术和信息安全的发展。

②CC使用通用的表达方式,易于用户、开发者、评估者之间相互沟通与理解。

③CC的结构和表达方式具有完备性和实用性的特点,通过保护轮廓和安全目标的编制体现出来。

但是CC也有其局限性。它重点关注人为的威胁,并没有考虑其他威胁,而且对于组织、人员、环境、设备、网络等方面的具体安全措施也没有涉及。

2. 我国的信息安全标准

相较于国外信息安全标准的研究,我国的相关研究工作起步较晚,但是发展迅速。最初主要是采用国际标准的原则,根据我国国情转化了许多国际信息安全的基础技术标准。2001年开始实施的《计算机信息系统安全保护等级划分准则》是我国自制的关于实施安全等级管理的重要基础性标准。该项准则将信息安全分为以下五级。

①第一级:用户自主保护级。通过隔离用户与数据,对用户实施访问控制,保护用户和用户组的信息,避免其他用户对数据的非法读写和破坏。这是最低保护级。

②第二级:安全审计保护级。除了具备自主保护能力外,第二级提高了自主访问控制能力。通过登录规程、审计安全性记录相关事件发生的日期、时间、用户事件类型等信息及隔离资源,使所有用户对自己的行为负责。

③第三级:安全标记保护级。第三级的计算机系统提供有关安全策略的模型,通过对访问者及访问对象标记安全级别,控制访问者的访问权限,实现对访问对象的强制保护。这一级不仅要求具备准确的标记信息输出能力,还要求能够消除测试中发现的任何问题。

④第四级:结构化保护级。这一级要求将自主和强制访问控制扩展到所有主体和客体。结构化定义关键保护元素和非关键保护元素,其中关键保护元素直接控制访问者对访问对象的存取。明确定义接口,加强鉴别机制,使系统具有相当的抗渗透能力。

⑤第五级:访问验证保护级。在具备第四级安全功能的基础上,第五级计算机信息系统还要满足访问监控器的需求。通过访问,控制仲裁主体对客体的全部访问。因此,要求信息系统在构造时要排除那些对实施安全策略来说不必要的代码,将系统的复杂度降到最低。应能支持安全管理员的管理,当发生与安全相关的事件时,可以发出警报。这是安全保护的最

高级别。

目前我国已经颁布了适应各行各业的信息安全标准,涉及网络与信息系统安全、信息内容安全、信息安全系统与产品、保密及密码管理、计算机病毒与危害性程序防治等多个领域。并且随着信息技术的发展,新技术在带来信息安全问题的同时,又为信息安全标准引入了新的内容。如 2007 年发布的《信息安全技术——虹膜识别系统技术要求》,对用于身份鉴别的虹膜识别系统的设计、实现及管理过程建立了统一标准。

7.2.3 信息安全技术

信息安全技术是保障信息安全的重要手段。

1. 信息系统面临的威胁

信息安全技术的发展是用于应对各种威胁的。信息安全威胁是指对公司或组织信息资源带来潜在危害的个人、组织、机制或事件。谈到信息安全威胁,我们很自然地想到是由于某一企业或组织外部的个人或组织对内部资源进行攻击的故意行为。实际上,威胁可能来自外部,也可能来自组织内部。处于互联网中的信息系统受到的威胁可以分为三类:信息系统实体、组织内部管理及组织外部攻击。

(1) 信息系统实体

信息系统实体所受的威胁一般是由各种自然灾害(如水灾、火灾、雷电)、恶劣的场地环境、电磁干扰和电力故障等事故引发的网络中断、系统瘫痪、数据破坏等。自然灾难的破坏,会对系统造成巨大的破坏,某些数据文件甚至可能无法恢复,因此,应用信息系统的企业或者政府,必须具有应对灾难的能力和措施。

(2) 组织内部管理

大多数公开的报告都是关于企业计算机系统受到来自外来攻击的。但是实际上,企业内部行为不轨的员工造成的经济损失比来自外部的破坏大得多。经验表明,75% 的计算机犯罪都是企业内部人员犯下的。

计算机犯罪的形式很多,例如买主诈骗、向虚构的员工支付工资、为根本没有发生的费用退款等。现在又出现了新的犯罪形式,如窃取密码、信用卡号码、个人资料等。非物质资产是企业内部人员犯罪最热衷的目标。生产计算机监控软件的厂商指出,购买和安装这类监控软件的公司多将其用于监控公司的非物质资产,如产品设计草图、各种报表,而不是大量用于监控其员工。

企业内部职业犯罪的检查人员流传着一个"搭便车"理论,即一个企业中有 10% 的员工是诚实的,有 10% 的肯定会偷东西,剩下的 80% 其行为就取决于环境。大多数的职业犯罪都发生在员工陷入经济危机、员工有机会接触防范不严的资金或员工自认为犯罪行为被发现的概率很小的情况下。

(3) 组织外部攻击

来自组织外部的攻击多种多样,主要包括以下几种。

①系统穿透:未经授权而不能接入系统的人通过一定手段对认证性(authenticity)进行攻击,假冒合法人员接入系统,实现对文件进行篡改、窃取机密信息、非法使用资源等。一般采取伪装(masquerade)或利用系统的薄弱环节(如绕过监测控制)、收集情报(如口令)等方式实现。

②违反授权原则：一个授权进入系统做某件事的合法用户，他在系统中做未经授权的其他事情，威胁系统的安全。

③通信监视：是指在通信过程中，依靠软硬件的帮助从信道搭线窃取信息。硬件可通过无线电和电磁泄漏等来截获信息；软件则是利用信息在 Internet 上传输的特点对流过本机的信息流进行截获和分析，即所称的嗅探器（sniffer）。

④拒绝服务（Denial of Service，DoS）：是指黑客计算机向网络服务器或 Web 服务器发送大量请求，使服务器来不及响应，从而无法正常工作。分布式拒绝服务（Distributed Denial of Service，D DoS）的危害更大，因为黑客可以通过操纵成千上万台计算机集中进行 DoS 攻击，最终导致服务器瘫痪。

⑤植入：一般在系统穿透或违反授权攻击成功之后，入侵者为以后的攻击提供方便，会在系统中植入恶意软件。恶意软件包括计算机病毒、蠕虫、特洛伊木马、间谍软件等。

计算机病毒（computer virus）是指编制或者在计算机程序中插入的破坏计算功能或者毁坏数据、影响计算机使用，并能自我复制的一组计算机指令或者程序代码。

蠕虫（worm）与病毒不同，它不需要依赖其他程序而可以独立存在，并能够自我复制和传播，因此蠕虫比计算机病毒传播得更快、更广。蠕虫不仅可以破坏数据和程序，甚至消耗网络资源，使网络不能正常运行。

特洛伊木马（Trojan horse）从严格意义上讲不是病毒，但它经常会把病毒和其他恶意程序带入计算机。实质上，特洛伊木马是一个网络客户机服务器程序，使被安装的计算机成为被控制端。被控制端相当于一台服务器，可以为入侵者所在的控制端提供服务，如盗窃账号和密码、发动拒绝服务攻击等。

间谍软件通常也表现为恶意软件，会监控计算机用户的上网记录并用于广告用途。

正是由于信息系统面临着如此多的威胁，一旦出现数据破坏、信息泄露的问题，将会给企业带来巨大的损失。因此，实施安全控制，降低威胁事件发生的概率是企业普遍关心的问题。

2. 安全控制技术

企业可以应用多种工具和技术来防止或尽可能减少信息威胁，如使用备份、防病毒软件、防火墙、身份认证、加密技术、入侵探测和安全审核软件等。

（1）备份

要防止信息丢失，最简单的方法就是把全部文件进行备份。备份就是把存储在计算机上的全部信息进行复制的过程。没有什么方法比定期复制重要文件更基本、更有效的了。历史上由于丢失信息而造成的经济损失中，有 2/3 以上是源于员工的粗心大意。

（2）防病毒软件

安装防病毒软件是非常必要的。防病毒软件是扫描、消灭或隔离计算机病毒的软件。新的计算机病毒每天都在出现，而且一代比一代危害性强。应至少定期检查如下病毒：

①特洛伊木马病毒（隐藏在良性软件中的病毒）和后门程序（打开系统的通路，为以后的攻击做准备）；

②病毒变种或蠕虫病毒，它们很难被防病毒软件发现，因为这些病毒会在传播过程中不断变种；

③在 ZIP 文件或其他压缩文件中的病毒；

④在电子邮件附件中的病毒。

安装防病毒软件的要点：一是防病毒软件能够杀灭病毒，但是同时不能破坏藏匿病毒的文件。二是新病毒随时出现，必须有规律地更新升级防病毒软件。

（3）防火墙

防火墙是网络互联环境下一种必需的安全设备，用于控制进入和流出网络的数据流的硬件和软件。通常放置在内、外部网络之间，对进出网络的信息和服务进行隔离和分析，保护内部网资源和信息。也可以用于内部网络，把某个部分与其他部分分隔开来（图7-3）。

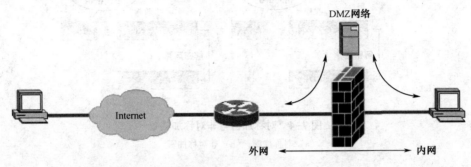

图 7-3　企业防火墙

防火墙过滤技术主要包括静态分组过滤、状态检测、网络地址转换和应用代理过滤等。分组过滤用于检查在安全的内联网和不安全的外联网之间传输的数据包的特定的头字段，过滤非法数据，可以避免多种类型的攻击。状态检测通过检测数据包是否是正在进行合法对话的发送方与接收方之间的数据，来进一步加强安全检测。网络地址转换则是在分组过滤和状态检测的基础上进行进一步的安全防护，通过隐藏企业内部主机的 IP 地址，防止外部的嗅探器程序侵入和攻击企业内部计算机系统。应用代理过滤用于检查应用程序内容的分组数据包。外部数据进入内部计算机前先通过代理服务器的检查后，才传给内部的目标计算机。无论是由外部向内部发送信息，还是由内部向外部发送信息，都必须经过中间的应用代理服务器。

（4）身份确认

防火墙把外部人员拦在外面，但是没有把自己人也挡住。换句话说，没有得到授权的员工会尝试进入计算机系统或者访问某些文件，企业保护计算机系统的做法就是使用确认系统，查清楚来者是谁，然后放行。

自计算机问世以来，密码就被广泛使用。访问控制就是一种普遍使用的认证工具，包括企业用来防止非授权的内部访问与外部访问的所有政策和程序。用户若要访问系统中的信息，必须得到授权和认证。认证是指确认用户真实身份的能力。通常是通过只有用户知道的密码来认证用户身份，但有时用户会忘记密码，或者密码设置得过于简单，系统依然存在安全隐患。生物认证技术，如指纹识别、视网膜识别、面部识别等，能够克服密码认证的缺点，有效确认用户的真实身份，但成本较高。

（5）加密技术

通过一组秘密的数字代码（即加密密钥）对信息进行加密，使传输的数据以混乱无意义的字符形式进行传输，要阅读加密的信息，必须用与加密密钥相匹配的解密密钥进行解密，从而保证了信息的完整性及认证问题。

加密技术分为对称加密和非对称加密。图 7-4 给出了两种加密的原理示意。

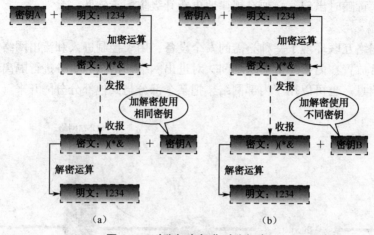

图 7-4　对称加密与非对称加密
(a) 对称加密；(b) 非对称加密

目前，公钥加密的方法被普遍应用。公钥加密采用了两把不同的密钥：一把是公钥，一把是私钥。数据经公钥加密后，以混乱无意义的字符形式传送到接收方，只有经过私钥解密才能够阅读。

加密技术可用于解决消息完整性和认证的问题。消息完整性是指保证传输的消息未经复制和修改到达正确目的地的能力。数字签名和数字证书可用于认证过程。数字签名是在传输消息上附加的一串用于验证消息来源和内容的数字代码。数字证书是用来建立用户身份和电子资产的数据文件，需要通过一个具有公信力的第三方认证授权机构 CA 验证用户身份。CA 认证授权机构首先收集数字证书用户的个人信息，并储存到 CA 服务器中，生成一份加密的数字证书，其中包括用户身份及公钥。当用户将加密消息发送给接收方时，接收方用 CA 公布在互联网上的公钥解密附加的数字证书，验证发送方的身份。接收方同样可以应用这种方法回复发送方。这种使用公钥密码系统和数字证书认证的方法，称为公钥基础设施（PKI），是目前最主要的安全认证方式。

(6) 入侵探测和安全审核软件

安全软件包的另两种形式就是入侵探测和安全审核软件。入侵探测软件（IDS）的功能就是在网络系统上寻找不速之客或者形迹可疑的人。例如，某些人可能反复试验不同的密码希望进入某个系统。"蜜罐"软件是一种入侵探测系统，蜜罐好比是情报收集系统。蜜罐好像是故意让人攻击的目标，引诱黑客前来攻击。所以攻击者入侵后，就可以知道他是如何得逞的，随时了解针对服务器发动的最新的攻击和漏洞。还可以通过窃听黑客之间的联系，收集黑客所用的种种工具，并且掌握他们的社交网络。

安全审核系统检查计算机或网络的潜在隐患，目的就是找出黑客可能攻击的薄弱环节并加以弥补。

7.3 道德与法律

随着信息技术的发展，利用计算机和网络侵犯个人隐私权以及在商业领域侵犯版权的问题比比皆是。在信息时代，应当清楚什么是道德的、合乎伦理的、合法的行为。

7.3.1 信息技术与隐私权

隐私权（privacy）是保证当事人按照个人意愿不受别人干扰，或者独立控制个人财产而不受他人随意查看的权利。随着信息技术的发展，个人隐私权的问题从现实社会延伸到网络空间。网络在给人们的生活带来便利的同时，也打破了时空界限，使作为隐私屏障的时间、空间在很大程度上失去了意义，给人们的生活方式和价值观带来了巨大的冲击。

1. 隐私权与政府

政府是公民信息的最大数据收集者，政府的各个部门需要大量的私人信息来支持其工作，如社会保障、福利事业、助学贷款和执法等。大多数公民希望执法部门监视坏人，以保障公众的安全，但是，守法公民的信息在不知不觉中也被截获监听了。

2. 隐私权与员工

工作中的隐私也是一个十分重要的问题。组织为防止员工做出不利于组织的事情或者是因私人原因使用组织的网络资源而影响正常工作，通常在工作场所安装摄像头，检查员工电子邮件，监听员工电话等。更有甚者，使用计算机监视系统，利用特殊的计算机程序跟踪员工的操作，可以监测到员工正在输入什么，什么时候不使用键盘或计算机系统，浏览什么网页，使员工的个人隐私受到极大的威胁。

3. 互联网中的隐私问题

若不采取适当的预防措施，当在互联网上浏览信息时，或通过互联网在线处理银行业务、网上购物时，个人信息及财务信息就有可能在因特网上被截取。这种监视和追踪网站到访者的行为都发生在系统背后，使用者并不知情。并且用来监视访问者在互联网上的行为的工具十分普遍，Cookie 就是网络监控的基本工具之一。Cookie 是一些小文件，当使用者浏览网站时，这些小文件便经由网站传送并存储在使用者的计算机硬盘中。这样 Cookie 就可以监控并记录使用者登录了什么网站，停留了多长时间，浏览了哪些网页，从什么站点链接到什么站点，等等。当然，从好的方面来说，网站可以通过发展推送技术为用户提供个性化服务，但更坏的情况是私人信息被黑客拦截或窃听。

同样，电子邮件也是毫无安全性可言的。随着因特网的发展，E-mail 已经在通信中广泛使用。但是，E-mail 在网络传送过程中，很可能要经过不同的网络节点。由于并不是所有的网络都使用相同的电子邮件格式，所以，要由网关将电子邮件信息的格式转换为下一个网络系统可以识别的格式。每个网关都要读出电子邮件信息中的收件人地址来选择传送路径。因此，一封电子邮件往往要在至少三四台不同的计算机上复制和存放，而电子邮件中所包含的大量个人隐私就存在着安全隐患。

除此之外，对隐私权的侵害还以新的形式表现出来，如"人肉搜索"。"人肉搜索"是一种类比的称呼，主要是用来区别传统搜索引擎。它主要是指通过集中许多网民的力量去搜索信息和资源的一种方式，包括利用互联网的机器搜索引擎（如百度等）及利用各网民在日常生活中所能掌握的信息来进行收集信息的一种方式。

当然,"人肉搜索"经常和个人隐私相关联,也非常容易涉及法律和道德问题。所以,在互联网上不应该轻易地公布他人的隐私,一旦公布,将是覆水难收,有可能对他人造成无法挽回的伤害,这是对他人隐私的不尊重,同时也会使自己陷入法律困境。

7.3.2 信息技术与知识产权

知识产权是指个人或公司所发展的无形资产,包括软件、音乐、视频、图像、文章、书籍及其他书面作品。信息技术使知识产权的保护变得愈加困难,这是由于计算机化的信息在网络上很容易被复制和传输。例如,可以通过互联网下载 MP3 音乐,还可以通过电子邮件的形式传播。这种非法复制和传播数字媒体的行为就是对知识产权的侵犯。盗版软件也是一个极端严重的问题。据估计,美国的商业软件中有 1/4 是盗版的,而在世界的某些地方,超过九成的商业软件涉嫌盗版。作为软件业龙头的微软公司,每年都会收到超过 25 000 件关于盗版的举报。网络知识产权涉及网络版权和域名两方面的内容。

1. 网络版权

网络版权也算是著作权,是指文学、音乐、电影、科学作品、软件、图片等知识作品的作者在互联网中对其作品享有的权利。

网络版权问题是国内网络中至今未能解决的症结。侵权行为不断,被起诉的却寥寥无几。一方面是普遍缺乏保护版权意识;另一方面,盗版者众多,分布范围广,而侵权行为的法律惩罚普遍较轻,起诉成功的补偿常常不及起诉时人力、财力的消耗。

常见的网络版权侵权行为有:

(1) 转载变原创

某网站转载文章,通过更改文章标题等部分内容将文章改头换面,署名却不是原作者。这类情况侵犯了作者多项权利,包括署名权、编撰权等,是一种极其严重的侵权行为。这类情况一般只存在于一些小型网站中,某些大型网站也存在这种情况,但不是很多。

(2) 转载不署名

指的是转载的文章不标注作者信息,这是第一种情况的变种,不署名常常默认是网站原创,且第一种情况往往用这种方式实行。

(3) 转载无链接

这只在原作者注明转载需要用链接方式注明出处时,才属于法律上的侵权行为。这种情况常见于大型网站中,这是最轻的侵权行为,但被许多大型网站普遍采用。这类侵权只在互联网中才会出现。实际上大家都知道链接的重要性,互联网评价网站权重的第一要素是外链的多少,无链接的转载会使搜索引擎检索出的文章出现混乱,往往原创作者的文章并不是排名第一位,转载网站的文章才是第一位。对于读者来说,是不希望出现这种情况的。从产生的影响来看,这显然属于不道德行为。许多独立博客主推崇的 CC 协议同样禁止这种行为,但是目前国内法律没有明确规定这属于侵权行为。但是如果作者注明转载需要用链接方式注明出处时,根据相关条款,"转载无链接"属于侵权。

(4) 非法转载

当作者明确禁止转载时,强行转载,虽然注明了作者并用链接方式指向原文,但这仍然属于侵权。

互联网管理没有出台专门的法律文本，现在最全面的互联网法规是国务院出台的互联网工作条例。互联网发展迅速，期待着全面完善的互联网法律的出台。

2. 域名

域名是因特网主机的地址，由它可转换为该主机在因特网中的物理位置。在实际应用中，许多企业都是以其名称或主要产品的商标作为域名，因其代表着企业的商誉和在虚拟社会中的市场商业机会，为企业带来的商业价值是不言而喻的。

受利益的驱使，加上域名管理制度上还有薄弱环节，近几年出现了以专门注册他人公司名称、商标等为域名，并以高价出售这些域名获利的单位和个人，从而引发了关于网络域名的争论。注册域名与注册商标是相似的，采用抢先原则和唯一性原则。一旦被恶意抢注，会给企业带来不可估量的损失。据称，美国麦当劳公司就曾被人抢注了域名，最后竟花了800万美元从抢注者手中将域名买回。

域名抢注是域名侵权中危害性最大的一种行为，对域名的侵权行为还包括：
①擅自使用他人注册商标、单词、字母注册域名的行为；
②擅自运用他人注册商标的图形、图像并入自己的网页，或将他人商标的图形设计成自己网页的图标的行为；
③在自己的网页上使用他人商标建立连接，足以使消费者产生混淆的行为；
④将他人商标埋置在自己网页的原代码中的行为。

对于隐私权和知识产权等的侵权行为，必须出台相关法律进行规范。

7.3.3 信息安全立法

信息时代的信息安全立法是必要的。欧美等发达国家在信息安全立法方面最为先进且最富经验，对我国信息安全立法具有借鉴意义。

下面主要对我国的信息安全立法现状和思考展开讨论。

大数据、个人征信、物联网、移动金融……越来越多的新兴业态正在互联网上发酵，但相应的制度规制却并未完善，尤其是处于顶层设计的法律体系。

我国高层决策者已经提出要加强互联网领域立法。目前，互联网立法相关规划也已具雏形。但"互联网+"战略的提出，使互联网立法面临向"互联网+"立法前瞻。

人脸识别、大数据、移动金融等新兴"互联网+"领域的立法，与互联网立法有着共同的面向，即保护网络安全和个人信息。

1. 互联网立法规划

互联网领域立法，主要体现在完善网络信息服务、信息安全、网络管理和依法规范网络行为等方面。

几年前，相关立法决策部门曾提出了一份互联网立法规划，业内普遍认为应包括5部法律和2部行政法规。5部法律为《网络安全法》、《电子商务法》、《电信法》、《互联网信息服务法》和《个人信息保护法》，2部法规为《电子政务条例》和《未成年人网络保护条例》。

目前，多部法律法规已进入立法程序，网络安全法被列入立法规划，电子商务法已完成立法大纲。未成年人网络保护条例也已被列入国务院立法计划。

网络安全立法是国家安全体系的重要组成部分，是针对网络安全产业链的立法，其对象可能包括网络服务提供商、互联网接入服务提供商、互联网信息服务提供商、设备制造商、核心技术芯片提供商等。

而对个人信息保护的规定已散见于 200 多部法律、法规、地方性法规之中。2000 年和 2012 年，全国人大常委会分别通过了《关于维护互联网安全的决定》和《关于加强网络信息保护的决定》，这两部法律性质的文件对网络安全和个人信息保护做出了顶层设计。

但法律规定过于抽象，比如《关于加强网络信息保护的决定》中首次提出了对个人信息搜集、使用的"合法性、正当性和必要性"三个原则，可是却没有任何下位法对其有明确的具体化。

2. "电子签名"不可抵赖

随着人脸识别的应用，远程开户如果成为现实，移动互联网金融将对传统银行业带来很大冲击，但也存在无法回避的安全问题。

基于生物特征的身份识别技术，存在一旦被盗用，将无法吊销的问题。生物识别技术具有使用便捷的优点，但是也存在两个问题：一是人脸识别、指纹识别等技术都无法达到 100%的准确率；二是人的生物特征是不能改变的，但是泄露生物特征的途径有很多，一旦泄露，被伪造后将无法吊销。因此，目前仅依赖生物识别技术进行身份认证还不适用于大范围的金融业务。电子签名在金融领域的应用十分广泛，以网上银行为例，目前大部分银行都采取电子签名，也就是我们常说的 U 盾的方式来认证用户身份及保障用户的网上操作安全。近两年，由于互联网金融的快速发展，电子签名在 P2P 等互联网金融企业也有大量应用。

电子签名具有机密性、完整性、鉴别与授权、不可抵赖性，还广泛应用在电子政务、电子商务、网上招投标等领域。可以说，无论哪个行业，只要在互联网上进行信息交流和商务活动，电子签名都可以作为可靠身份证明的有效手段，解决网络信任问题。

《电子签名法》的实施，解决了电子发票、电子合同等电子交易的完整性、真实性和抗抵赖性。对 APP 进行电子签名，还能保障它的安全性和可追溯性。

在金融领域，远程开户、移动营销等新业务将是电子签名新的应用方向；在非金融领域，随着"互联网+"理念的提出及我国网络基础设施的加快建设，更多的行业、企业将更加重视电子签名的使用。此外，在签名设备上，由于移动互联网的发展，无线签名设备将会是未来的发展趋势。

3. 隐私权保护必不可少

通过 RFID（射频识别技术）侵犯个人隐私是物联网的一个重要法律问题。RFID 系统即射频识别系统，它由电子标签、读写器、天线和计算机系统几个部分组成，利用无线射频方式在读写器和电子标签之间进行非接触双向数据传输，以达到目标识别和数据交换的目的。

其对个人隐私的威胁主要基于：电子标签本身存在较大隐私风险。电子标签的信息存储容量较大，且具有较高的数据处理效率，这就使人们把更多信息存储在标签中变为可能。然而，将更多的信息集中在一个嵌有电子标签的设备上，使人们可以同时用一个设备购物、上班、停车、加油、看病、上学、吃饭等，将导致各种信息（包括隐私信息）过于集中，一旦泄露，个人隐私将可能全部被泄露。

电子标签中的隐私信息可被第三方读写器非法读取，不法分子也可通过 RFID 技术对个人进行监控和跟踪，由于目前 RFID 安全机制尚不够完善，不法分子完全可以通过第三方读写器直接与标签进行通信，读取、修改或删除其中隐私信息。同时，不法分子还可以通过在多处设置读写器，对电子标签携带者的行踪轨迹和位置进行记录，以实现监视跟踪的目的。

RFID 技术是物联网的关键核心技术，它事关物联网中目标识别和数据采集。目前我国并没有强制性的 RFID 安全标准，也没有相应的 RFID 法律规范。也就是说，只要条件允许，任何人可以在任何时间、任何地点，对任何电子标签进行读取，而这将对个人隐私和信息安全带来严重威胁。

有必要出台一部专项的 RFID 法规。在该法规中，应至少包含以下内容：明确 RFID 设备生产和服务企业的准入门槛；明确电子标签和读写器的使用规范；要求企业对收集到的数据进行加密，并将数据加密作为一项最基本要求；明确个人的权利，包括有权对电子标签中的内容进行查询、修改、删除操作，有权对标签进行销毁，有权获知电子标签被读取情况；建立认证制度，对 RFID 相关设备进行认证，确保其安全性；明确滥用、非法使用 RFID 技术所应承担的法律后果等。

4. 大数据对法律的冲击

数据具有资产性，需要保护数据背后的利益方，包括企业利益、公民个人利益。某种意义上说，这也是在保护国家利益，因为整个数据所构成的公共资源是一个国家信息资源的重要组成部分。另外，数据也是可使用的。为了促进发展，应该破除企业之间使用数据的不合理壁垒，这要求法律不断完善。当然，对数据的使用也是有限制的，要符合目的，也就是要有一定的原则。

大数据对立法的冲击主要体现在两个方面：一个是网络安全立法，一个是个人隐私保护立法。建立全方位的安全审查制度，是网络安全立法重要的关注点。其内容应包括针对主体的安全审查、针对产品的安全审查、配合政府采购制度的安全审查等。

一方面，信息资源日益成为重要的生产要素，成为国家竞争力的重要标志，大数据可以驱动整个社会的创新，释放整个经济发展的活力。从国家层面已经对信息资源有了一个非常高的认识。为了促进发展，应该鼓励数据尤其是政府数据的全面开放，目前，全球很多国家都在开展数据政府开放运动，有些国家已经制定了相关立法。

但另一方面，还看到对信息资源和网络安全管控的趋势，这需要在立法中进行平衡。数据的价值可以说是未来的新能源，各国都在加强对信息资源的控制和争夺，这提出一个问题，在全球化时代，是推进跨境数据资源共享，还是进行跨境数据流动的限制？

立法当中，还要平衡数据使用和隐私保护。在获取数据时，过去个人信息保护立法都是以告知为原则。但在大数据时代，这种告知很难实现，因为数据分析者可能在使用数据以前，都很难知道要用这些数据做什么，也不一定知道会产生什么结果。

大数据还会在其他方面给法律带来冲击，比如数据的权属怎样确定、数据价值怎样衡量、会不会产生数据垄断等。

总之，我国信息安全立法任重而道远。

本章案例

大数据应用之：农夫山泉用大数据卖矿泉水

这里是上海城乡结合部九亭镇新华都超市的一个角落，农夫山泉的矿泉水堆静静地摆放在这里。来自农夫山泉的业务员每天例行公事地来到这个点，拍摄 10 张照片：水怎么摆放、位置有什么变化、高度如何……这样的点每个业务员一天要跑 15 个，按照规定，下班之前

150 张照片就被传回杭州总部。每个业务员，每天会产生的数据量在 10 MB，这似乎并不是个大数字。

但农夫山泉全国有 10 000 个业务员，这样每天的数据就是 100 GB，每月为 3 TB。当这些图片如雪片般进入农夫山泉在杭州的机房时，这家公司的 CIO 胡健就会有这么一种感觉：守着一座金山，却不知道从哪里挖下第一锹。

胡健想知道的问题包括：怎样摆放水堆更能促进销售？什么年龄的消费者在水堆前停留更久？他们一次购买的量多大？气温的变化让购买行为发生了哪些改变？竞争对手的新包装对销售产生了怎样的影响？不少问题目前也可以回答，但它们更多是基于经验，而不是基于数据。

从 2008 年开始，业务员拍摄的照片就这么被收集起来，如果按照数据的属性来分类，"图片"属于典型的非关系型数据，还包括视频、音频等。系统地对非关系型数据进行分析是胡健设想的下一步计划，这是农夫山泉在"大数据时代"必须迈出的步骤。如果超市、金融公司与农夫山泉有某种渠道来分享信息，如果类似图像、视频和音频资料可以系统分析，如果人的位置有更多的方式可以被监测到，那么摊开在胡健面前的就是一幅基于人消费行为的画卷，而描绘画卷的是一组组复杂的"0、1、1、0"。

SAP 全球执行副总裁、中国研究院院长孙小群接受《中国企业家》采访时表示，企业对于数据的挖掘使用分三个阶段，"一开始是把数据变得透明，让大家看到数据，能够看到数据越来越多；第二步是可以提问题，可以形成互动，用很多支持的工具来帮我们做出实时分析；而 3.0 时代，用信息流来指导物流和资金流，现在数据要告诉我们未来，告诉我们往什么地方走。"

SAP 从 2003 年开始与农夫山泉在企业管理软件 ERP 方面进行合作。彼时，农夫山泉仅仅是一个软件采购和使用者，而 SAP 还是服务商的角色。

而等到 2011 年 6 月，SAP 和农夫山泉开始共同开发基于"饮用水"这个产业形态中运输环境的数据场景。

关于运输的数据场景到底有多重要呢？将自己定位成"大自然搬运工"的农夫山泉，在全国有十多个水源地。农夫山泉通过把水灌装、配送，然后上架，一瓶超市售价 2 元的 550 mL 饮用水，其中 3 毛钱花在了运输上。在农夫山泉内部，有着"搬上搬下，银子哗哗"的说法。如何根据不同的变量因素来控制自己的物流成本，成为问题的核心。

基于上述场景，SAP 团队和农夫山泉团队开始了场景开发，他们将很多数据纳入进来：高速公路的收费、道路等级、天气、配送中心辐射半径、季节性变化、不同市场的售价、不同渠道的费用、各地的人力成本，甚至突发性的需求（比如某城市召开一次大型运动会）。

在没有数据实时支撑时，农夫山泉在物流领域花了很多"冤枉钱"。比如某个小品相的产品（350 mL 饮用水），在某个城市的销量预测不到位时，公司以往通常的做法是通过大区间的调运来弥补终端货源的不足。"华北往华南运，运到半道的时候，发现华东实际有富余，从华东调运更便宜。但很快发现对华南的预测有偏差，华北短缺更为严重，华东开始往华北运。此时如果太湖突发一次污染事件，很可能华东又出现短缺。"

这种没头苍蝇的状况让农夫山泉头疼不已。在采购、仓储、配送这条线上，农夫山泉特别希望通过获取大数据来解决三个顽症：首先是解决生产和销售的不平衡，准确获知该产多少，送多少；其次，让 400 家办事处、30 个配送中心能够纳入到体系中来，形成一个动态网状结构，而非简单的树状结构；最后，让退货、残次等问题与生产基地能够实时连接起来。

也就是说，销售的最前端成为一个个神经末梢，它的任何一个痛点，在大脑这里都能快速感知到。

"日常运营中，我们会产生销售、市场费用、物流、生产、财务等数据，这些数据都是通过工具定时抽取到 SAP BW 或 Oracle DM，再通过 Business Object 展现的。"胡健表示，这个"展现"的过程长达 24 小时，也就是说，在 24 小时后，物流、资金流和信息流才能汇聚到一起，彼此关联形成一份有价值的统计报告。当农夫山泉的每月数据积累达到 3 TB 时，这样的速度导致农夫山泉每个月财务结算都要推迟一天。更重要的是，胡健等农夫山泉的决策者们只能依靠数据来验证以往的决策是否正确，或者对已出现的问题做出纠正，仍旧无法预测未来。

2011 年，SAP 推出了创新性的数据库平台 SAP Hana，农夫山泉则成为全球第三个、亚洲第一个上线该系统的企业，并在当年 9 月宣布系统对接成功。

胡健选择 SAP Hana 的目的只有一个，快些，再快些。采用 SAP Hana 后，同等数据量的计算速度从过去的 24 小时缩短到了 0.67 秒，几乎可以做到实时计算结果，这让很多不可能的事情变为了可能。

这些基于饮用水行业的实际情况反映到孙小群这里时，这位 SAP 全球研发的主要负责人非常兴奋。基于饮用水的场景，SAP 并非没有案例，雀巢就是 SAP 在全球范围长期的合作伙伴。但是，欧美发达市场的整个数据采集、梳理、报告已经相当成熟，上百年的运营经验让这些企业已经能从容面对任何突发状况，他们对新数据解决方案的渴求甚至还不如中国本土公司强烈。

这对农夫山泉董事长钟目炎而言，精准的管控物流成本将不再局限于已有的项目，也可以针对未来的项目。这位董事长将手指放在一台平板电脑显示的中国地图上，随着手指的移动，建立一个物流配送中心的成本随之显示出来。数据在不断飞快地变化，好像手指移动产生的数字涟漪。

以往，钟目炎的执行团队也许要经过长期的考察、论证，再形成一份报告提交给董事长，给他几个备选方案，到底设在哪座城市，还要凭借经验来再做判断。但现在，至少从成本方面已经一览无遗。剩下的是一些无法测量的因素。

有了强大的数据分析能力做支持后，农夫山泉近年以 30%~40% 的年增长率，在饮用水方面快速超越了原先的三甲：娃哈哈、乐百氏和可口可乐。根据国家统计局公布的数据，饮用水领域的市场份额，农夫山泉、康师傅、娃哈哈、可口可乐的冰露，分别为 34.8%、16.1%、14.3%、4.7%，农夫山泉的份额几乎是另外三家之和。对于胡健来说，下一步他希望那些业务员搜集来的图像、视频资料可以被利用起来。

获益的不仅仅是农夫山泉，在农夫山泉场景中积累的经验，SAP 迅速将其复制到神州租车身上。"我们客户的车辆使用率在达到一定百分比之后出现'瓶颈'，这意味着还有相当比率的车辆处于空置状态，资源尚有优化空间。通过合作创新，我们用 SAP Hana 为他们特制了一个算法，优化租用流程，帮助他们打破'瓶颈'，将车辆使用率再次提高了 15%。"

（本案例改编自 http://ask.hellobi.com/blog/dataman/2299）

案例讨论：利用大数据后，农夫山泉会发生管理变革吗？

本章小结

人们在享受管理信息系统带来的高效和便利之后，开始致力于开发更加便利、功能更加齐全的信息系统。管理信息系统的发展离不开各种信息技术，特别是大数据、云计算、物联网和工业4.0等技术和理念。无论是哪项技术，都能为管理信息系统带来新的模式。这些技术都能为人们的工作、生活带来新的飞跃。

同时，我们也不得不关注信息安全问题。政府在这方面做出了大量努力，建立信息安全标准，深入研究信息安全技术，同时以法律手段规范不道德的行为。我国的信息安全立法还有很长远的路，如何吸收国外立法的相关经验，尽早建立健全我国的信息安全法律体系是目前的重点工作。

本章习题

1. 什么是云计算？它有哪三种最基本的服务模式？
2. 什么是大数据？它有哪些特点？
3. 什么是"互联网+"？你能举例说明"+"后面的内容吗？
4. 什么是物联网？试举例其在信息系统中的应用。
5. 什么是工业4.0？工业4.0的三大主题是什么？
6. 简述信息系统面临的风险及安全保障技术。
7. 什么是隐私权？你认为应当如何保障网络隐私权和知识产权？

本章实践

参看第8章实验，完成实验项目五：ERP工单管理。

第8章

实验指导

8.1 实验环境搭建

在管理信息系统实验课中需要使用到一些软件,开始进行实验之前需要构建一个ERP平台。经过对各ERP平台的对比后,本课程选择了一款免费的,功能强大的ERP系统——2BizBox ERP系统。

8.1.1 2BizBox ERP系统简介

赛瓦软件(上海)有限公司是美国赛瓦集团(Serva Group)的全资子公司,致力于为全球中小企业与制造企业提供免费的高质量ERP管理软件——2BizBox。目前,全球数万用户在享受使用免费ERP软件带来的信息化。

目前赛瓦软件有TWaver和2BizBox两款软件。TWaver是一款专业的图形界面组件产品,广泛应用于电信、电力等行业,用于制作复杂、高质量的拓扑图、地图。2BizBox是一套完整的、全功能ERP软件,用于各类制造企业信息化管理。2BizBox ERP软件完全免费。

赛瓦集团成立于1977年,总部位于美国Texas州Wichita Falls。今天,赛瓦集团已在全球拥有十几家分公司,涉足石油、机械、软件、贸易等领域。在中国,赛瓦集团与中石油、中石化、中海油、中国电信、中国移动等公司建立密切合作,并于上海、山东、荆州等地设有分公司,致力于为中国本地客户提供优质的产品与服务。

2BizBox软件,从1990年的V1.0版本到2016年发布的V4.6.0版本,经历了20多年的发展时间,它一直随着Serva集团的发展而成长,其技术构架也一直在发展、变化和演进。2BizBox系统是功能强大的免费ERP系统,提供10多个模块,60多个子模块,包括工程设计管理、销售管理、采购管理、库房管理、制造管理、工单管理、财务管理和人力资源管理等内容。2BizBox采用业界流行的Java EE(Java Enterprise Edition)平台技术:稳固、灵活、轻量、安全、可扩展。

2BizBox是为制造业提供功能完整、应用灵活的ERP系统,它的另外一个特点是易用性。2BizBox现有客户群中既有只有一个用户的小型企业,也有同时有上千用户的大型制造厂，2BizBox 的大部分模块是针对制造企业而设计的，但是用户可以根据不同的应用来挖掘 2BizBox 的更多可服务对象。2BizBox 系统的应用与各功能模块如图 8-1 所示，用户可以从中找到适合自己企业的应用类型。

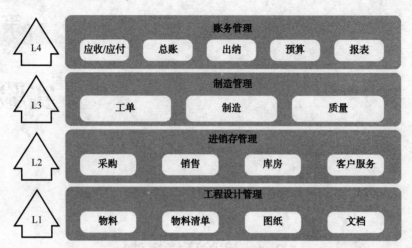

图 8-1　2BizBox 系统的 4 种应用

2BizBox ERP 系统主要功能模块如下：

（1）工程模块

物料、物料文档、物料清单、物料图纸、工程更改、工程更改请求、工程控制。

（2）采购模块

采购单、询价单、退货单、采购单工作簿、物料需求计划、采购单报表、采购单审批控制。

（3）销售模块

销售单、报价单、回收单、销售单报表、销售单审批控制。

（4）制造模块

刀具/工具、刀具/工具清单、设备管理、工作中心、工艺、工艺更改请求、工艺审批控制。

（5）工单模块

工单、工单报表、工单工作簿、工单审批控制。

（6）质量模块

产品序列号材质证明、追溯不合格报告单检验单、纠正措施、预防措施、不合格代码。

（7）财务模块

应收账款、预收款、出纳、应收抵账单、应付账款、预付款、应付账款出纳、应付抵账单、总账、库存财务管理、固定资产与折旧管理、财务报表。

（8）人事模块

员工管理、临时工管理。

（9）计划模块

库存、需求、订单、成本、项目、发货计划管理。

(10) 库房模块

发货管理、退货单发货、形式发票、收料管理、回收单收料、库存管理、盘存、领料清单、库房报表。

(11) 客服模块

客户服务事件、问题反馈。

(12) 地址模块

客户地址、供应商地址、制造商地址。

(13) 安全模块

用户管理、角色管理、权限管理、操作日志。

(14) 文档模块

物料文档、其他类型文档。

(15) 控制面板

系统基本设置、财务设置、任务管理设置、审批控制、文档设置。

8.1.2 安装 2BizBox ERP

在实验教学中，需要构建 2BizBox ERP 的应用平台。本教材使用 2BizBox ERP v4.6.0 版本进行 2BizBox ERP 系统应用的讲述。2BizBox 对计算机的要求并不高，能够安装在 PC 上；对计算机的操作系统和应用软件的要求也不高，可以安装在 Windows XP 和 Windows7 操作系统下，需要 Microsoft Excel 和 Adobe Reader 应用软件来阅读系统打印的 PDF 文件，无须进行数据库、Java 或者其他软件的安装部署。

从官方网站上下载相应版本的 2BizBox ERP v4.6.0 的可执行软件包，将软件包保存到本地磁盘以备用。下载后，安装 2BizBox ERP 系统需要区分两种情况：教师机和学生机。在教师机上安装 2BizBox 的服务端和客户端，在学生机上只安装 2BizBox 的客户端。无论是何种安装，其操作方法相似，具体步骤如下：

①双击已下载的 2BizBox ERP v4.6.0 的可执行软件包，启动安装程序，弹出"选择安装语言"对话框，在下拉菜单中选择"中文（简体）"选项，单击"确定"按钮进入"安装-2BizBox ERP"对话框，然后单击"下一步"按钮进入"许可协议"界面，选择"我愿意接受此协议"选项。

②单击"下一步"按钮，进入"选择目标位置"界面，可在路径文本对话框中输入安装 2BizBox ERP 的根目录；也可以通过单击"浏览"按钮在本地硬盘中选中指定的安装目录，如图 8-2 所示。选择安装目录的原则是不要将应用程序安装到系统盘分区内，一般情况下 C 盘为系统盘分区。

③单击"下一步"按钮，进入"选择组件"界面，如图 8-3 所示。在教师机中应该选中"2BizBox 客户端"和"2BizBox 服务器"两个选项；在学生机上只需选择"2BizBox 客户端"选项。

④单击两次"下一步"按钮，进入"服务器端口设定"界面。此界面有 3 个选项，在此处选择"使用 2025 端口（默认）"选项，表示应用 2025 端口监听服务请求，如图 8-4 所示。

218　管理信息系统

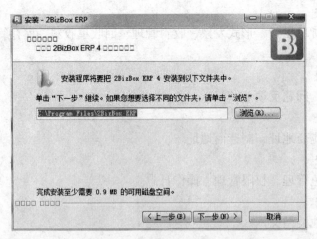

图8-2　"选择目标位置"界面

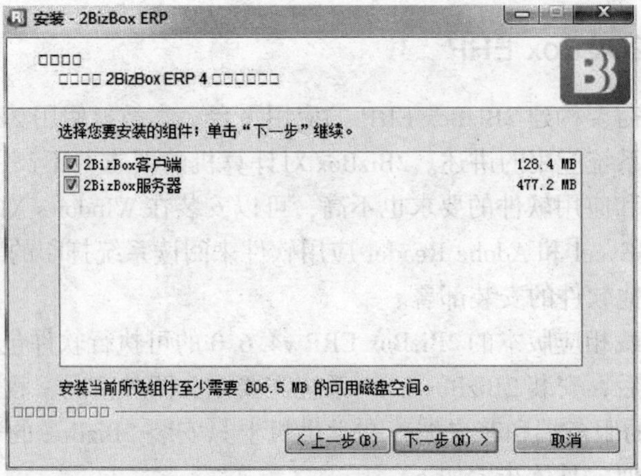

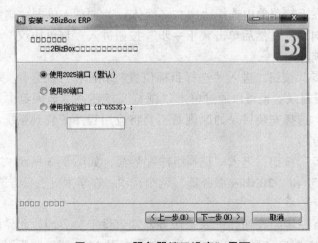

图8-3　"选择组件"界面

图8-4　"服务器端口设定"界面

⑤单击多次"下一步"按钮后，进入"准备安装"界面，然后单击"安装"按钮安装2BizBox ERP 系统。安装引导程序完成2BizBox ERP 系统的安装。

安装完毕后，重启计算机，通过 2BizBox 的快捷方式图标，可以启动 2BizBox 服务器、停止 2BizBox 服务器和启动 2BizBox ERP 客户端。

8.1.3　2BizBox ERP 的配置和停止

一般来说，安装 2BizBox ERP 后，系统就可以正常使用了。为了方便学生实验，本节描述 2BizBox ERP 系统初始操作的相关问题。

1. 服务器的启动与停止

服务器启动和停止的自动批处理文件保存在"..\2BizBox ERP \ server"目录下，双击文件名为"run.bat"的文件是启动服务器；双击文件名为"stop server.bat"的文件为停止服务器，如图 8-5 所示。另外，2BizBox ERP 为用户准备了桌面快捷方式用于启动和停止服务器，如图 8-6 和图 8-7 所示。

图 8-5　server 目录的内容

图 8-6　启动服务器快捷方式　　　图 8-7　停止服务器快捷方式

2. 启动客户端

单击开始菜单"2BizBox 客户端"按钮（如图 8-8 所示）启动客户端，客户端启动界面如图 8-9 所示。

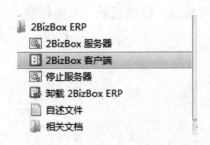 

图 8-8　2BizBox 客户端按钮　　　图 8-9　客户端启动界面

客户端界面显示的设置项含义如下：

①服务器：表示 2BizBox ERP 服务器的 IP 地址，默认是本机 IP 地址：127.0.0.1。学生机访问服务器需要输入教师机（2BizBox ERP 服务器）的 IP 地址，例如：192.167.1.20。

②数据库：表示选择系统启动应用的数据库。其中 DEFAULT 数据库是实际生产应用的数据库；TEST 数据库是用于系统测试的测试数据库。选择 DEFAULT 数据库登录系统。

③用户：表示用于登录 ERP 系统的账号。Admin 表示 ERP 系统的系统管理员；在教学中，用户账号由教师统一分配。

④密码：表示指定用户登录 ERP 的用户密码。Admin 用户的默认密码为空，为了安全起见，登录系统后需要修改 ERP 系统管理员 admin 的密码。

⑤语言：表示登录系统后，系统使用指定语言显示菜单栏等内容。语言包括简体中文、繁体中文、English，选择简体中文。

8.2 实验项目一 ERP 人事管理

8.2.1 实验目的

①了解 ERP 管理信息系统中人事管理的功能模块。
②掌握企业员工信息的导入和录入操作。
③掌握修改企业员工信息的操作。
④掌握添加、编辑系统用户操作，理解系统用户使用系统的权限。

8.2.2 实验准备

1. 学生进行分组

组织学生进行分组，组员人数一般为 4~8 人，组内选一位熟悉计算机的同学做组长。

2. 模拟企业环境

学生获取"人力资源"的系统管理角色。学生是企业人事部门的干事，实验过程中学生修改自己的员工信息，查看其他员工的信息。

（1）人事管理

人事管理包括如下内容：

1）员工管理

添加、修改、查询所有员工的基本信息、私有信息、培训记录、工作经验、教育经历等。

2）全职员工和兼职员工的管理

3）临时工管理

①管理公司所有的临时员工信息。
②可将临时员工转成正式员工。

4）报表

①查看、打印各种不同的报表。
②下载报表到本地，并可转成 PDF、Excel 等不同的格式。

(2) 权限、角色、用户

1) 权限（Permission）

权限是 2BizBox 中，能看到的，最基础、细颗粒度的权限定义。2BizBox 对系统中所有的功能、操作（如果是程序开发者，可以理解为函数或 API 这一级别）进行了定义，并独立其权限，作为最小颗粒度的安全权限控制条目。一般来说，这些权限的定义是比较底层的，数目多，功能细，对于最终用户来说，理解起来并非易事，但如果要定义非常特别的角色或用户，了解到这一层自然是非常有帮助的。值得注意的、显而易见的概念是，权限，您是没法删除、修改、添加的，这是由 2BizBox 开发者提前设定好的。目前，公开给大家的权限大约有几百个。

2) 角色（Role）

角色，是一系列权限（Permission）的集合。角色，代表着一个抽象的权限概念，它代表着企业中典型的"一类人"。通过选择一系列权限，组成一个角色，以备后用。这就是"角色"的概念。例如：总经理、制造部经理、新员工等。这些角色不是代表某一个具体的人，但是它的存在，为"统一管理某一批人的权限"打好了基础。

2BizBox 中预定义了很多角色，例如，按模块定义的一些角色、超级用户等。这些预定义角色称为"系统角色"，不能删除和修改。可以直接使用这些角色，也可以定义新的自定义角色。自定义的角色可以修改、删除等。当然，需要有这些"权限"才能做这些动作。

3) 用户（User）

用户才是我们真正熟悉和关心的概念。每个人登录系统，都要录入用户名，例如 admin，这就是用户。用户代表一个具体的使用者和操作者或一个员工。用户能做什么，不能做什么，要看这个用户具有哪些"角色"。一个用户可以有 1 个或 n 个角色。例如：一个用户（员工）可以同时拥有财务经理的角色+库房经理的角色，因为这两个部门都归他管。

2BizBox 安装后，只预定义了一个 admin 用户，具有全部的权限。这个用户不能删除。可以进去后创建更多的其他用户。

对于用户，它可以是一个企业内部员工，也可以是一个外部协作方人员。在创建时选择即可。

8.2.3 实验内容

①组员协助组长添加系统用户。

②员工信息管理：编辑员工基本信息、员工家庭信息和员工记录信息；搜索员工信息；查看员工信息。

③设置 ERP 系统用户：查看和搜索系统用户信息；设置系统用户对系统的管理权限；设置系统用户的密码。

8.2.4 实验步骤

1. 系统用户管理

(1) 添加系统用户

学生需要使用系统用户账号才能登录 ERP 系统，所以应该给每个学生添加系统用户账号，给小组组长添加为"系统管理员"的角色，小组成员添加为"人力资源"和"超级用户"的角色。添加系统用户的操作步骤如下。

①展开安全模块,选择"用户管理"选项,单击"添加用户"按钮,打开"添加用户"标签页,输入"用户名称",如组长01;输入"密码"、"确认密码";在"用户类型"选项按钮上选择"员工",然后在"员工编号"选择框中单击图标 选择一个系统已经添加的员工,在"注释"中输入文本"组长",如图8-10和图8-11所示。

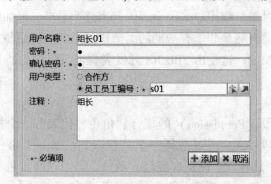

图8-10 "添加用户"标签页

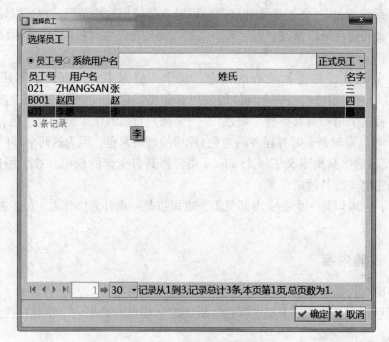

图8-11 员工编号选择图

②单击"添加"按钮,进入"用户信息更新向导'组长01'"标签页,在"选择要分配给用户的角色"多选框中勾选"系统管理员"复选框,如图8-12所示。单击"提交"按钮,完成用户信息的添加操作。

(2) 查看或搜索系统用户信息

查看系统用户信息指南用于查看系统用户的详细信息;搜索系统用户指在所有系统用户中搜索指定的系统用户,并查看用户的详细信息。2BizBox ERP系统提供了多种搜索用户的方式,基本步骤如下。

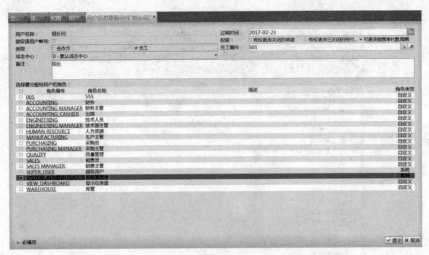

图 8-12 "用户信息更新向导'组长 01'"标签页

①选择"安全模块"→"用户管理"选项,进入"安全模块用户子模块"标签页,如图 8-13 所示。

图 8-13 "安全模块用户子模块"标签页

②显示全部用户。单击"全部用户"按钮,进入"用户"标签页,标签页中显示所有的系统用户,如图 8-14 所示。

③显示所有在线用户。单击"所有在线用户"按钮,进入"所有在线用户"标签页,显示所有在线用户。

④按用户名进行搜索。在"按用户名搜索"输入框中输入用户名的全部或部分字段,如"组长"等,然后单击"按用户名搜索"按钮,进入"用户"标签页,显示搜索结果。

⑤按员工号查询。在"按员工号查询"输入框中输入员工编号的全部或部分字段,操作同上。

图 8-14 "用户"标签页

⑥按权限搜索用户。在"权限"输入框中输入权限编号,如 ADD_AP,然后单击"通过权限搜索用户"按钮进入"通过权限搜索用户"标签页。

⑦查看用户信息。在图 8-11 中,单击数据记录表中用户名列上的用户名即可查看相应用户的详细信息,如单击"组长 01"链接,进入组长 01 用户属性界面,如图 8-15 所示。

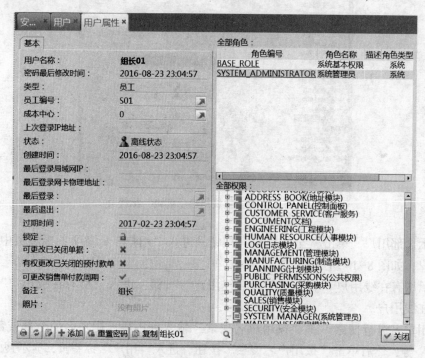

图 8-15 组长 01 用户属性标签页

(3) 设置系统用户的角色

系统中默认提供了多种操作系统的角色，如系统管理员、人力资源、生产主管、销售主管等。以修改组长 01 用户的角色为例，具体操作步骤如下。

① 通过"查看或搜索系统用户"的操作进入组长 01 用户属性界面（图 8-14）。

② 在"用户属性"标签页底部的工具栏上单击"编辑"工具图标，进入"用户信息更新向导'组长 01'"标签页，进而按照"添加系统用户"操作中的第②步，勾选所需设置的角色即可。

(4) 设置系统用户密码

如果系统用户忘记了自己的密码，系统管理员可以通过"重设密码"的功能重新设置系统用户的密码。以重新设置组长 01 用户的密码为例，具体的操作步骤如下。

① 进入组长 01 的"用户属性"标签页（图 8-15）。

② 在底部的工具栏中，单击"重置密码"按钮，弹出"重置密码"对话框，然后输入新密码和确认密码，最后单击"确定"按钮，保存新密码。

③ 组长 01 用户下一次登录系统时需要使用新的密码。

对于密码的修改，除了让系统管理员进行重新设置外，系统用户本身也可以对自己的密码进行修改。修改的具体操作步骤为：选择"系统"→"更改密码"菜单项，弹出"修改密码"对话框，然后输入旧密码、新密码和新密码的确认，最后单击"确定"按钮。

2. 员工管理

员工管理的所有功能都分类到人事模块上的"员工卡"里，在 2BizBox ERP 系统的主界面的左边框中选择"人事模块"→"员工卡"选项，显示"人力资源模块"标签页，如图 8-16 所示。

(1) 添加员工

如果新招聘了员工，人事处的工作人员应该将新员工的信息添加到 ERP 系统中。通过之前的操作已将学生的信息导入系统中了，所以不用执行添加员工的操作。如果有的同学还没有员工信息，可以添加一个员工信息。添加员工信息的具体操作步骤如下。

① 在图 8-16 中单击"添加员工"按钮，进入"添加员工"标签页，在"员工编号"输入框中输入员工编号，如 Y10；在"姓"输入框中输入员工的姓氏，如王；在"名字"输入框中输入员工的名字，如德胜；在"系统用户名"输入框中输入全名，如"王德胜"，如图 8-17 所示。

② 单击"添加"按钮，进入"更新员工卡"标签页，如图 8-18 所示。

③ 根据需要添加员工信息，如籍贯、身份证、部门、电话等。设置相关参数后，单击"提交"完成添加新员工的操作，显示"员工王德胜属性"标签页，如图 8-19 所示。

(2) 查看或搜索员工信息

如果知道员工的编号，可以直接执行查看员工编号的操作查看指定员工的信息。如果对员工信息不确定，可以使用系统提供的搜索方法。

① 查看员工信息。在图 8-16 中，单击"员工编号"的选择图标，在弹出的"选择员工"对话框中选择"员工号"，在员工号后的输入框中输入所需查看的员工号，如图 8-20 所示。双击选中所需的员工编号，返回如图 8-16 所示的界面，在"员工编号"上显示选择员工的编号。然后单击"查看员工"按钮，则进入指定用户的用户属性标签页。

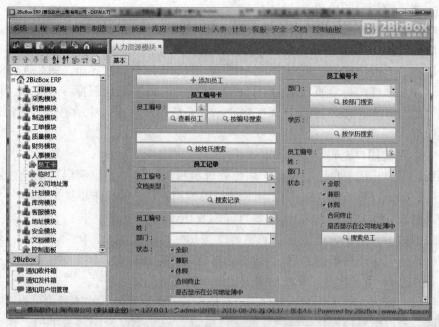

图 8-16 "人力资源模块"标签页

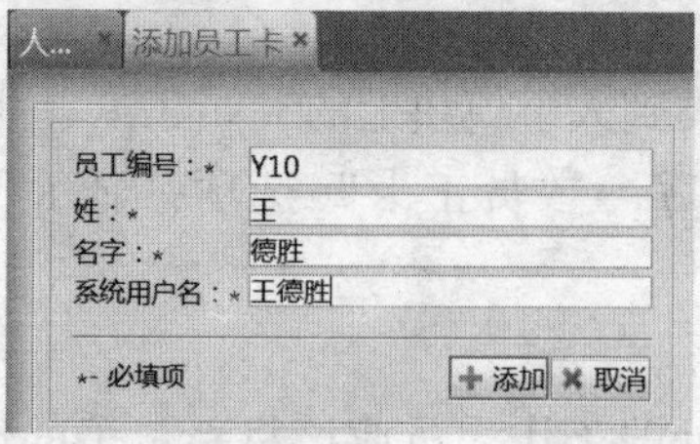

图 8-17 "添加员工卡"标签页

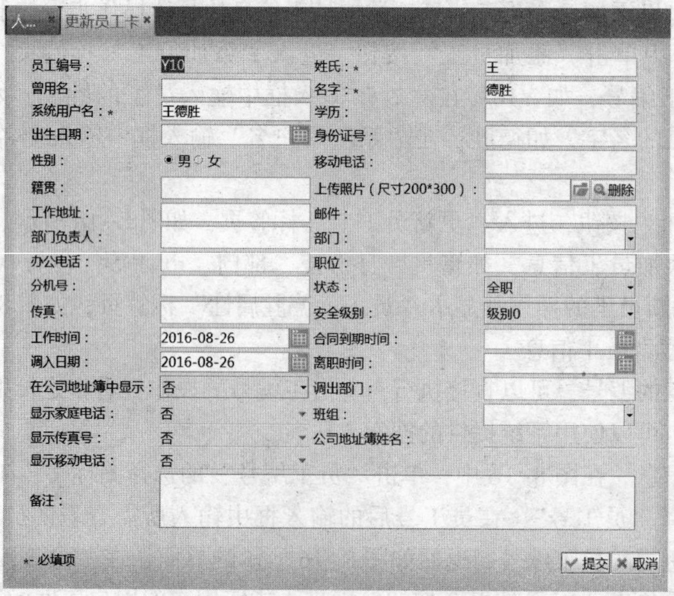

图 8-18 "更新员工卡"标签页

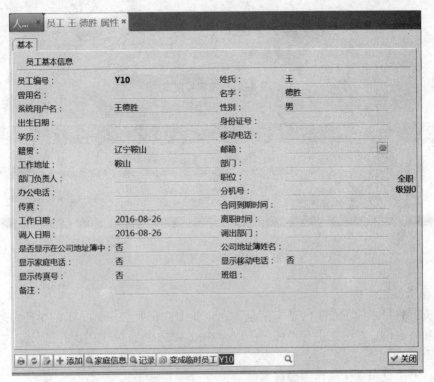

图 8-19 "员工王德胜属性"标签页

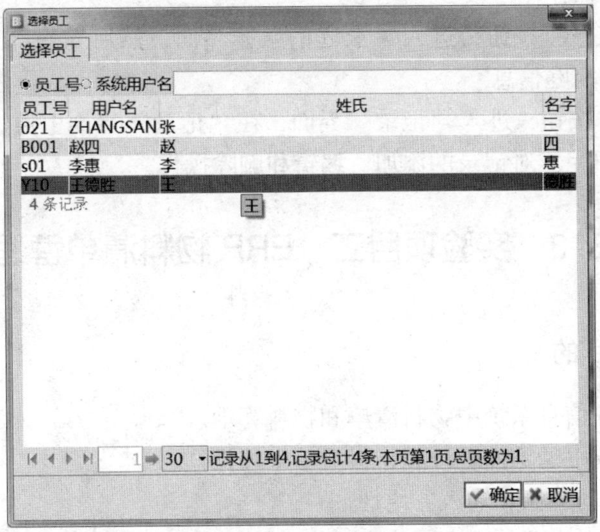

图 8-20 "选择员工"标签页

②按员工编号进行搜索员工。在图 8-16 中的"员工编号"输入框中输入"Y10",如图 8-21 所示。然后单击"按编号搜索"按钮,则进入搜索结果显示标签页,如图 8-22 所示。在"编号"一列中单击指定的员工编号,即可进入"用户属性"界面。

③系统还提供其他多种搜索员工的方式,包括按部门、姓氏和学历等,这些操作都在图 8-16 中可以找到。

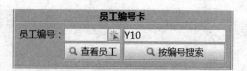

图 8-21 按编号搜索

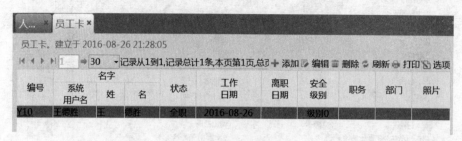

图 8-22 按编号搜索结果

（3）编辑员工信息

添加员工时只添加了员工的基本信息，在企业中，企业会根据员工的学历、教育经历、培训记录和家庭信息对员工进行考核，所以，2BizBox ERP 系统中还保存了员工这些方面的数据。

编辑员工信息的具体操作步骤如下。

①单击图 8-19 中底部工具栏上的编辑图标，进入"更新员工卡"标签页（见图 8-18），执行更新员工信息的操作。

②单击"家庭信息"按钮，进入"家庭信息"界面，然后在底部工具栏中单击编辑图标，编辑指定员工的家庭信息。

③单击"记录"按钮，进入"记录"界面，在"记录"界面上通过单击"添加"、"编辑"和"删除"按钮完成对记录的添加、编辑和删除操作。

8.3 实验项目二　ERP 物料清单管理

8.3.1 实验目的

①了解 ERP 管理信息系统中物料清单和物料管理。
②掌握 ERP 系统中的零件管理和物料清单管理操作。
③理解物料代码的编制和输入方便性。
④理解物料清单在企业的生产制造中的作用。

8.3.2 实验准备

1. 模拟企业环境

学生获取"超级用户（SUPER）"的系统管理角色。企业布置 ERP 系统时，应该先将企业所生成的产品、产品的原材料和产品结构信息录入 ERP 系统中。学生就是管理零件的工作人员，主要工作是管理零件和产品物料清单的信息。

2. 物料

"物料"是 2BizBox 系统中的最基本元素，它是指与产品生产相关的所有物品，如成品、半成品、零部件、辅料及原材料等。每一种"物料"在系统中均要有编码（企业会有物料编码的说明书）。为了便于学习，规定物料编码为：

$$A-①②-③④-⑤⑥-⑦⑧$$

各编号解释如下：
- ①②是学号后两位，如 00。
- ③④表示商品编号，如 01。
- ⑤⑥表示商品下一级清单，如 02。
- ⑦⑧表示商品第三级清单，如 01。

例如，商品计算机的编号为：A-00-01-00-00。

3. 物料清单

2BizBox 系统中的"物料清单"是一个描述企业产品组成的技术文件，相当于一个描述了产品的总装件、分装件、组件、部件、零件，直到原材料之间的结构关系，以及所需数量的"物料清单"。在 2BizBox ERP 系统中添加"物料清单"时，需要保证"物料清单"所涉及的所有物料都已添加到系统中。

4. 实验数据

为了顺利进行实验，假设企业生产的商品是计算机，计算机的产品结构如图 8-23 所示。

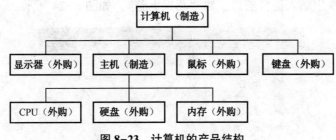

图 8-23 计算机的产品结构

产品组成的物料清单如下：
① 1 计算机 = 1 显示器 + 1 主机 + 1 鼠标 + 1 键盘；
② 1 主机 = 1CPU + 1 硬盘 + 1 内存。

对产品结构图中的物料进行编码，以教师学号 00 为例，则物料编码如下：
① 计算机：A-00-01-00-00
② 显示器：A-00-01-01-00
③ 主机：A-00-01-02-00
④ 鼠标：A-00-01-03-00
⑤ 键盘：A-00-01-04-00
⑥ CPU：A-00-01-02-01
⑦ 硬盘：A-00-01-02-02
⑧ 内存：A-00-01-02-03

8.3.3 实验内容

1. 物料管理

将产品结构图中的零件以各自的零件编号添加到系统中,查看自己的零件,搜索自己添加的零件,对输入错误的物料信息进行修改。

2. 物料清单管理

将产品结构图中的计算机和主机两个物料,按照各自的零件编号添加物料清单信息,查看各自添加的物料清单是否正确,搜索各自添加的物料清单,对输入错误的物料清单进行修改操作。

8.3.4 实验步骤

1. 物料管理

(1) 添加物料

企业进行生产时,应该先将产品的物料添加到 ERP 系统中,按照实验准备中物料的编码添加所有的物料到系统中。以添加商品 A-00-01-00-00 为例,具体操作步骤如下。

①在左边栏中选择"工程模块"→"物料簿"菜单项,进入"物料簿"标签页,在"基本"标签页中,单击"添加物料"按钮,进入"添加物料"标签页。

②在"添加物料"标签页中完成新增物料信息的录入工作。在"物料编号"输入框中输入新增物料的物料编号,如计算机编号 A-00-01-00-00;相应的"物料单位"为台,在"物料描述"文本框中输入物料信息,如"苹果电脑",如图 8-24 所示。

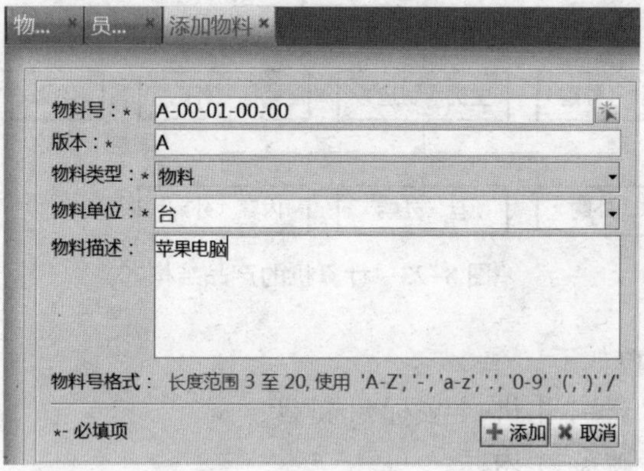

图 8-24 "添加物料"标签页

③单击"添加"按钮,进入"更新物料'A-00-01-00-00'"标签页,按照图 8-23 产品结构图中的"制造/外购"属性,在"制造/外购/X"下拉列表框中选择相应的类型,此处选择"制造"。其他参数保持不变。单击"提交"按钮完成操作。

(2) 查看或搜索物料

查看物料指的是查看指定的物料信息,搜索物料指的是按照一些关键字在物料簿中搜索满足要求的物料信息。

①查看物料。进入"物料簿"标签页,在"基本"标签页中的物料簿框中,输入或选择物料号,如 A-00-01-00-00,如图 8-25 所示,然后单击"查看物料簿"按钮,进入 A-

00-01-00-00 物料的详细信息标签页。

②搜索物料。在"物料簿"标签页下的"基本"标签页找到"搜索物料簿"框,输入或选择"物料号",如 A-00,在"物料类型"下拉框中选择"全部"选项,如图 8-26 所示。单击"搜索物料"按钮,显示搜索结果,如图 8-27 所示。在搜索结果列表中,单击物料号可以查看相应的物料的详细信息。

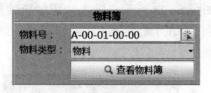
图 8-25　查看物料

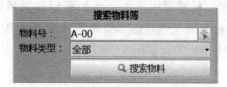
图 8-26　搜索物料

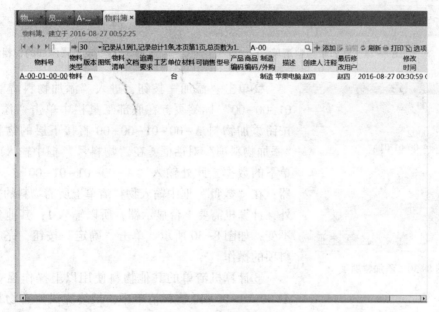
图 8-27　显示搜索结果

③其他搜索物料方式。2BizBox ERP 提供了多种搜索方式,在"物料簿"标签页下的"基本"标签页中罗列了多种搜索物料的方式,操作简单,只需将所需信息输入相应的搜索文本框中,单击相应的功能按钮就可以完成搜索操作。

(3) 更新物料

更新物料需要进入物料的详细信息界面,可以使用查看物料或搜索物料的操作,进入物料标签页。在物料属性标签页中,更新物料信息的操作如下:单击物料属性标签页下工具栏上的编辑图标,进入更新物料信息的编辑界面,编辑完成物料信息后,单击"提交"按钮完成物料的更新操作。

2. 物料清单管理

经过之前的操作,已经将所有的物料添加到 ERP 系统中,但是并没有在系统中表示各物料之间的联系和结构。只有企业中需要的计算机制造物料,才需要向 ERP 中添加物料清单,所以按照图 8-23 中的计算机产品结构,只需要添加计算机和主机的物料清单,说明它们的结构即可。各同学在操作中使用各自的物料进行操作，如老师的学号是00，那么就应该添加 A-00-01-00-00 和 A-00-01-02-00 的物料清单。

（1）添加物料清单

以添加 A-00-01-00-00 物料清单为例，添加物料清单操作步骤如下。

①选择"工程模块"→"物料清单"菜单项，进入"物料清单"标签页，在其下的"基本"标签页中单击"添加新物料清单"按钮，如图 8-28 所示，进入"添加新物料清单"标签页，然后在"物料号"输入框中输入或选择已存在于物料簿上的物料编号，如 A-00-01-00-00，如图 8-29 所示。

图 8-28　添加新物料清单

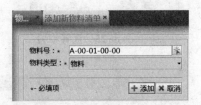

图 8-29　设置需添加的物料编号

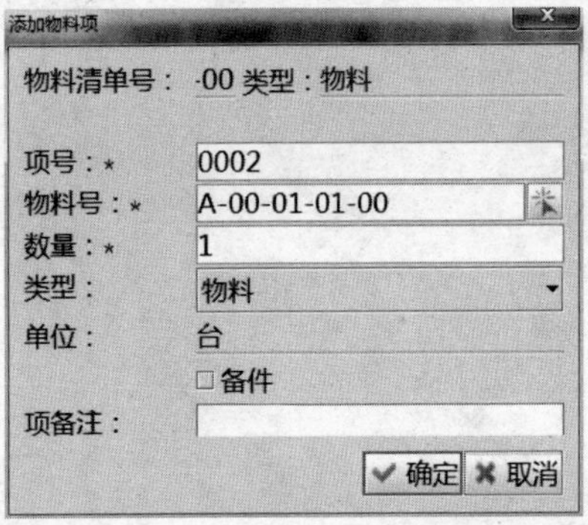

②单击"添加"按钮，进入"添加物料清单 A-00-01-00-00"标签页，在底部工具栏中单击"添加新项"按钮添加物料 A-00-01-00-00 直接下层的物料。弹出"添加物料项"对话框，在"物料号"框中输入或选择清单下的数据，此处输入"A-00-01-01-00"，表示显示器；在"数量"框中输入物料清单上所需物料的数量，此外，计算机需要 1 台显示器，所以输入 1；其他参数保持不变，如图 8-30 所示。单击"确定"按钮，完成添加物料项的操作。

图 8-30　添加物料项

③计算机清单的其他物料使用以上操作逐一添加到 A-00-01-00-00 物料清单中，最终完成所有物料项的添加，结果如图 8-31 所示。

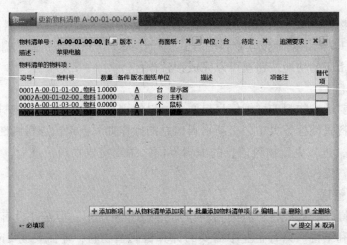

图 8-31　添加物料清单的物料项结果

按照上述步骤添加主机的物料清单。

（2）查看或搜索物料清单

①查看物料清单的操作，以查看 A-00-01-00-00 为例，具体操作步骤：在"物料清单"标签页的"基本"标签页下的"物料清单"框中，输入或选择"物料清单"对应的物料号，如 A-00-01-00-00；其他参数保持不变，如图 8-32 所示。单击"查看物料清单"按钮，进入"［A-00-01-00-00，物料］物料清单属性"标签页，如图 8-33 所示。

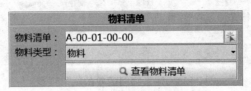

图 8-32　查看物料清单

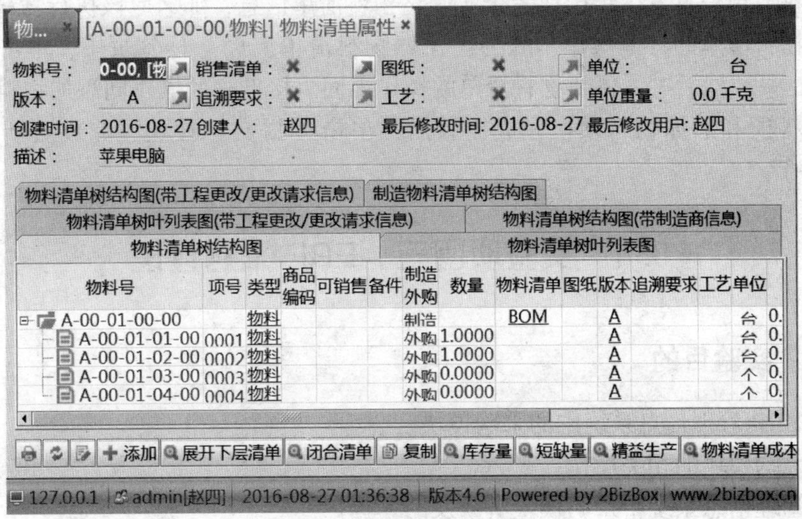

图 8-33　物料清单属性

②搜索物料清单。以搜索"A-00"开头的物料清单为例，具体操作步骤为：在"物料清单"标签页的"基本"标签页下，寻找到"搜索物料清单"框，在"物料清单"文本框中输入所需搜索的物料号的前缀，此处输入"A-00"；其他参数保持不变，如图 8-34 所示。单击"搜索物料清单"按钮，进入搜索结果界面，如图 8-35 所示。在搜索结果列表中，单击相应的物料清单号链接就可以进入相应的物料清单属性标签页。

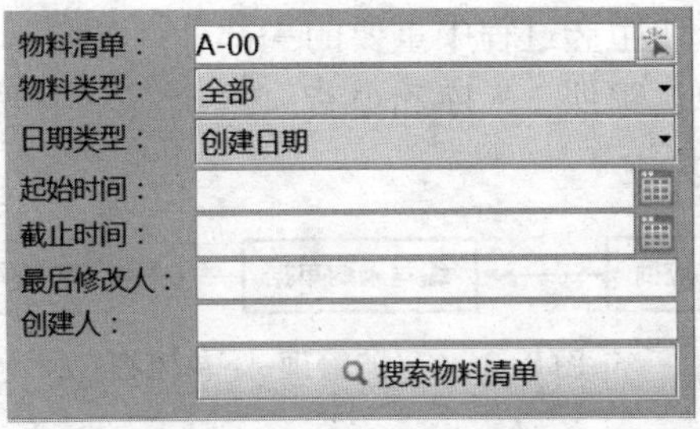

图 8-34　搜索物料清单

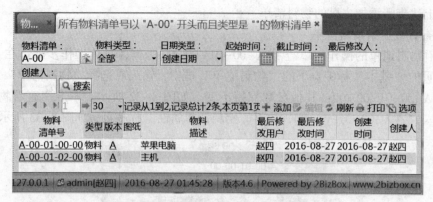

图 8-35 搜索物料清单的结果列表

(3) 更新物料清单

如果物料清单信息发生错误或者企业调整物料清单信息，那么应该执行物料清单的更新操作。更新物料清单的具体操作步骤为：在"物料清单属性"标签页中，单击底部工具栏上的编辑图标，然后进入更新物料清单的操作界面。接下来的操作同添加物料清单时的操作，编辑物料项和添加物料项，完成更新后，单击"提交"按钮，完成更新物料清单的操作。

8.4 实验项目三 ERP 采购管理

8.4.1 实验目的

① 了解 ERP 管理信息系统中的采购模块。
② 掌握采购模块的相关操作。
③ 熟悉管理信息系统中采购模块所涉及的单据。
④ 理解各单据的含义和作用。

8.4.2 实验准备

1. 模拟企业环境

学生获取到"采购主管"的系统管理角色。当企业进行生产时，如果产品的生产方式是先生产然后销售，那么企业会主动开展采购工作；如果产品的生产方式是先下订单然后再组织生产，那么企业会根据订单的需求安排生产。当发现原材料的数量不能满足需求时，企业应该进行采购。采购是企业生产过程中重要的一部分。

采购的基本流程为下单、跟催、入库和退货。本次实验主要完成的是采购的下单操作，其基本流程如图 8-36 所示。

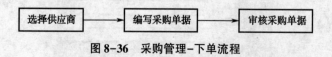

图 8-36 采购管理-下单流程

2. 实验数据

采购管理中，需采购的物品为外购，采购物品详细信息见表 8-1。

表 8-1 采购物品

物　料	数　　量	单价/元	折扣/%	税率/%
显示器	110	1 000	20%	0.2
CPU	110	600	15	0.2
硬盘	110	550	15	0.2
内存条	110	350	15	0.2
键盘	110	35	15	0.2
鼠标	110	25	15	0.2

每个学生要按照自己的物料编号对物品进行采购操作。例如，学生为 00 号，那么他采购显示器的物料编号为 A-00-01-01-00。

3. 供应商信息

供应商信息一般来说由采购人员录入到 ERP 系统中，采购人员对供应商信息进行管理。在 ERP 系统中，使用供应商编号来识别供应商。为了教学，对供应商编号编制规则为：供应商编号以 CP 开始，然后是 4 位数字，其中高两位为 00，低两位为学生的学号。例如，学生是 28 号，那么他可以将供应商编号为 CP0028。学生采购物料或零件时，主要是向自己添加的供应商编号进行采购物料。

4. 询价单

询价单是 2BizBox 系统中用来向供应商询价的单据，主要包括需要询价的物料、数量、单价等。

5. 采购单

采购单是 2BizBox 系统中最重要的单据之一，它是指我方给供应商下的订单，主要包括需要采购的物料、备注、文档等。

6. 退货单

采购过来的物料有质量等问题，需要退货给供应商，系统中将这些退货给供应商的单据称为退货单。

8.4.3 实验内容

①组员协助组长添加各组的供应商地址基本信息，并对供应商信息进行基本的维护。
②组员按照各自的采购物料单（见表 8-1）进行询价单信息管理。
③组员按照各自的采购物料单进行采购单信息管理，并尝试将询价单转化为采购单。
④组员向各自的供应商退还采购单中的所有物料，退货的数量是 10，并对退货单信息进行管理。

8.4.4 实验步骤

1. 供应商信息管理

（1）添加供应商基本信息

①单击"地址模块"→"客户与供应商"菜单项，进入"客户/供应商名录"标签页，切换到其下的"供应商"标签页，单击"添加供应商"按钮。

图8-37 添加供应商

②进入"添加供应商"标签页，在"编号"文本框中输入供应商的编号，此处为"CP0001"；在"名称"文本框中输入供应商的名称，此处为"苹果电脑配件有限公司"，如图8-37所示，然后单击"添加"按钮。

③进入"更新供应商"标签页，组员对供应商的详细信息进行设置，如图8-38所示。完成设置后单击"提交"按钮完成操作。

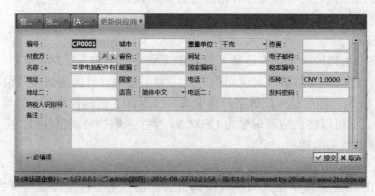

图8-38 更新供应商

（2）查看和搜索供应商基本信息

①查看供应商基本信息。按照"添加供应商基本信息"的第①步进入"供应商"标签页，找到"查看供应商"框，在文本框中输入"CP0001"，接着单击"查看供应商"按钮，进入"CP0001"供应商的属性界面。

②搜索供应商基本信息。按照"添加供应商基本信息"的第①步进入"供应商"标签页，找到"按编号搜索供应商"框，在文本框中输入"CP00"文本，接着单击"按编号搜索供应商"按钮，显示搜索结果，如图8-39所示。如果需要查看CP0001的基本信息，则单击搜索结果中"地址编号"列下的"CP0001"即可。

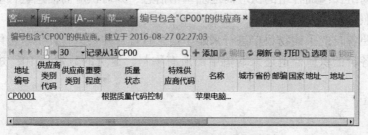

图8-39 按编号搜索供应商结果

(3) 编辑供应商基本信息

更新供应商基本信息,先要按照"查看供应商基本信息"的方法进入相应的供应商属性界面,然后单击左下角工具栏上的编辑图标,进入供应商属性的编辑界面,按照需要编辑供应商的基本信息,编辑完毕单击"提交"按钮即可。

2. 询价单的基本信息管理

(1) 添加询价单

将表 8-1 中的所有物品添加到各自的询价单中,操作步骤如下。

①选择"采购模块"→"询价单"菜单项,弹出"询价单"标签页,如图 8-40 所示。单击"添加询价单"按钮,弹出"添加询价单"标签页,如图 8-41 所示,在"供应商编号"输入框中输入或选择供应商编号,此处输入 CP0001。

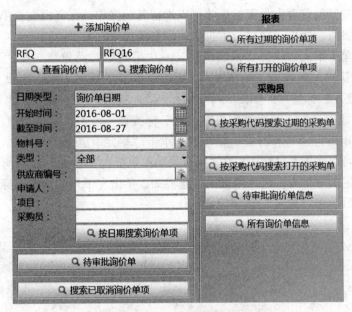

图 8-40 "询价单"标签页

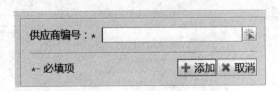

图 8-41 选择供应商

②单击"添加"按钮,进入"更新询价单"页面,按照表 8-1 所示依次添加物料。以添加 A-00-01-01-00 为例,在"添加物料"栏中,在"物料号"文本框中输入或选择物料编号,如 A-00-01-01-00,然后在"数量"文本框中输入所需物料的数量,如 100,如图 8-42 所示,其他参数保持不变化。单击"添加"图标,弹出"更改询价单项"标签页,按照表 8-1 中显示器的采购信息填写信息,单击"确定"按钮完成物料项的添加。

③按照上一步骤继续添加物料,直到将表 8-1 中的所有物料添加到"更新询价单"标签页中的"项"框中,保持其他参数不变,单击"提交"按钮,完成添加询价单的操作。

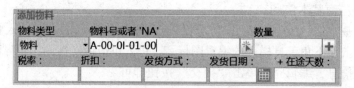

图 8-42　向询价单中添加物料

（2）编辑询价单

通过查看和搜索询价单的功能，可以进入指定的询价单中。进入询价单后，单击"编辑"按钮图标，进入"更新询价单"标签页。接下来的操作同"添加询价单"的操作。

（3）审批询价单

询价单需要被其他管理人员审批后才可以进行其他操作。在审批询价单的时候，操作者必须是采购单审批人，所以，在执行审批之前需要添加审批人。

①添加采购单审批人。选择"采购模块"→"采购单"菜单项，在"采购单模块"标签页中切换到"其他"标签页，如图 8-43 所示，单击"添加采购单审批人"按钮。进入"添加采购单审批人"标签页，如图 8-44 所示，输入或选择员工编号，此处选择"B001"，单击"添加"按钮。进入"编辑采购单审批人"标签页，输入"审批金额"100000000000，并且勾选"能够审批自己的采购单"复选框，单击"确定"按钮完成操作。如果需要修改采购单审批人，可以在图 8-43 中单击"所有采购单审批人"按钮，显示所有的采购单审批人，然后选择指定的审批人，进入审批人信息界面，单击左下角的编辑图标，最后修改相关的参数，修改完后单击"确定"按钮完成操作。

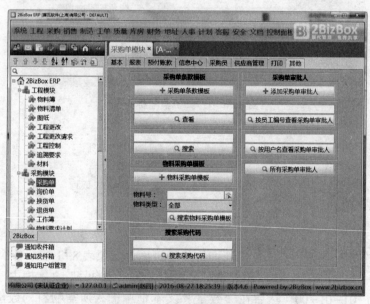

图 8-43　添加采购单审批人

②进入指定询价单 RFQ1600008 的属性界面，单击右上角"询价单状态"选项中的"未审批"按钮，如图 8-45 所示，弹出确认窗口，单击"确定"按钮，询价单状态变为"打开"。

图 8-44 编辑采购单审批人　　　　　图 8-45 审批询价单

(4) 从询价单生成采购单

如果询价单中的价格确定了，那么可以直接从询价单生成采购单进行采购物料。从询价单生成采购单的具体操作如下：进入指定的询价单 RFQ1600008 的属性界面，单击左下角工具栏上的"创建采购单"按钮，系统自动生成以 P 为前缀的采购单。

3. 采购单的基本信息管理

(1) 添加采购单

①选择"采购模块"→"采购单"菜单项，弹出"询价单"标签页。在"采购单模块"标签页中切换到"基本"标签页，单击"添加采购单"按钮，弹出"添加采购单"标签页，然后在"供应商编号"框中输入或选择供应商编号，此处输入 CP0001。

②接下来添加物料的操作如同添加询价单操作中的第②步，依次添加表 8-1 中的物料信息。

③将表 8-1 中的物料信息添加到采购单后，单击"提交"按钮完成添加采购单的操作。

(2) 编辑采购单

通过查看和搜索采购单的功能，可以进入指定的采购单中。进入采购单后，单击"编辑"按钮图标，进入"更新采购单"标签页。接下来的操作同"添加采购单"的操作。

(3) 审批采购单

采购单审批操作也与询价单审批操作一致，单击"采购单状态"框后的未审批选项，则采购单状态修改为打开状态。

4. 退货单的基本信息管理

系统提供了两种方式来添加退货单：一是输入需要退货的供应商的编号；二是通过输入相应的采购单号，系统会列出此采购单下面的所有已经发过货的项，选择需要退回的相关采购单的子项，单击"添加"按钮，系统将进入退货单更新界面。

(1) 按供应商填写退货单

由于采购单还没有收到物料，即没有按照采购单进货，所以不可以通过系统的采购单号来创建退货单。

①选择"采购模块"→"退货单"菜单项，弹出"退货单"标签页，切换到"基本"标签页。单击"添加退货单"按钮，进入"添加退货单"标签页，选中"供应商编号"选项，然后在文本框中输入或选择供应商编号，此处选择"CP0001"，如图 8-46 所示。单击"添加"按钮，进入"更新退货单"标签页。

②在"更新退货单"标签页中，按照询价单基本信息管理中添加询价单的步骤，添加退货单中的物料项。注意，退货的数量为 10 个。依次将表 8-1 中的物料都退货 10 个。

③添加完物料项后，单击"提交"按钮完成操作。

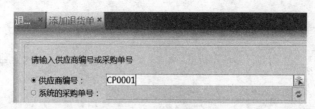

图 8-46　添加退货单

（2）按采购单填写退货单

如果系统中的采购单已通过收料操作，那么可以使用采购单进行退货操作。操作步骤如下。

①在图 8-46 中选择"系统的采购单号"选项，在文本框中输入已收料的采购单，然后单击文本框后的刷新图标 ，在"采购单"多选框中选择需要退货的物料，单击"添加"按钮，进入"更新退货单"标签页。

②在"更新退货单"标签页中，可以修改退货物料的退货数量，修改完毕后，单击"提交"按钮完成操作。

（3）编辑退货单

在"退货单"→"基本"标签页中，可以通过查看和多种搜索方式来查看退货单的基本信息。进入"退货单"信息界面，可以单击编辑图标 ，然后对指定的退货单进行编辑。编辑的操作同添加退货单时的操作。完成编辑后，单击"提交"按钮完成操作。

（4）审批退货单

审批退货单与审批采购单不一样，审批退货单是由退货单审批人来完成的。所以，在审批退货单之前，需要添加退货单审批人。

①添加退货单审批人。选择"采购模块"→"退货单"菜单项，在"退货单"标签页中切换到"其他"标签页，如图 8-47 所示。单击"添加退货单审批人"按钮，进入"添加退货单审批人"标签页，输入或选择员工编号，此处选择"B001"。单击"添加"按钮，进入"编辑退货单审批人"标签页，输入"审批金额"10000000000，并且勾选"能够审批自己的退货单"复选框，如图 8-48 所示，单击"确定"按钮完成操作。如果需要修改采购单审批人，可以在图 8-47 中单击"所有退货单审批人"按钮，显示所有的退货单审批人。选择指定的审批人，进入审批人信息界面，单击左下角的编辑图标，最后修改相关的参数，修改完后单击"确定"按钮完成操作。

图 8-47　添加退货单审批人

图 8-48　编辑退货单审批人

②审批退货单。进入指定的退货单信息界面，单击退货单中"状态"选项中"未审批"后的"单击审批"图标，系统弹出确认对话框，单击"确定"按钮确认，"状态"修改为"打开"，表示退货单已审批。

8.5 实验项目四 ERP 销售管理

8.5.1 实验目的

①了解报价单、销售单和回收单的含义。
②熟悉企业的销售流程。
③掌握报价单、销售单的创建和管理。

8.5.2 实验准备

1. 模拟企业环境

在此次实验中，学生获得"销售主管"的管理权限，作为企业的销售主管。

销售管理是企业流程的开始，负责报价、销售数据的统一管理和维护。同时，客户服务主要是管理企业售后客户服务的相关信息和数据，包括售后质量问题的跟踪和反馈、回收单（退货）管理等。对产品的质量保证，必须提供售后服务的功能，通过对每次售后服务事件的处理，进而对公司产品的售后服务进行管理。

此次实验主要完成销售过程中报价单的创建、销售单的创建和退货单的创建过程。在销售过程中，销售人员先为客户报价，创建报价单；然后客户下订单，销售人员根据客户订单创建销售单；库管员组织发货或让生产部门生成产品；客户将有质量问题的产品退回来，销售人员创建退货单。

销售过程需要有客户的信息，所以假设每组学生创建一个客户，并向指定的客户进行销售产品。

2. 实验数据

向指定的客户销售各自编号的计算机产品，销售产品的清单见表 8-2。

表 8-2 销售产品清单

产品名称	产品数量/台	产品单价/元	发货时间
计算机	10	5 000	60 天后

3. 销售各单据

在此次实验中，出现与销售有关的单据定义如下。
①报价单：向客户报价时在系统中录入的单据，包括客户、物料等信息。
②销售单：向客户销售时在系统中录入的单据，包括客户、物料等信息。

8.5.3 实验内容

①组长向系统添加一个销售客户的账号，然后将账号告诉组员，让组员向指定的客户销售各自的产品。

②按照表 8-2 所示的销售产品需求添加报价单，并完成报价单的审批、修改和搜索操作。

③将步骤②所创建的报价单复制到销售单。

④按照表 8-2 所示的销售产品需求添加销售单，并完成销售单的审批、修改和搜索操作。

8.5.4 实验步骤

1. 客户信息管理

以添加 CU0001 客户为例，操作步骤如下。

①单击"地址模块"→"客户与供应商"菜单项，进入"客户/供应商名录"标签页，在切换到其下的"客户"标签页，单击"添加客户"按钮。

②进入"添加客户"标签页，在"编号"文本框中输入客户的编号，此处为"CU0001"；在"名称"文本框中输入客户的名称，此处为"×××电脑销售店"，然后单击"添加"按钮。

③进入"更新客户"标签页，按照自己的需要对客户的详细信息进行设置，完成设置后单击"提交"按钮完成操作。

2. 报价单管理

（1）添加报价单

①单击"销售模块"→"报价单"菜单项，进入"销售/报价"标签页，然后单击"添加报价单"按钮，进入"添加报价单"标签页，在"客户编号"文本框中输入或选择客户编号，如 CU0001；其他参数不变。

②单击"添加"按钮，进入"更新报价单"标签页，在"添加物料项"栏中输入要销售的产品编号和数量，如图 8-49 所示。单击添加图标 ，进入"更新报价单项"标签页，按照表 8-2 所示的销售需求填写其他参数，如单价 5 000 元，然后单击"确定"按钮，返回到"更新报价单"标签页。

③添加完其他信息后，单击"提交"按钮完成操作。

图 8-49　添加物料项

（2）审批报价单

①进入指定的报价单属性标签页，如 Q1600001，在"报价状态"栏中单击审批图标 ，弹出"注意"对话框，单击"确定"按钮完成审批。

②如果是第一次审批，则需要添加销售单审批人。方法为：选择"销模块"→"销售"菜单项，进入"销售"标签页，切换到"其他"标签页，单击"添加销售单审批人"按钮，进入"添加销售单审批人"标签页，输入审批人的编号，如 B001，单击"添"按钮，进入"更新销售单审批人"标签页，设置金额为 10000000000，勾选"可审批自己的销售单"复选框，然后单击"确定"按钮完成操作。

③添加销售单审批人后，再按照步骤①进行审批报价单。

(3) 修改报价单

进入指定的报价单，单击报价单属性标签页下的编辑图标📝，进入"更新报价单"标签页。接下来的操作参照"添加报价单"中更新报价单的操作。

(4) 搜索报价单

搜索报价单有按报价单号搜索、按物料搜索、按客户编号搜索和按日期搜索等方式。以按报价单号搜索为例，讲述搜索报价单的功能，具体操作步骤如下。

①选择"销售模块"→"报价单"菜单项，进入"销售/报价"标签页，在"按报价单号搜索"按钮的上方文本框中输入报价单的前缀，如Q16，单击"按报价单号搜索"按钮，进入"编号以'Q16'开始的报价单"。

②在搜索的报价单结果列表中，单击指定的报价单即可查看指定的报价单属性。

(5) 报价单复制到销售单

将报价单复制到销售单的具体操作如下。

①进入指定报价单属性标签页，单击属性界面底部工具栏上的"复制"按钮，从弹出的菜单中选择"复制到销售单"菜单项，则弹出"注意"对话框，描述为"复制到销售单时关闭这个报价单"，单击"确定"按钮进入"更新销售单"标签页。

②在"更新销售单"标签页中，按照需要对销售单进行必要的修改，然后单击"提交"按钮完成操作。

3. 销售单管理

(1) 添加销售单

①选择"销售模块"→"销售"菜单项，进入"销售"标签页，然后切换到"基本"标签页，单击"添加销售单"按钮，进入"添加销售单"标签页，输入客户编号，单击"添加"按钮，进入"更新销售单"标签页。

②在更新销售单标签页中，添加物料项，添加方法与"添加报价单"中添加物料项的方法相同。按照表8-2所示的产品需求填写详细内容，完成后，单击"提交"完成操作。

(2) 审批销售单

进入指定销售单的属性标签页，然后在"报价状态"栏中单击审批图标图，弹出"注意"对话框，然后单击"确定"按钮完成审批。

(3) 修改销售单

进入指定销售单的属性标签页，单击销售单属性标签页底部的编辑图标📝，进入"更新销售单"标签页。接下来的操作参照"添加销售单"中更新报价单的操作。

(4) 搜索销售单

销售单的搜索方式包括按编号搜索、按物料号搜索、按客户采购单搜索、按客户编号搜索等。以按编号搜索为例，讲述销售单的搜索操作，具体操作步骤如下。

①进入"销售"标签页，切换到"基本"标签页，在"搜索打开的销售单"按钮上方的文本框中输入销售单的编号或编号的一部分，如S13，然后单击"搜索打开的销售单"按钮，显示搜索结果。

②在结果列表中，单击销售单号就可以进入指定的销售单属性标签页。

8.6 实验项目五 ERP 工单管理

8.6.1 实验目的

①了解工单的含义和作用。
②掌握工单管理的操作。
③理解工单的生产流程。

8.6.2 实验准备

1. 模拟企业环境

此次实验假设企业按照要求生产指定数量的计算机产品,学生获得"生产主管"的管理权限,学生任生产部门的生产主管。

计划部负责分解销售部下发的销售单或销售生产计划,下达采购或生产计划,并根据生产计划合理组织安排生产。工厂内的一切活动都是以生产部门发出的"工单"作为行事的依据。因此,如果能确实掌握所有工单的状况,就能让工厂内的一切活动都可以有条不紊、按部就班地进行。

工单系统将"工单"的相关活动皆纳入管理,包括厂内工单、领退料、生产入库、委外加工工单、委外领退料、委外进货、委外单价管理等,并且提供了许多相关的报表信息以供管理者充分掌握状况。这些信息包括厂内工单的生产进度状况、工单需求检视表、料件缺料状况、工单欠料状况、料件预计领用、在产品材料状况、工单用料分析、委外加工的进度状况、在产品材料状况、用料分析、进货异常、价格异常等。这些信息对于生管人员将有很大的助益。同时,对订单交期的掌握、控制发挥重大作用。

2. 实验数据

学生可以运行"物料需求计划"获得当前产品的缺货信息,然后按照缺货情况安排生产,也可以直接生产指定的产品。此次实验需要使用到生产产品的数量等信息,详细信息见表 8-3。

表 8-3 需生产产品

产品名称	产品数量/台	需求日期
计算机	10	10 天后

将工单安排给 SER001P 部门进行生产。

8.6.3 实验内容

①运行物料需求计划,查看当前计算机产品的缺货情况。
②添加生产计算机产品的工单,并审批工单,对工单进行排产,查看物料明细,创建子工单,打印领料单。

8.6.4 实验步骤

1. 运行物料资源计划

在安排工单和采购的时间时,可以通过运行物料资源计划来查看物料的缺货情况。运行物料资源计划的具体操作如下。

①选择"采购模块"→"物料需求计划"菜单项,进入"物料需求计划"标签页,在"基本"标签页下的"根据物料查看物料需求计划"栏中,在"物料号"文本框输入需要查看物料需求情况的物料编号,如 A-00-01-00-00,然后单击"按物料查看物料需求计划"按钮。

②进入指定物料的物料需求计划标签页,如"物料'A-00-01-00-00'的物料需求计划"标签页,在此物料需求计划界面中,用户可以查看到物料的最大库存数、订单数和需求数,如图 8-50 所示。

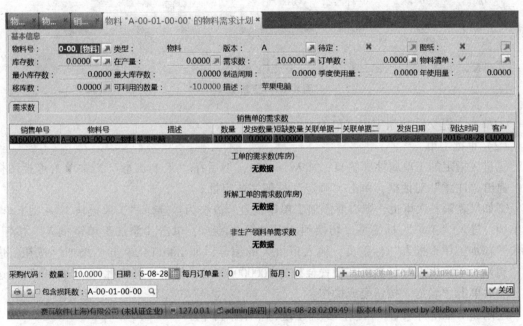

图 8-50 物料 A-00-01-00-00 的物料需求计划

③在销售时,计算机产品需求量不足,可以单击"添加到工单工作簿"按钮,将此次的缺货信息登记在"工单工作簿"中,然后通过"工单工作簿"创建工单。

2. 工单管理

(1)添加工单

①选择"工单模块"→"工单"菜单项,进入"工单模块"标签页,切换到"基本"标签页,单击"添加工单"按钮,进入"添加工单"标签页,在"部门/供应商编号"文本框中输入部门或供应商的编号,此处选择 SER001P 作为生产车间,然后单击"添加"按钮,进入"更新工单"标签页,如图 8-51 所示。

②在"添加物料"栏内,在"物料号或 NA"文本框中输入所需生产的产品物料编号,如 A-00-01-00-00,在"数量"文本框中输入所需生产的数量,如 10。单击"添加"图标

![+],进入"更新工单项"标签页,在此标签页中按照表 8-3 的要求填写参数,然后单击"确定"按钮,返回"更新工单"标签页。

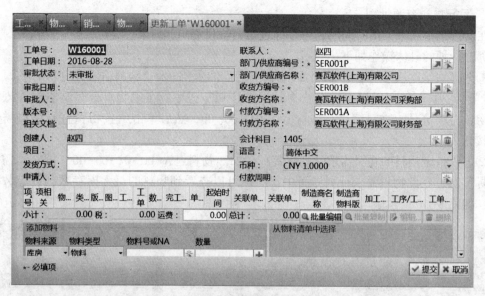

图 8-51 更新工单

③单击"提交"按钮完成工单的添加操作。

(2) 审批工单

①进入指定的工单属性标签页,如 W160001,然后在"工单状态"栏中单击审批图标![],弹出"注意"对话框,单击"确定"按钮完成审批。

②如果是第一次审批,则需要添加工单审批人。方法为:选择"工单模块"→"工单"菜单项,进入"工单"标签页,切换到"其他"标签页,单击"添加工单审批人"按钮,进入"添加工单审批人"标签页,输入审批人的编号,如 B0011,单击"添加"按钮,进入"更新工单审批人"标签页,设置金额为 10000000000,勾选"可审批自己的工单"复选框,然后单击"确定"按钮完成操作。

③添加工单审批人后,再按照步骤①进行审批报价单。

(3) 工单排产

工单只有审批后才能排产,工单排产的具体操作如下。

①进入指定的工单属性标签页,如 W160001,然后在"工单项号"栏中,选择"加工状态"列下的"未排产"超链接,进入"排产工单"标签页,如图 8-52 所示。

②查看工单中所需要的物料,发现主机 A-00-01-02-00 没有库存。单击"为工单排产"按钮,进入"物料明细"标签页,关闭"物料明细"标签页。

(4) 创建子工单

由于主机是制造的,所以不能采购,应该生产。在生产计算机之前需要先生产主机。为 W160001 工单创建子工单的具体步骤如下。

①进入 W160001 工单的属性标签页,在"工单项号"栏中的"创建子工单"列下,单击"创建子工单"按钮,进入"主工单:W160001"标签页,在物料列表中选中主机编号 A-00-01-02-00 物料,接着单击"新建子工单"按钮。

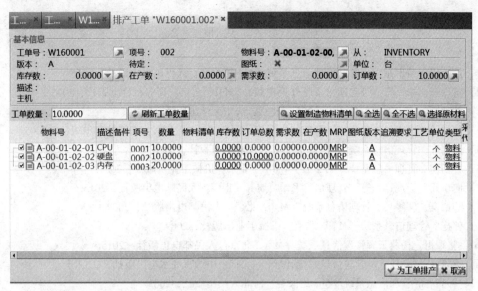

图 8-52 排产工单

②进入一个新建的工单"更新工单"标签页,接下来的操作同添加工单操作。

③对子工单进行审批和排产操作。

(5) 打印领料清单

进入工单的属性标签页,在工单项号下,单击"领料清单"按钮,进入工单领料单的标签页,单击打印图标,生成 PDF 文件即可。

参考文献

[1] 洪小娟，黄卫东，韩普．管理信息系统［M］．北京：人民邮电出版社，2015．
[2] 黄梯云，李一军．管理信息系统（第三版）［M］．北京：高等教育出版社，2005．
[3] 仲秋雁，等．管理信息系统［M］．北京：清华大学出版社，2010．
[4] 黄梯云，冯玉强，孙华梅．管理信息系统习题集［M］．北京：高等教育出版社，2005．
[5] 周明红．管理信息系统［M］．北京：人民邮电出版社，2012．
[6] 甘仞初．管理信息系统（第2版）［M］．北京：机械工业出版社，2007．
[7] 向卓元，彭虎锋，等．管理信息系统［M］．北京：人民邮电出版社，2015．
[8] 陈德良，郭零兵．管理信息系统［M］．北京：人民邮电出版社，2009．
[9] 郭捷．管理信息系统［M］．北京：机械工业出版社，2009．
[10] 骆耀祖，杨莉云．管理信息系统［M］．北京：人民邮电出版社，2015．
[11] 郑晓霞，刘任重．管理信息系统［M］．北京：中国水利水电出版社，2012．
[12] 韩润春．管理信息系统［M］．保定：河北人民出版社，2003．
[13] ［美］戴维·克伦克．管理信息系统［M］．李北平，肖爽，等，译．北京：机械工业出版社，2010．
[14] 孟广均．信息资源管理导论［M］．北京：科学出版社，2008．
[15] 王珊，萨师煊．数据库系统概论（第4版）［M］．北京：高等教育出版社，2006．
[16] 冯博琴，吕军，等．计算机网络（第二版）［M］．北京：高等教育出版社，2004．
[17] 张志清，郑小玲，等．管理信息系统实用教程［M］．北京：电子工业出版社，2006．
[18] 史益芳，王志平，等．管理信息系统［M］．北京：人民邮电出版社，2015．
[19] 张金成．管理信息系统［M］．北京：清华大学出版社，2012．
[20] 姜灵敏，王金矿．管理信息系统［M］．北京：人民邮电出版社，2009．
[21] 杨尊琦，林海．企业资源计划（ERP）原理与应用［M］．北京：机械工业出版社，2009．
[22] 高学东．管理信息系统教程［M］．北京：经济管理出版社，2009．
[23] 张小川，别祖杰，李梁．管理信息系统［M］．北京：电子工业出版社，2009．
[24] 黄孝章，刘鹏，苏立祥．信息系统分析与设计［M］．北京：清华大学出版社，2010．
[25] 马秀麟，王燕．管理信息系统原理及开发［M］．北京：人民邮电出版社，2009．
[26] 毛光喜．管理信息系统［M］．北京：人民邮电出版社，2009．
[27] 陆安生．ERP原理与应用［M］．北京：清华大学出版社，2010．
[28] 苟娟琼，常丹，等．ERP原理与实践［M］．北京：清华大学出版社，2006．
[29] 陈启申．ERP从内部集成起步［M］．长春：吉林大学出版社，2015．
[30] 史益芳，翟会颖，田芯．电子商务概论［M］．北京：化学工业出版社，2011．
[31] 黄卫东，翟丹妮，等．管理信息系统［M］．北京：人民邮电出版社，2009．
[32] 陈承欢，彭勇．管理信息系统基础与开发技术［M］．北京：人民邮电出版社，2005．
[33] 高洪深．决策支持系统（DSS）：理论与方法［M］．北京：清华大学出版社，2009．
[34] 苏新宁，杨建林，等．数据仓库和数据挖掘［M］．北京：清华大学出版社，2006．
[35] 焦慧敏，汪林林．商务智能在现代企业中的应用与研究［J］．计算机工程与设计，2006，7.
[36] 余建坤，陈伯华，宁东玲，等．管理信息系统［M］．北京：科学出版社，2009．
[37] 宋远方，等．管理信息系统［M］．北京：中国人民大学出版社，2000．
[38] 罗超里，等．管理信息系统原理与应用［M］．北京：清华大学出版社，2002．
[39] 陆安生．管理信息系统［M］．北京：中国水利水电出版社，2007．
[40] 马慧，陆一平．管理信息系统［M］．北京：清华大学出版社，2010．